長白山傳説（第二冊）

第二冊

植物‧花草

植物‧樹木

歷史・人文

人　參

仙人洞的傳說（之一）

　　長白山下的仙人洞是怎樣形成的？歷來說法不一，且有許多傳說，尤其是一些上了年紀的老人更是你一言，我一語，傳得神乎其神。傳說在很早以前，東海龍王的兩位太子，也就是小白龍和小青龍，在東海裡整天地玩，玩夠了，想到外面去逛一逛，於是它倆落了地鑽進了長白山天池。這裡的水很深，並且風平浪靜，三伏天在裡邊遊玩，真是涼爽極了，這小哥倆好生自在。

　　有一天，小白龍與小青龍在天池裡游上游下，忽深忽淺，非常高興。白龍便問青龍；「你知道這天池有多深嗎？」青龍毫不猶豫地回答：「最深的地方我去過，有一百四五十米深呢！」白龍說：「不對！我游的比你游的深，有二百多米深！」小哥倆誰也不服誰，你一言我一語爭論得面紅耳赤，再說著說著動手打了起來。一時間攪得水波蕩漾，倒海翻江，天昏地暗，天池的瀑布口一下子寬了許多，嘩嘩地發起了大水。兩天後，山下的平原變成一片汪洋，老百姓叫苦連天。天池的水攪大了，水氣衝天，驟然間飄起了鵝毛大雪，一氣下了十多丈厚，整個長白山變成雪白雪白的，這才有「白山積雪」之說，後來被稱為撫松十大美景之一。詩云：

> 唯有白山極壯觀，
>
> 層巒高聳日光寒。
>
> 年年剩有峰頭雪，
>
> 皎潔偏宜月下看。

此乃後話。

　　這下子可不得了，驚動了天神，發出了眾多的天兵天將來擒拿白龍和青龍。它倆一看惹了禍，情知不好，便各奔東西，紛紛逃命。無奈天兵天將緊追

不捨，逃脫不掉。青龍一看急了眼，把眼睛一閉，頭一低，直朝岩石鑽去。這一鑽不要緊，只聽得驚天動地一聲響，把長白山硬是劈出一道溝。這溝有二十多米深，寬二三米，窄的地方一腳能邁過去。這條溝可真長，有四十多華裡。真是石破天驚。小青龍由於使出了全身的勁兒，所以只覺得頭昏眼花，一頭栽出老遠，便一命嗚呼了。這條溝便是現在的梯子河。天池裡的水順勢流進了梯子河，這河裡邊陰森森的，水涼刺骨。青龍流出的血是黑色的，把梯子河的石頭全染黑了。長白山的老虎、黑熊、麃子、梅花鹿等從梯子河上過去的時候，個個小心翼翼，一不注意掉下去，便是永遠也上不來了，常常使獵人「守株待兔」。以後來長白山的遊客們，即使在盛夏也可以品嚐野味呢！這得感謝小青龍。

小青龍死的時候，痛苦萬分，長長的龍身蜷縮起來，形成了「馬鞍形」，後人將此地叫作「馬鞍山」，就在撫松縣城南。又因馬鞍山像個筆架，又叫「筆架山」，撫松十大美景之一的「筆架春秋」因此得名，後人有詩曰：

> 筆架山高氣象雄，
> 三峰直插入晴空。
> 黃花新豐丹楓老，
> 此地秋光迥不同。

再說小白龍，一看不好，也嚇得往地裡鑽，晴天裡響起霹靂，它用力一鑽，愣是鑽出一個洞來，然後摔死在洞外。臨死的時候，它痛苦萬分，龍爪把附近的樹都打倒了，山都扒平了。這塊平地便是如今的撫松縣興龍大甸子，以後多年才長出了黃花松，形成了樹排子。當地老百姓為這個地方起名叫「長龍」，意乃「藏龍臥虎」之地，但又有人以為長字不好，遂又起名叫「興龍」，意指「興隆發達」。兩種說法爭執不下，延續到現在，便成了今天的「長龍」、「興隆」兩個村屯。

小白龍鑽出這個洞，因為它害怕被抓住，所以左躲右藏，時上時下，鑽得到處是洞，洞中有洞。它的龍鱗大部分都刮掉了，留在岩石上，洞裡的石頭都像「窩卷」、「獅子頭」。那些白色的鐘乳石便是白龍的牙齒。由於洞裡錯綜複雜，後人望而生畏，不敢進去，便傳說這是神仙修練的仙境，凡人不可貿然而入，遂起名為「仙人洞」。

　　小白龍最後鑽出洞時使出渾身最後一股勁，把洞口的一塊巨石撞翻，直摔到馬鹿溝對過的山頂上。這塊石頭又圓又大，紋絲不動，被稱為「鎮寶石」，與仙人洞對稱。至今，爬上山去觀看這塊寶石的人還不斷哩！

　　仙人洞洞口距長白山主峰二百多里，傳說從洞內便可去長白山天池。但進入洞口不遠有一條暗河，一步邁不過去，兩步又無法邁，所以一般人總也過不去。誰要修練得能一步邁過這條河，也就差不多成仙得道了。

　　許多年過去了，一些後人紛紛前往仙人洞，欲過暗河，但奇怪的是，只聞流水聲，不見暗河影。暗河哪裡去了，誰也說不清楚。

袁　毅　王德富（編）

▌仙人洞的傳說（之二）

　　羅通山上有個洞，洞口只能一個人貓腰而入。往裡走十來米，有一個七八間房子那麼大的空間，在空間的上頂有一條石縫，縫子裡常年往下淌水，淌下來的水味兒是鹹的，若放在陽光下一曬，就是白花花的鹹鹽。

　　有一年，康熙來羅通山巡察，在山下村裡偶爾發現給他做飯的廚子在炒菜時只往鍋裡倒油、加水，卻不見往裡放鹽。康熙以為廚子忘了，沒好意思說。可吃飯時一嘗，菜的味道美極了，鹹淡正可口。吃完飯，康熙笑著問廚子：「炒菜時沒有見你往鍋裡放鹹鹽，為啥炒出菜鹹淡正好呢？」廚子聽了忙說：「萬歲不知，附近山上有一個滴鹹鹽水的洞，我們山下的人都是用這水代替鹹鹽的。」康熙聽了，立刻站了起來，拉著廚子的手說：「快帶我前去看看。」廚子領著康熙來到山上，康熙鑽進洞裡用手心接了幾滴水用舌頭舔舔連喊道：「鹹人，鹹人，真乃鹹人也！」

　　從那以後，人們就把這個洞取名為鹹人洞。後來不知何年何月，人們又把鹹人洞叫成「仙人洞」了。

仙人洞的傳說（之三）

撫松縣城東五華里的地方有座小山，山上有個岩洞，洞口兩米多高，一米多寬，洞口上邊的石壁上刻著「洞天福地」四個大字。岩洞深不可測，裡邊有一小溪，終年流水潺潺，傳說這兒和長白山天池相通。這個洞為啥叫仙人洞？聽老年人講，還有段傳說呢。

很早以前，撫松縣城還叫甸子街時，街裡只住十戶人家，靠種地、打獵和捕魚為生，日子過得不算富裕，可是也夠吃夠穿了。

一天黃昏，街上來了個陌生老人，穿著一身青衣服，背著一把黑色雨傘，挨門挨戶地乞討：「十成，十成，成全我吧，給我個蟲吃。」大夥看他說的挺可憐，就笑呵呵地說：「十成，十成，你吃十個蟲就成。」意思是祝願他不再乞討，過上好日子。說完，都把自己帶來的東西送給這位老人，老人背著東西，又到最後一家乞討，這家倒大方，給了些銀兩。老人看看身上背的東西，點了點錢褡子裡的銀兩，自言自語地說：「好心的人，給這麼多東西，夠過一輩子的了。」他停了一會兒，對那家主人說：「我住在東南山下喇岩洞裡，你們有事去找我，我會幫忙的。」說完了，眨眼的工夫，老人就不見影了。

第二年，一年連一滴雨也沒下，莊稼乾死了，秋後顆粒沒收，打獵和捕魚也沒掙著錢，過去的積累花光了，日子實在過不下去了，都吵吵要挪挪窩，把家搬到混生活容易的地方去。

說來也真巧，當天晚上，屯子東南小山下邊的岩洞前紅光閃閃，跟起了大火一樣，那裡不是乞討的老人居住的岩洞嗎！發生了什麼事？得去看看！全屯子人到了岩洞前邊，什麼也沒有了。他們就往洞裡走，只見一個人仰臥在石床上，這不是那位逐家逐戶乞討的老人嗎？岩床的四周堆滿金銀珠寶，寶器閃光耀眼，把岩洞照得通亮。他們怕驚動了老人，影響他睡覺，想悄悄地離開岩洞，可是兩條腿像繩子捆住了似的，乾使勁邁不動步，這時候，老人翻身坐

起，招呼大夥兒快坐著，他說：「你們來一趟不容易，到我的床底下抓把土拿回去吧。」他說完了話，手指對著大夥劃了一道槓，身體立時就覺得輕快多了，飄飄悠悠地來到老人跟前，大家一看到處是珠寶，對老人讓他們每人抓把土回去心裡不痛快，認為老人太小氣了。給把土有啥用？老人看透了他們的心思，就說：「你們回到家裡，面向南說三遍：天灰灰，地灰灰，大仙為我變寶貝！」老人讓他們閉上眼睛，然後對著他們使勁兒地吹口氣，覺得忽忽悠悠的，不知不覺就到了家。他們就在家門口，把老頭告訴的口訣念了一遍，手裡的土很快就變成閃閃發光的珠寶，大夥高興得一蹦多老高，再也不愁吃和穿了。從此，這十戶人家的當家的每年都一塊兒到洞裡去一趟，哪次去也不空手，把那位老人給的珠寶帶回來，家家戶戶的日子過得紅紅火火。

　　好景不長。這年四月十八，黑龍江龍王派手下鑽地龍將軍前往長白山天池送請帖，邀請天池龍王去赴宴。鑽地龍騰雲駕霧，到甸子街降落雲頭，坐在山頂上歇息。它看這裡有山有水，百花爭豔，環境幽雅，是修身養性的好地方。鑽地龍不走了，要在這裡建立宮殿。它頭一晃，尾一擺，呼風喚雨，發大水，要把居住在了甸子街的百姓都淹死，它好獨占這個地方。在甸子街住的十戶人家被洪水淹沒了，人們爬到樹上，已經好幾天沒有吃飯了，水再不下去，淹不死，也得餓死。被洪水圍困的人群裡有個名叫田秀的小夥子在危難之中想起那位乞討的老人，覺得還有條活路。他趴在一棵大木頭上邊，順水游到岸上，爬過了幾道山，蹚過幾條河，連夜來到了岩洞口，朝洞裡拜了三拜，然後呼喊老人出來制服鑽地龍，搭救大夥的性命。不一會兒，那位老人從岩洞裡出來，問田秀來幹啥，田秀把水怪發水淹沒甸子街的事說了一遍。老頭聽了很同情，安慰田秀說：「你不要著急，一會兒，咱們就去降伏水怪。」說完，老頭摘下頭上戴的帽子，用手使勁兒一甩，不遠不近，帽子正好落到那十戶人家住的地方。不一會兒，帽子變成了大船。人們搭上船，打著舵，劃著槳，船很快就靠了岸，被洪水圍困的人們得救了。這時，只見那個老頭兒站在岩洞口喊了聲：「蝙蝠精，上啊！」接著從岩洞裡飛出來很多蝙蝠精，向水中的鑽地龍衝去。

蝙蝠精和鑽地龍在水裡上下翻滾，打得難解難分，鬥了幾十個回合，也不分勝敗。這時，那位老人手指對著洪水劃個圈，嘴裡不知道嘟囔些什麼，水很快就下去了。鑽地龍見勢不妙，慌忙潛入仙人洞內，鑽地而行，跑到天池裡去了。

那位老人怎麼能放過鑽地龍呢！他帶領蝙蝠精在後邊追，追到天池，抓住了鑽地龍，狠狠地打一頓，又用鐵鏈把鑽地龍鎖在天池裡。

人們念念不忘那位懲治邪惡、搭救鄉親們的老人，就把老人居住的岩洞口叫仙人洞。鑽地龍被那位老人打敗了，為了逃命從仙人洞鑽地逃跑到天池。從此，仙人洞和天池相通了。

仙人洞的傳說（之四）

在渾江境內的東大頂子山下，有個仙人洞，洞內有許多蝙蝠，在洞的深處有一池泉水，水裡有一種紅魚，關於這個仙人洞，還有一段傳說呢。

相傳，呂洞賓和何仙姑在未修成正果之前，就已婚配，成仙得道後，生下一個兒子，這事被德高望重的太上老君知道了，雖說沒有怪罪他們，但也把他們的孩子變成石娃，貶到人間，替父母受罪。

就這樣，石娃到了人間。不知又過了多少年，有一天，一個年近古稀的風水先生把他的三個兒子叫到面前，說：「孩子們，人要重孝哇！做兒女的當為長輩不惜一切才是。你們三個依次從明天正當午時起，守候在東山林中路口，不管有什麼東西經過，都要把它抓住。」

頭一天，老大等候於林中路口，正當午時，狂風大作，漫天飛沙，隨後便是一陣叮噹巨響，一群金光閃閃的東西從他頭頂飛過，可把老大嚇昏了，一屁股坐到地上不省人事了。

第二天，老二聽說老大嚇成那樣，暗笑大哥沒用，老早就手提木棍等候在林中路口了，正當午時，又是狂風大作，飛沙走石，接著又是一陣叮噹巨響，一群白光閃閃的東西忽高忽低從他頭頂飛過，老二也著實嚇壞了，扔掉棍子，摀著腦袋就跑了。

第三天，老三聽說兩個哥哥都狼狽而歸，暗想：既然是老父親吩咐的事，就是死也要去做呀！快到正午時，老三已經隱蔽於林中路口的一棵大樹後，和前兩天一樣，狂風大作，飛沙走石。隨著一陣叮噹巨響，飛來一群烏黑烏黑的東西。老三舉棒打向那群黑物，一陣嘩嘩巨響後，落下一堆鐵塊。

老三剛回到家，老父親就把哥仨叫到面前問道：「你們有什麼收穫嗎？」老大如實說了，老父親嘆道：「哎！那是一堆金子啊！」老二如實說了，老父親嘆道：「哎呀，那是一堆銀子啊！」他失望地看了一眼老大和老二，然後又

問老三，老三如實說了，說他只打回來一堆鐵。老父親含著眼淚看著老三，半晌沒說話，最後說：「孩子們，我不行了，就用這堆鐵給我打口棺材和一根扁擔吧！」

棺材和扁擔打好的時候，老父親只剩下最後一口氣了，他對三個兒子說：「我死後就用這口棺材和這根扁擔抬著我，不管是翻山還是越嶺一直向前走，扁擔在什麼地方斷就在什麼地方埋我。」說完，就嚥氣了。

哥仨抬著父親走了三天三夜，老大、老二耐不住性子了：「這鐵打的扁擔啥時才會斷啊，都快累死我啦！」老三說：「如今父親屍骨未寒，你倆卻說出這種話，可憐他老人家養育咱一場啊！」老大、老二無奈，又抬著棺材走了三天三夜。這天，天快黑的時候，來到一座高山下。哥三個就搭起靈棚歇腳。老大、老二又嘀咕上了：「我看竟胡扯，鐵扁擔抬折得抬幾百年？」老二說：「父親掐算了一輩子，這次一定失算了，你看這山，空手走也得走大半天啊！明天說什麼我也不抬了，誰願抬誰抬。」老大說：「對！咱倆都不抬了。實在沒辦法，只好就地埋了。」老二說：「就地埋了算了，哪來那麼些講究？」老三燒完紙錢後，正聽到兩個哥哥的這惡話，悲慟欲絕，哭喊道：「你、你們要是不抬，我就一頭撞死在棺材上。」說著就要撞向棺材。老大、老二沒辦法，只好繼續抬。第二天一大早便起靈登山，日落時總算到了山頂。突然之間，棺材一沉，隨後扁擔咔嚓一聲，斷成兩段，棺材落到一塊四方四角的青石板上，老三爬到棺材上大哭了一場，這才取土埋了老父親。

第一天夜裡守靈的是老大。夜裡，忽然他聽到有人說話：「喝酒吃肉，出來轉悠轉悠。」這聲音重複了好幾遍，嚇得他抱著頭跑沒影了。

第二天夜裡，守靈的是老二。他聽到有人在身邊說話：「喝酒吃肉，出來轉悠轉悠。」光聽到說話，沒見到人影，嚇得他魂不附體，抱著頭跑了。

第三天夜裡，守靈的是老三。他見兩個哥哥都跑沒影了，心想，是不是有猛獸嚇跑了哥哥。於是，他準備了一根木棒帶在身邊。當他聽到「喝酒吃肉，出來轉悠轉悠」時，就順著聲音找去，發現一個手提燈籠的小孩兒。老三心

想：這一定不是個好東西，兩個哥哥的失蹤一定和他有關。一怒之下，衝著小孩就是一棒子，喝道：「我辦喪事，你唱喜歌，我今天非打死你不可！」這時，打著燈籠的小孩一下子鑽進了地裡，不見了。

老三在小孩鑽地的地方，挖出來一個三寸長的石頭娃娃。他用繩子把石頭娃娃拴好，繫在腰帶上。

守完靈，圓了墳，老三在爹墳前磕了三個頭，上路回家了。路上，一天傍晚，老三投宿在一個老太太家裡，夜裡，聽老太太哭，第二天早晨，老三問老太太緣由，那老太太說：「我閨女得病三年了，沒錢醫治，現在眼看著要不行了，我心裡難過呀！」老三把自己口袋裡所有的銀子都給了老太太，老太太說：「謝謝大恩人，我閨女有救了！」

辭別了千恩萬謝的老太太，老三又上路了。路上，他腰上系的石頭娃娃突然說話了：「好心腸的人啊，你把錢都給了老太太，自己分文沒有，怎麼回家呀？」老三說：「救人要緊，我一路討飯回家！」老三感到奇怪，就問：「你是個石頭娃娃，怎麼還會說話？」

石頭娃娃說：「我原來不在人間，在天上，後來不知為什麼，被太上老君貶到人間，還對我說：『從今後遣你到人間，切記要積德行善，當你殺生之時，就是你的末日到了，去吧！』從此，我就變成現在這個樣子到了人間。那天，我正在玩耍，就碰上你了，差點兒被你打死。不過我知道你是個好人，我願意幫助你，你要什麼我就可以給你弄來什麼。」

老三肚裡正餓，就說：「來十個包子吧。」轉眼，面前就擺了一盤包子，正好十個，老三吃了包子，肚子飽了，繼續趕路。一路上看到窮人種地，用人拉犁，老三問石頭娃娃，要幾頭牛行不行？石頭娃娃說：「行！」轉眼之間，幾頭牛就到他眼前了。老三把牛送給了沒有牛犁地的窮人。

回到家，老三向石頭娃娃要了一處高宅大院，取名「如意宅」，院裡養了許多牛、馬，擺了很多車、犁，專借給窮人用。

不久，老大和老二聽說老三得了寶貝，要什麼就有什麼，就來到老三家，

說：「我們想要成堆成堆的金銀財寶，要比皇宮還好的房子。」老三一聽，氣得把兩個哥哥攆了出去。

一天夜裡，老大放了一把火，燒了老三的如意宅，老三去追老大時，被老二在半路上一刀殺了，搶去了老三的石頭娃娃。原來，老大和老二想謀害老三，搶到寶貝，好要什麼有什麼，發大財。

石娃見老大、老二害了老三，氣得他化作一個大火球，追趕老大和老二，他倆無處躲藏，就鑽進一個山洞裡，石頭娃娃一氣之下，用法術把他倆變成了紅魚和蝙蝠，讓他們永遠不敢見陽光。石頭娃娃犯了天條，被變成一塊頑石立在那個洞口。

這天，呂洞賓和何仙姑預感到石娃要出事，不約而同來到洞前，見石頭娃娃已變成一塊頑石立在洞口，放聲大哭，這時，正巧太上老君路過這裡，問明原委，勸道：「洞賓、仙姑，石娃變頑石乃是天意，念石娃有功於人間，今追封他為偏神。」並親手在洞口上方提寫了三個大字：仙人洞。

年深日久，風吹雨淋，那三個大字早已風化，只留下一段故事，在長白山下流傳。如今，大頂子山下的仙人洞還有很多紅魚和蝙蝠。

唐榮邦（講述）

唐　義（蒐集整理）

仙人洞的傳說（之五）

有這麼一個苦孩子，沒爹沒娘，誰也記不起他姓什麼，是誰家的孩子，只知道他時常東家走，西家串，撞上了哪家飯熟了，就跟著吃一頓；趕不上，也沒人管他。飢一頓飽一頓地漸漸長成了大小夥子，大夥管他叫「小三」。

小三東遊西晃沒個著落，倒叫崗西關帝廟的老道長相中了，說他：「小三，給我當個徒弟吧，挑水砍柴唸經化緣，總比你這麼強。」

小三說：「我能行？行就幹。」他一個頭磕在老道長跟前，當了小老道，取名「明月」。

明月手腳勤快，幹點粗活什麼的不在話下，可就是怕唸經，唸起經來，長長眼啦，學了上句忘下句，記住兩頭丟了當間兒。師父吼不轉，打不靈，氣急了讓他去化緣。

小道士明月翻山越嶺、走村串戶地化緣。這一冬接近年關的光景，他將化得的銀錢背在布口袋裡，趕回廟裡交差。緊趕慢趕，來到橫道河子。這工夫日頭似落不落，遠遠地他就聽見有人的哭聲傳來，哭得好慘！

這是一個小媳婦，過門沒多久，丈夫讓鬍子綁了票，說是要多少多少錢，才能換回他的性命。可是臨近年關，親戚鄰居都不富裕，這錢沒地方借呀。鬍子等了幾天，打發人送來一隻耳朵，並且撂下話：三天內不去贖，就要撕票（殺掉人質）。

小媳婦衝著明月哭訴：娘家人勸她回娘家躲躲，實在撕了票，再嫁。可是，家中有八十歲的奶奶婆婆，雙眼瞎，扔下她怎麼辦吶。

明月動心了，他口袋裡有化來的銀錢，可以換回一條人命，成全一家人；見死不救，還修的啥廟，唸的哪門經！他把錢口袋給了小媳婦。

小媳婦千恩萬謝地走後，明月也不見了，人們都知道有這麼個好心的小道士，為救一家苦難，砸了飯碗，不敢見師傅，從此蹤跡皆無。也有人說他讓山

牲口（野獸）吃掉了。天長日久，關帝父不知換了多少茬道長，只有明月小師父的名字和他的一些故事在橫道河子村的人們中流傳下來。

說不上過了多少年，有村子人上山打柴，貪了大黑，往家奔，路過村外的那石洞前，猛看見洞口紅光照人，細瞅，跟白天相似，嚇得他一溜小跑，回屯堡，跟大夥說這事。

第二天，便有十幾個膽大的小夥子，帶上松明、火把、獵槍，進入洞內。他們在洞內轉悠了很久，才在一個高台上看到一位老道，閉目唸經，盤腿打坐。老道士鬍子挺長，手指甲都長得曲裡拐彎兒。小夥子們知道碰上了仙人，齊刷刷跪下磕頭。

老道士睜開眼，問那座關帝廟，問他師父現在怎樣了？小夥子們答不上來。老道說，他叫明月，俗名叫小三，某年某月進的這洞，小青年們光聽老輩人叨咕過明月這名字，一看他還活著，都叩頭求他保佑。

老道嘆了口氣：「你們來的不是時候，我明天本該走了，這樣一來，又不知得多少日子。回去跟大人說，明天有大難，都進這洞裡來躲躲。」說完閉上眼，再不言語。

跟大人們一說，有年紀的人明白，這洞中一天，洞外是一年哪，轉過年，果然聽說打起仗來，要過兵。滿村人都擁到洞口，這時怪事出現了：洞口看似很窄，可進多少人也不擠得慌。大夥在洞裡找那救命的活神仙，可只見洞裡大洞連小洞，小洞接大洞，怎麼轉，就是找不到那個高台。老年人說：「別找啦，他老人家不願見咱。」

大夥在洞裡不渴不餓。突然有一天，覺出擠來了，老年人說：「走吧，這是告訴咱們，沒事啦。」

回村子一看，才知道果真遭了兵禍，整個屯堡燒得寸草不存。這要是不躲起來，哪個也怕難活命！

村子人感激明月為救大夥，洩露天機，耽誤了成仙的機會。聽老輩人說明月愛吃黏食，就蒸了黏耗子、烙了黏火燒拿到洞口供獻，擺上後去看看，少個

仁倆的，從不多取。

　　又過了好幾年，村人夢見一個老頭，告訴：「別再送吃的，我不用啦。」急忙問他是不是要上天了，他不回答，還是重複：「別再送吃的，我不用啦。」

　　可不，再送供品，就原封不動。

　　再去洞裡，便覺香氣撲鼻。找去，看見那高台上，開滿蓮花，只是明月不知哪裡去了。

　　大夥兒亂猜，有人說明月洩露天機，讓天上抓去受罰；也有人說，哪能呢，好心得好報，明月肯定修成正果，名列仙班了。大家把這洞叫作仙人洞，並塑一座佛像在洞裡，常年有人上香、求藥，據傳靈驗得很。如今，仙人洞開發為旅遊點，更名「長白山迷宮」，中有大廳，當地人說是當年明月修行處，特塑了觀音像，供善男信女們朝拜。

　　觀音像左側石壁上有一天然石像，形狀如古人頭部，當地人說，明月大仙就是這模樣，這是他留下的畫像。是不是，誰知道呢。

神仙洞的傳說

　　從前，和龍平崗平原上有一個名叫風達的年輕人，父母去世後，繼承了很大一筆財產。

　　風達從小嬌生慣養，好吃懶做，飯來張口衣來伸手。長大成人後，家財全歸自己，更是恣意放任，揮霍無度，每天沉浸在酒色之中。不幾年，他便把家產敗光了，他不得不四處漂泊流浪，最後到甕聲砬子落腳了。

　　轉眼炎熱的伏天已過，蕭瑟的秋風陣陣吹來。風達想起自己曾經是花天酒地、美女相伴、顯赫一時的人，而今卻淪落為身無分文的乞丐，不可名狀的悲哀湧上心頭，情不自禁地掉下了眼淚。

　　一天，風達正獨自發呆，一位白髮童顏的老人走來，微笑著望著他。

　　風達感到奇怪，問道：「老人家，您為什麼用這種眼光望著我？」

　　「哈哈，年輕人，你心事重重，欲哭無淚，是不是？」

　　「老人家，您如何知道得這樣清楚？難道從我的臉上能看出我的心事？」

　　「當然。我從你的臉上看到了你的過去，也看出了你現在的處境。」

　　「晚輩十分慚愧。時令已是晚秋，寒冷的冬天也為期不遠了。可我……我……連回家的盤纏都沒有……」

　　「是啊，過去你不知道父母的財產來之不易，任意揮霍，眼前的處境是你一手造成的。」

　　「過去，我太奢侈了。」

　　「知道了就好。只要你下決心重新做人，我可以幫助你。你要保證以後再也不過那種奢靡的生活。」

　　「老人家，今後我怎麼會過那種生活呢？您老人家不是在戲弄我吧？」

　　「我為什麼要戲弄你？噢，你是在懷疑我，那麼就算我沒說，就這樣分手吧！」老人憤然轉身要走。

風達急忙攔住老人家說：「老人家，我出言不遜，多有冒犯，請您多多原諒。」

「你把人家的一片好心當作驢肝肺，真是豈有此理。你的處境實在可憐，所以我還是要幫你的。以後，你過上好日子，任何時候也不得洩露天機，更不許染上腐化放蕩的惡習，一定要克勤克儉，一心一意地搞好家庭生活。」

「我一定遵照您的話去做。」

「現在你就跟著我來吧。」

風達雖然將信將疑，但是老人的話還是很有誘惑力，所以身不由己地跟著老人上路了。兩個人跋山涉水，走過彎彎曲曲的小路，來到了一峭壁前。峭壁上隱約露出一條細縫，老人用手指連點三下，碎石紛紛落地，「吱──」一聲輕響，眼前竟出現了一個大洞口。

「老人，開大洞幹什麼哪？」

「少囉唆，馬上進去，你願意拿什麼就拿什麼！」

「那洞裡有什麼東西麼？」

「你進去就知道了，儘管去拿吧！」

風達走進山洞，只見一片光亮，洞裡堆滿了金銀財寶。風達貪婪地將金銀珠寶塞滿衣袋，出來一看，老人不見了。這時，他後悔自己拿得太少，想回去再去拿一些，可是洞口早已封上了。

「怪事，那麼大的洞口，怎麼突然間不見了？」他無可奈何，只好急匆匆地回故鄉了。

風達回到家鄉，本應該脫胎換骨，改邪歸正。可是他手中有了錢，就舊病復發，變本加厲地沉湎於酒色之中。

「人生幾何，不趁著有錢的時候吃喝玩樂，更待何時啊！何況這些錢也不是我血汗掙來的。」

風達大肆揮霍，沒過一年又變成窮光蛋了。他想，反正已變成窮鬼，再也沒有活路，倒不如把名川大山逛個夠，再了結此生。於是，他到了長白山逛了

幾天。長白山風光雖美，但腹中空空，再也無心遊覽勝地，時不時地想起那位老人。

這一天晚上，他悶悶不樂，愁心斷腸地望著天空哀嘆，突然發現有一個人從遠處向自己慢慢走過來。他仔細一看，喜出望外，這個人不是別人，正是自己日也想夜也盼的那位老人。風達高興得簡直要跳起來，但是想到自己離開老人後的所作所為，就覺得羞愧難當，抬不起頭來。

「哈哈，這不是在一年前見過的風達嗎？」

風達覺得無地自容。

「你怎麼了？」老人問。

「晚生慚愧得很。」

風達只好把這一年間的事情一五一十地告訴老人。

「不要太難過，年輕人嘛，只要改掉壞毛病就好。」老人又領著風達走了。

風達跟著老人走了整整五天，又到了一年前來取寶的那個地方。老人還是用手指點開了洞口，然後叫風達進裡拿寶。

這一次，他恨不得把洞裡的金銀珠寶全部拿走，裝了滿滿一口袋，又撕下衣褲做成大小包袱，包好了珠寶，費了九牛二虎之力，才爬出了洞口。

「年輕人，你一定要安分守己，勤儉度日。如果有剩餘，就要救濟窮苦人，積善積德，絕對不能胡作非為。你若再犯舊毛病，到那時，不僅不會再有這種機會，而且還會受到嚴厲的懲罰。」

「我一定牢牢記住老人家的教導，老老實實地搞好家業。」

風達回到家鄉，又過上了富足的生活，但是沒過多久，舊病復發，走東串西，逛酒館，勾引女人，不到一年把錢財蕩盡了。怎麼辦？他想到在甕聲砬子那邊的寶洞，只要找到洞口，就能取出財寶。他急急忙忙來到甕聲砬子，挺順利地找到了寶洞。他學著老人的樣子，用手指點開洞口，談何容易，急得他在峭壁周圍轉來轉去，但毫無辦法。

「年輕人，咱們又見面了！」從風達身後走出一個人來，風達嚇了一跳，抬頭一看，正是那老人。

「啊，是你啊老人家。」

「嗯，你是什麼時候來的？」

「大約有十天了。」

「看來，你又是老毛病重犯？」

「說起來很慚愧。」

「你還是跟著我來吧，」

風達滿懷希望，認為老人還像過去那樣給自己財寶，但這次卻東拐西彎，走向深山幽谷，最後登上一座懸崖。老人對他說：「你坐在崖頂上，不要動也不要出聲，你會看到一些稀奇古怪的事情。」老人家說完後，消失在煙霧中。

風達坐在崖頂上，一陣陣陰森森的冷風吹來。風越刮越大，最後狂風大起。更可怕的是，大蟒和老虎從深山老林中直衝他撲來。風達嚇得緊閉雙眼，一口大氣也不敢出。

不一會兒，雷聲隆隆，電光閃閃，下起傾盆大雨，老虎和大蟒悄然消失。一陣大雨過後，天晴了，又來一群五大三粗的鬼怪們，把風達五花大綁，押送到天上。

天宮裡，玉帝頭戴王冠，身披龍袍，威嚴地坐在龍椅上，審問風達。

「你叫什麼名字？」

「……」

風達想回話，張大了嘴，卻說不出聲。

「問你叫什麼名字？」

「……」

風達受到神仙老人的懲罰，已變成了啞巴。

「不識抬舉的混賬東西，平生好吃懶做，不務正業，大肆揮霍，沉湎於酒色之中，吃喝嫖賭，無惡不作，是可忍孰不可忍！」玉帝說，「看來這個惡棍

不打是不招的啦。來人，你們給我狠狠地打！」

一聲令下，眾鬼們一擁而上，打的打，踢的踢，風達痛得直打滾，卻喊不出聲。

「你們把這個混賬東西送到閻羅國去，讓他們再懲治吧！」

風達從天上回到地上，又從地上被拽到閻王面前。

閻王一見風達就勃然大怒，說：「你年輕輕的不安分守己，搞什麼風流韻事。你蕩盡了家產，又三番五次地取走金銀財寶，是十惡不赦的惡棍。你現在是想說說不出、想哭哭不出的怪物，這都是你罪有應得。」

閻王下令讓小鬼槍戳刀剁風達，最後把他扔進油鍋裡。閻王對判官說：「現在可以把他送回人間。他再不悔過自新，我們就把他弄來斬首分屍吧！」

風達受盡了痛苦和磨難，終於懂得了做人的道理。古人說得好，浪子回頭金不換。風達回到家裡後變成勤奮勞動、安分守己、自食其力的人。不久，娶妻生子，過上了幸福美滿的生活。

從此，人們便把那位神仙老人為風達開洞取寶的洞窟叫作「神仙洞」。不過，至今那洞口還是封著的呢。

風達在神仙洞的奇遇記警醒世人，富貴榮華皆是過眼雲煙，勤勞和智慧才是真正的財富。

棋盤洞和求仙石的傳說

人們都說這九鼎鐵剎山有九九八十一座峰，八九七十二個洞，究竟有多少座峰、多少個洞誰也弄不清。若當初果真是七十二個洞的話，現今至少也得少一個。

有這麼一個傳說，清朝嘉慶年間，在九鼎鐵叉山南有個烏林村，村東四里地建了一座大廟，取名興隆寺，年年香火不斷。

過了一些年，從外地來了一位姓王的道士，翻修了廟宇，重塑了神像，使大廟煥然一新。

據說，這位道士曾經是朝廷的功臣，為官清廉，很受老百姓擁護。碰上一個大災之年，莊稼顆粒不收，災民們到處逃荒，有的餓死在荒郊野外，可是官府的賦稅有增無減，逼得一些災民賣兒賣女，找不到生路。為求得一方百姓的生存，他毅然冒死為民請命，上疏皇上，為此得罪了一些貪官，給他捏造了一些莫須有的罪名，要捉拿嚴辦，如讓官府捉去，只能有去無回，被逼得走投無路，只得逃到山上落草為寇。

這位清官占山為王以後，殺貪官，斬污吏，接濟貧民，收留了好多無家可歸的災民。人馬越聚越多，勢力越來越大，對朝廷造成了威脅，官府多次派兵征討，終因寡不敵眾而被殲滅。

山寨被破以後，他隻身殺出重圍，逃到烏林大廟出家當了道士。將隨身攜帶的銀兩全部用來擴建廟宇，並被推薦為主持。

王道士看破紅塵，覺得自己已無力拯救百姓於水火，只得把希望寄託於天神身上。他出家後，每日潛心修道，熟讀經書，漸漸入道，修練多年，得道漸深。一日，修練入境，曚曨中，眼前出現一個手持拂塵的白髮、白眉、白鬚老人，對他說：「汝雖入道，若求正果，還需到九鼎鐵叉山，棋盤洞拜師修練，方得圓滿。」王道士當時一驚，眨巴眨巴眼睛，眼前什麼也沒有，雖然像做

夢，卻看得那麼真切。因此，他決意去九鼎鐵叉山求仙修道。

　　擇了個吉日，王道士打好行李，從西坡登上九鼎鐵叉山，直奔八寶云光洞，叩拜諸神之後，將行李放在廟中，便四處尋找師父。他雖然來過山上多次，卻不曾聽說過有個棋盤洞，找遍了山前山後，也沒找著棋盤洞和那個白眉白鬚的老人。從太極洞出來，往西走沒多遠，聽見樹林裡邊好像有人在下棋，他穿過樹林發現前邊有一個山洞，洞中坐著兩位老者在下棋。王道士抬頭看到洞門上寫著「棋盤洞」三個大字，急忙跑到洞前，看清有一位白鬚、白髮、白眉遮目的仙人，另一位是黑鬚、黑髮、黑眉毛的仙人，認準其中那位白眉遮目的老人就是入定時出現的那位神仙，那不是長眉李大仙嗎？他高興地撲通一下就跪倒在洞前，向上拜了三拜，想認師父，可那兩位仙人連眼皮都沒撩，只顧專心下棋。他一直跪了好幾個時辰，二位也沒理睬。看看天色已晚，起身想到八寶雲光洞把行李取來再繼續跪等，待師父下完棋再拜師求見。王道士來到八寶雲光洞，看自己的行李上面落滿厚厚一層灰，好像已經放那多年沒人動過，伸手輕輕一撣，化成了一堆灰燼。這才如夢方醒，仙人下棋的那個地方肯定是仙境，剛才跪在洞口覺得時間不長，人世間不知已經過了多少年。心想，怪不得這麼多年沒聽說過有棋盤洞呢？想到這裡，邁開大步就往棋盤洞跑，他兩腳一邁，渾身是勁，一步能頂平時好幾步，知道雖然仙人沒理睬，他已受益匪淺。等跑到仙人下棋的地方，說啥也找不著那個洞口了，哪有什麼棋盤洞啊，哪有人下棋呀！眼前只有一堵光溜溜的石牆，揉了揉眼睛，在石牆上細細看了看，原來是兩扇洞門已經關上了，急得他在洞外邊敲石牆邊喊：「師父，開門哪！師父，開門哪！」連喊十幾聲，也沒人回答，只聽見敲石牆的回聲在九鼎鐵叉山上空迴蕩。王道士追悔莫及，悔不該去取那破行李，還是自己求師的心不誠啊。可他仍不灰心，跪在離山洞不遠的地方，等待師父給他開門。

　　這位痴心的道士，一直在石壁前虔誠地跪著，幻想著有那麼一天，師父能重新把洞門打開，收自己為徒弟。由於他求師心誠，天長日久，變成了一塊大石頭，至今還跪在那個沒打開的洞門前。據山上的道士說，王道士已經羽化成

仙了。

　　現在，到這面石壁前，那兩扇已經關閉的大門痕跡還依稀可見，門下端露出深深的大縫，左邊這扇大門底下的縫更深，趴在下邊，只能看見裡邊黑乎乎的，用石頭敲石牆時，發出硿硿的響聲。在石壁前不遠處，有一塊斜立的石頭，好似一個人跪著的姿勢，傳說那是王道士變的，後人稱它為求仙石。

避風石的傳說

　　長白山上有座半圓形的石峰，峰頂兒上霧氣濛濛，峰根兒下避風向陽，這就是有名的避風石。說到避風石，知道的人就會給你講一段動人的傳說。

　　很早以前，長白山下溝趟子裡有個柞樹屯，屯子裡種莊稼十年有九年受風災，弄得大夥兒連稀粥都喝不上溜兒，人們只好以打柴為生。他們天天順著溝趟子往北走，爬上一道漫崗打柴，往回背。你說怪不怪，打柴也受風害，人們早晨從家裡出來上山頂著風走，晚上背著柴下山，風向轉了，人們還是得頂著風走。路上遇見大風，往往連人帶柴火都給掀到山下去了。

　　屯子裡住著個叫畢峰的小夥子，憨厚老實，勤勞能幹，叔叔、大爺們都稱讚他是個好孩子。有一天風大，上山的人很少，畢峰獨自一個人老早就來到山上。他選好一個柴火窩子，掄起鐮刀悶著頭兒割柴火，不一會兒就撂倒了一大片。他捆好柴火，正要往身上背的時候，忽然看見草叢裡有個發亮的東西。撿起來細看，有黃豆粒兒那麼大，亮晶晶的，用手掂掂還挺沉。他想：這興許是珠子吧，怎麼跑這兒來了？準是人丟的。這人能是誰呢？一準兒很著急，這麼點兒個玩意兒多不好找呀！我就在這兒等著丟珠子的人吧。畢峰撂下柴火，就坐在路邊等起來了。不大一會兒，冷不丁聽見「撲通」一聲，抬頭看看，只見一隻雪白的山兔兒從山崖上跳下來，朝他看了一會兒，三跳兩跳，就不見了。他還踅摸，就聽身後傳來「刷刷」的腳步聲。畢峰迴頭看看，一愣，原來是一位穿著一身白衣服的俊姑娘，正朝他笑呢。那姑娘轉眼之間來到他跟前，笑著說：「大哥，你好啊！」畢峰覺著挺怪，這人是哪兒來的呢？就問：「大妹子，你是從哪兒來的？山上風大，還有野獸，別出什麼差錯，我送你下山吧！」姑娘說：「大哥，我實話告訴你吧。我是天上的雪神公主，下到凡間來玩兒，不小心，刮丟了頭上一顆珠兒。為找珠子，又怕遇見壞人，就變成一隻白兔，找了三四天了也沒找到。」畢峰聽了，急忙從懷裡掏出寶珠遞過去，說：「大妹

子，你看是不是這顆？剛才我在草叢裡撿到的，你快收起來吧！」雪神公主立刻就笑了：「多虧讓你撿到了，不然玉帝還不知怎樣懲罰我呢，這可得好好謝謝你。」

他倆說話這工夫，又起風了，越刮越大，「嘎巴」一聲一棵碗口粗的大樹刮斷了，飛沙走石，天昏地暗。畢峰死死地摟著一棵大樹才沒被刮跑。風小了，雪神公主又接著剛才的話茬兒說：「這些金子給你吧，夠你過一輩子的了，不要上山來割柴火了，太險了。」畢峰說什麼也不要。他說：「撿了東西，物歸原主，用不著謝。」雪神公主為難了，想了半天又問：「你不要金子，那我幫你辦件事吧。你說，你最想要什麼？」畢峰趕忙說：「我最想別刮這麼大的風。上山砍柴，背柴下山，都是順風那可就好了。」公主說：「那也不難。有一條紅飄帶，人要是紮在腰上，再一唸咒，山風就遂人意了，可大可小，可東可西。可有一樣兒，扎飄帶的這個人也就變成避風石了，再也變不回來啦。」畢峰說：「要能治住風，我就豁出去了。」

雪神公主只好說：「那好吧，我成全你！」說著，掀開衣襟兒，從腰上解下一段兒紅綢子帶兒來，遞給畢峰，叫他紮在腰上，兩手扯著飄帶頭兒。那飄帶又紅又亮，在太陽底下還有點兒耀眼睛呢。公主說：「隨我唸咒兒——紅飄帶呀快快長，長成巨石把風擋。」

畢峰跟著她也唸叨起來。剛念了幾遍，就覺著身子骨兒「嘎巴嘎巴」直響。一會兒工夫，身子就長得又高又大了，長成了一個半圓形的石山。從此再大的風也刮不到田裡去了。

人們就稱這石頭為「避風石」。

隋明臣（講述）
聞守才（蒐集整理）

寶卵石的傳說

　　說這話可是多少年前的事兒了。

　　有一年，老樺甸街上從山東「蓬萊島」來了個棒小夥子，十八九歲的年紀，不高不矮的個子，一雙黑溜溜的大眼睛，忽閃忽閃的格外有精神。大夥兒不知他的名字，只知他姓李，都叫他「蓬萊李」。

　　「蓬萊李」是來闖關東的。別人漂洋過海到關東山都有個撲奔人，他卻是無親無故兩眼一抹黑，誰也不認識。大夥兒都可憐他，讓他進山挖參採藥，可他進林子就「麻達山」，有人雇他種地，他是二八月的莊稼人，扶犁點種，鏟地，侍弄莊稼是外行。「蓬萊島」上的人，都是出海打魚撒網使船兒的手兒，誰會侍弄莊稼呢。

　　這一天，集市上來了個黑胖子，聽人說是木把幫上的大把頭，要出大價錢雇個放木排領舵的。「蓬萊李」活了心，大夥兒都勸阻他說：「從老白山松花江源頭到老船廠（今吉林市）九九八十一道險灘，七七四十九個鬼門關，惡龍口、白馬灘、牤牛哨……整不好就排毀人亡，多少個好小夥兒送了命。放木排可是個九死一生的事兒。」

　　「蓬萊李」知道大夥兒勸說都是為他好，可他總要想法掙幾個錢，養活還在關裡的老娘。萬般無奈，還是跟著「大把頭」走了。他心裡合計，自己從小就跟爹出海打魚，啥樣的惡水都見過，搬棹使船兒，水上水下練了身好水性，這小江小河能把自己怎樣呢？

　　「蓬萊李」跟大把頭到了木把幫上。頭頓飯吃了兩海碗小米飯，一碟子「大蝦米」（生長了的豆芽菜）。按規矩，「蓬萊李」跪在江邊磕了三個響頭，禱告山神爺神靈保佑平安；上了木排點了三炷香，又磕了三個響頭，禱告龍王爺風平浪靜，保佑著排穩人安到船廠。

　　正是春天，松花江剛解凍，江裡還飄著殘雪浮冰，浪打木排濺了一身水，

小風一刮，又是一身冰，凍得「蓬萊李」牙幫骨咔咔響。「蓬萊李」的水上功夫可真是名不虛傳，多急的水流，多大的浪排，「蓬萊李」就像根釘子，穩噹噹地站在木排上，眉頭不皺，眼皮不眨，輕輕一搬棹，微微一撥桿，那木排順江而下，平平穩穩，鬼見愁、惡龍口……一連幾個令人心驚膽顫的險灘都讓「蓬萊李」十分輕鬆地闖過去了。排攏江岸，放排兒的夥計都伸大拇指誇「蓬萊李」這身絕藝。大把頭更是樂得合不上嘴，破例給「蓬萊李」弄了簍原漿醪酒，只要「蓬萊李」能順順噹噹把木排放到船廠，大碗的酒管夠。

第二天，天空瓦藍，松花江裡風平浪靜，木排平穩地從太陽出山放到日頭下山。「蓬萊李」抄站在木排上，喝口酒簍裡的酒，渾身熱烘烘的，心裡不覺也美滋滋的，他心想，這回把木排放到船廠，掙了錢就能回「蓬萊島」侍候老娘，自己要置條船，再也不受船主的氣了。有了錢還要娶個媳婦，讓娘抱上個大胖孫子……

「蓬萊李」正想著，突然見前面不遠處的水面上「叭叭」翻起兩朵大水花，就像兩條大魚「打漂兒」似的。誰知這水花越翻越大，眨眼工夫，江水陡然上漲，剛才還是風平浪靜，這會兒卻是風急水哮、大浪滔天。「蓬萊李」帶著幾個夥計放的木排，在浪濤中被翻騰的江水沖得「溜兒」打了個橫。「蓬萊李」喊聲「不好」一個大浪打來，木排「咔嚓」一聲被打散，「蓬萊李」一個跟頭跌進水裡。仗著好水性，他憋著一口氣，一個猛子到了江岸邊。他爬到江岸邊一看，不由愣住了，事兒真怪了，江水平穩了，上漲的水也消了，可是散落的木排早已被大水沖得無影無蹤了，跟他放排的幾個夥計也不見了。「蓬萊李」沿著江岸邊跑邊喊，但只聽江水嘩啦嘩啦響，哪有人的回音。「蓬萊李」坐在地上哭了起來，哭著哭著就睡著了，不知睡了多久，他被一陣吵嚷聲驚醒，只見大月亮地裡，江沿邊有個老頭和老太太廝打在一起，誰也不讓誰。「蓬萊李」心想，人家老夫老妻都是知疼知熱的，可這對老夫妻是怎麼了？「蓬萊李」想上前解勸一下，可又累又餓動彈不了。只見老頭兒把老太太打倒在地上，伸手又從老太太懷裡拚命搶件東西，老太太哇哇直哭，就是不給，邊

哭邊喊：「這是從哪兒來的強盜呀，占了我的房子還要搶我的東西！」

「蓬萊李」這回可明白了，這老頭和老太太哪是夫妻！那老頭準是行搶的歹人，便放開喉嚨大喝一聲：「住手！」

這喊聲震得大山嗡嗡直響，那老頭兒心慌了，忙拋開老太太。「撲通」跳進江裡不見了，老太太看見了「蓬萊李」，上前千恩萬謝，又問「蓬萊李」是怎麼到這裡來的。「蓬萊李」掉下了眼淚，便把從「蓬萊島」闖關東，捨命放木排的前前後後說了一遍。老太太聽了點點頭，說：「小夥子，告訴你吧，你那木排翻了，就怨剛才那個老頭兒。」

「怎麼，木排翻了怨剛才的老頭？」

老太太抹起眼淚。她告訴「蓬萊李」，自己不是凡人，是在這兒修行幾千年的蛤蜊精，在這兒煉珍珠呢。前些天，不知從哪兒來了個有道行的老烏龜，也就是剛才那老頭兒。老烏龜要強占蛤蜊精的地方，要奪蛤蜊精煉的珍珠。於是，引起一場惡鬥，鬧得江水一勁翻花，放排的可就遭殃了。

老蛤蜊精請求「蓬萊李」幫她懲治老烏龜精。她讓「蓬萊李」站在江邊的一個小山尖上等著，看著一會兒江水翻花，就朝裡扔碎石細土。老烏龜最怕水混眯眼睛，蛤蜊精就能打敗老烏龜精。

「蓬萊李」答應了，老蛤蜊精臨走又塞他嘴裡豆粒大小個東西，「蓬萊李」頓覺滿口生香，渾身發熱，骨頭節咔咔直響，不餓不冷了，身上有勁了。

老蛤蜊精跳進江裡走了。「蓬萊李」記住她的話，跑到個小山尖上，把碎石細土預備好，一會兒果然見江水又翻花了，水勢又上漲了。「蓬萊李」朝著翻水花的地方，就扔起碎石細土，他足足扔了一宿，十指尖都被泥石磨出了血。到第二天早晨，江水平穩下來，那個老蛤蜊精浮現在水面上，「蓬萊李」一看，那雙大蛤蜊皮，就像連在一塊的兩條大帆船。「撲通」一聲，老蛤蜊精進水不見了，一會兒水面出現個老太太。

老太太見了「蓬萊李」又是千恩萬謝，說老烏龜服輸了，敗回東海去了。她又拉著「蓬萊李」，非讓他到家串門去不可。不論「蓬萊李」怎樣推脫，老

太太硬拽他到江邊。她讓「蓬萊李」閉上眼睛，只聽身邊一陣水聲，可「蓬萊李」身上一個水點也沒有，等睜眼一看，裡邊青磚瓦舍，亮亮堂堂，有花還有草的，可美了！

老蛤蜊精兒女一大幫，大戶人家。「蓬萊李」被奉為上賓。頓頓有酒有肉的，吃夠了喝足了，就四處溜躂玩。一晃過去了七八天！「蓬萊李」待不住了，非要走不可。老蛤蜊精見留不住，便拿出顆亮閃閃的寶珠，硬給了「蓬萊李」。這可是個寶珠，賣了「蓬萊李」幾輩子也花不完。

老蛤蜊精把「蓬萊李」送到水面，又囑咐說，有啥為難事可以來找她，只要把那顆寶珠往江水裡一放，她就知道了。

老蛤蜊精說完進江裡不見了。「蓬萊李」上岸走不遠，看見大把頭正領群木把走過來，隔老遠大把頭就看見了「蓬萊李」，臉子撂下了，「你這小夥子，排散了，人沒了，咋不回去告訴一聲，跑這躲清靜。好吧，待會兒下來木排咱們一塊走，回去算賬！」

「蓬萊李」這才看見，江的上游來了一串木排，排上站著個棒小夥子，準是大把頭新雇的木排領舵的。木排平穩順流而下，不料，就在這時，江面又一翻水花，江水又陡然漲了起來，水打著漩，木排打橫了。「咔嚓」木排散了，一個浪頭打來，再一看木排上的人都不見了。大把頭和木把們見江水上漲，嚇得跑老遠，「蓬萊李」急了，老烏龜被打跑了，江水咋還翻花上漲呢？他忙把那顆珍珠放到水裡，江水立刻平穩了，原來這是顆定水寶珠。老太太站在水面上，問：「小夥子，有什麼事嗎？」

「蓬萊李」問江水咋又翻花打散了木排，老太太笑了笑：「唉，小夥子你有那顆寶珠，就有吃有喝享清福了，再也不用放木排了，管這些幹啥呢？」

「蓬萊李」執意還要問下去，老太太說：「這也難免，我煉珍珠那天，要用滿江水沖洗，江水咋能平穩呢？」

「那你為啥不換個地方沖洗珍珠呢？」

老太太嘿嘿笑了，「那可不行，我就喜歡這兒的水，排毀人亡我不管，我

要的是珍珠。小夥子，你得了寶珠發了財管這些豈不是白操心。」

「蓬萊李」要氣炸了肺，罵道：「好你個蛤蜊精，原來你也是害人的，我和你拼了。」說完，他就沖老蛤蜊精撲去。

老蛤蜊精現了本相，用那大蛤蜊皮，輕輕朝「蓬萊李」一扇，一下子把「蓬萊李」扇得老遠，叫道：「你這小夥子，真不知好歹，滾開，別管閒事！」

「蓬萊李」大叫：「我死也和你拼到底！」

老蛤蜊精可發怒了，就要奪「蓬萊李」的寶珠，「蓬萊李」手疾眼快，一下子把寶珠吞進肚子裡。

老蛤蜊精和「蓬萊李」跳進水裡打了起來。老蛤蜊精想興風作浪，可定水寶珠吞進「蓬萊李」的肚子裡，江水不聽使喚。「蓬萊李」吞下寶珠，渾身是勁，越鬥越勇，老蛤蜊精敗下陣來。江水平穩了，老蛤蜊精也服輸了。可是，「蓬萊李」卻因吞下定水寶珠，在江水裡，變成一塊深扎水底的江卵石。多少年來，任你魚鱉惡龍，在這兒也掀不起大浪，這兒的江水永遠是那樣平穩了。當地的老百姓都知道這塊水中的江卵石是「蓬萊李」吞下寶珠變的，都把這塊江卵石叫作寶卵石，江邊上的那個小屯子就叫寶卵石屯了。

洗兒石的傳說

　　長白山天池旁，石虎灘下，有一眼溫泉，泉邊有一塊半鋪炕那麼大的磨盤石，平平展展，溜光水滑，人們經過的時候都願意坐在上面抽袋煙，歇歇腿。這就是那塊有名的洗兒石。

　　傳說，清光緒年間，離石虎灘六七十里遠有個村子。村子裡住著一個以採藥為生的老朱頭兒。七月初六這天，他領著剛滿十六歲的兒子上山採藥。

　　日頭壓山了，爺兒倆正好走到磨盤石跟前，便坐下吃了點兒乾糧，喝了點兒泉水，就近支了個小窩棚住下了。睡到半夜，老朱頭兒醒啦，聽見有「嘩啦嘩啦」撥弄水的聲音。老頭兒悄悄爬起來，伸頭往外看，就見磨盤石那兒通亮一片，啥東西都看得真真切切的，像白天一樣，一個穿布衣布裙的小媳婦正坐在磨盤石上給孩子洗澡呢。倆孩子一大一小，大的不過兩歲，長得白白胖胖的，小的在小媳婦手上直撒歡兒，大的站在泉水裡直撲打水。

　　老頭兒心想，一定是遇上天仙了，怕自己的眼神兒不好，看得不准，忙不迭地叫兒子：「快起來，看天仙！」

　　這一叫不要緊，等他轉過臉看時，亮光，仙女和兩個胖娃娃全不見了，眼前又是黢黑一片。爺兒倆摸黑到磨盤石跟前細看，什麼也沒有，倒有一股打鼻子的香味兒。這香味兒像花香，又像藥香。爺兒倆一直摸索著尋摸，到天亮了，才在大磨盤底下靠近泉眼的地方找到一件小孩兒穿的毛衫兒，那香味兒就是從毛衫兒上散發出來的。

　　老頭兒拎起小毛衫兒細看，跟山下莊戶人家小孩兒穿的小毛衫兒差不多，圓領兒肥袖兒，釘著兩條帶子。摸摸稀軟的，拎拎飄兒輕，精薄透亮兒，亮晶晶的。奇怪的是，整件小毛衫兒沒有一條接縫兒，是囫圇個兒織成的。

　　爺兒倆拿定主意再等兩個晚上，看個究竟。可惜的是一點兒動靜也沒有，白等了。回村子以後，老朱頭兒拿小毛衫兒給鄉親們看，還把他看到的講給大

夥兒聽，人們都半信半疑的。信吧，這事兒太沒邊兒了，不信吧，又有那件沒縫兒的小毛衫兒。村裡的姑娘媳婦們都說，人間巧手也做不出這無縫兒的衣裳來。

村子裡有一位七十多歲的私塾老先生，見多識廣。他來了，把小毛衫兒翻來掉去地細看了半天，說道：「這是扯著雲彩紡的線，用手織成的無縫天衣呀，不是凡間之物。

不信可以用火、用水試試，是天衣就見火不燃，見水不濕。」老朱頭兒忙著用火燒，小毛衫兒果然燒不著，又用水泡，小毛衫兒也泡不濕，真和老先生說的一樣。大夥兒說：「這可真是無縫兒天衣呀。」老先生又說：「大兄弟，你真的遇見仙女了。那仙女不是別人，就是織女星，七月初六晚上到天池溫泉給孩子洗澡，七月初七好乾乾淨淨去會牛郎。」老先生還逗樂兒說，「怪不得前天晚上我看見牛郎織女相會的時候，織女抱著個光腚的娃娃，原來娃娃的毛衫兒在這裡呢。」經老先生這麼有鼻子有眼兒地一說，大夥兒就信實了。

老朱頭兒把小毛衫兒鎖在木箱子裡，他心裡話，這可是件寶貝，等抱孫子時好給孩子穿。

過了些日子，他打開箱子一看，那件小毛衫兒沒有了，箱子裡的香味兒還是那麼打鼻子。

從那以後，織女星在天池溫泉磨盤石上洗兒的故事就慢慢傳開了，那塊大磨盤石也就被人叫作「洗兒石」了。

趙無龍（講述）

李文瑞（蒐集整理）

夫妻石的傳說

　　從貓耳山下的臨江順著鴨綠江邊往下走三十多里，就會看到並排兩塊大圓石，形狀和栗子一模一樣。當地人給它們起了個名，叫「大栗子」和「小栗子」。也有的叫它「夫妻石」。聽老人講，這兩塊圓石是一對夫妻變的。

　　相傳很早以前，江邊住著一個給大財主劉扒皮捕魚的小長工，名叫秋生。他上無片瓦，下無寸土，無依無靠，生活很苦。別看他乾巴瘦，人可有力氣。扛起木頭來，腿不發抖，牙不打晃，誰見了誰誇。

　　在他家對門有戶姓張的人家，就父女倆。姑娘叫春桃，和秋生同歲。別看沒有好衣服打扮，人長得挺水靈。一對大眼睛，亮晶晶的，就像秋天沾著露水珠的甜葡萄；那臉蛋，粉紅雪白的，就像八月十五的水蜜桃。

　　春桃她爹是個漁民，名叫張良，天天領著她下江捕魚。冬天一封江，爺倆就上山打獵、砍柴。秋生心軟，一看張良年紀大了。劈柴火擔水，掃院子曬網，都不用他們爺倆插手。有時秋生在山上摘一把野果，也悄悄送給春桃。春桃呢，不用張良告訴，一見秋生褂子邋遢了，低著頭給洗；衣服破了，紅著臉給補。張良一看閨女對秋生有意，樂呵呵地給他倆定了親，打算今年十月初六，就把秋生接過門，當養老女婿。

　　女大十八變，越長越招人喜歡。花紅香萬里，春桃長得好，傳到了劉扒皮家裡。劉扒皮有個兒子，吃喝嫖賭，為非作歹，人長得倒挺白淨漂亮，天天忙活著挑媳婦。有一回，也看到一個人家的女兒叫天鵝，長得很美，哭喊著要娶人家當媳婦。為這個，老百姓給他起個外號叫「望天鵝」。

　　望天鵝聽說春桃美貌動人，一打聽，春桃爹正好還欠他家的一筆債。望天鵝覺得有機可乘，到春桃那裡一看，春桃真的挺美。樂得他袖子一甩：「哈哈，深山出俊鳥，這小娘子比天鵝還俊。」回到家裡，就在爹媽面前又哭又鬧，說娶不來春桃他就尋死。劉扒皮一聽，連忙打發賬房先生夾著賬本，帶著

家丁來到張家，告訴張良：「你家欠債連本加利三十兩銀子，年底還不清，賣女兒抵債。」說完揚長而去。

張良一聽，急出了病。秋生見老人病倒在炕上，告訴春桃：「寒露到大雪，還有兩個月。封江前，還能放兩個月的排，春桃，在家好好照看大伯，我明天就去放排，掙錢還債。」

放排這活可苦了。春桃在江邊長大，知道鴨綠江哪有險灘，哪有急流，哪有砬子，哪有礁石，哪些人在哪兒送過命。這回一聽秋生要去放排，替他擔憂。分手前，她叫秋生多留神，又偷偷往他衣袋裡塞了四個雞蛋，一兩銀子、一個煙荷包。

秋生告別了春桃，順著江邊背個包袱往上走了。包袱裡頭，裝著春桃給他做的布鞋、坎肩。秋生一走走了一頭晌，來到一個小鎮，正想進飯館吃飯，遇到望天鵝在飯店門口調戲民女，便打抱不平，上前說理。望天鵝一看是秋生，冷笑兩聲，氣勢洶洶地說：「山是我家的山，地是我家的地，這裡的事你管不著！我倒想問問你，你是要命，還是要老婆？要命，把春桃讓給我；要老婆，哼！你痛快給我跳進江裡喂王八！」秋生一聽火了，一拳頭把望天鵝打個墩。這幾個家丁，一看主人吃了虧，一擁而上，好虎架不住一群狼，秋生被他們打得鼻口流血，昏倒在地。一個家丁把他背的包袱扒拉一看，裡邊裝的全是補丁落補丁的破爛，「吭哧」一腳踢進飯店門前的江裡。望天鵝一看秋生不動彈了，急忙跑了。

再說春桃送完秋生剛回家，劉扒皮的狗腿子就跑來逼張良下江捕魚。不下江，就逼他倒房子，要想不倒房，就馬上把春桃嫁給望天鵝。張良一聽，氣得火冒三丈，頂撞了兩句，狗腿子你一拳頭我一腳把張良打得遍體是傷。張良的病就厲害了，當天傍黑就斷了氣。春桃哭得死去活來。

埋過張良後，傍晌春桃到江邊挑水，聽到柳毛越子後邊一個牛倌對一個打魚的老頭說：「哎！秋生死得好苦啊！我聽說叫一夥劫道的給害了。」春桃聽到這裡，腦子忽悠一下，一頭栽到地下。兩個老頭連忙把她扶起來，叫醒了。

次日過晌，春桃沿著江邊上下走著，盼著能看到秋生。突然，她一眼看到江灣子柳樹邊掛個包袱，包袱一頭露出秋生的坎肩。她鞋也沒脫，就跳下江，撈上來一看，包袱皮上沾滿了血。地一打開，煙荷包露出來了，她喊了一聲：「秋生哥！」把包袱摟在懷裡，一頭栽進了江裡。

春桃剛投江，秋生急忙趕到江邊。原來他被打昏後，河神娘娘救活了他。他怕春桃吃虧，剛剛甦醒就急忙跑回來，看春桃摟著包袱死在江裡，他也不想活了，撲了上去⋯⋯

河神娘娘見他倆生前相愛，死後團聚，怕魚蝦吃了他倆，從山上搬來兩個大栗蓬鍋子，落在江裡給他倆當了棺材。就這樣，天長日久，栗蓬鍋子上的刺被江水沖掉了，變成現在這樣的大栗子和小栗子。

馬老太太（講述）

徐秀峰（蒐集整理）

望夫石的傳說

在鴨綠江上游的江心中有一座二十多米高的石柱，好像一位年輕俊俏的媳婦，伸長了脖子巡視著江面，這個石柱的名字，相傳叫望夫石，這裡面有一段令人痛心的故事。

有一對年輕的夫妻，男的叫王柱，老家在山東莒縣，那年老天爺不睜眼，一連下了三個月大雨，莊稼顆粒不收，鄉親們跟看著快要餓死了，王柱和他剛過門的媳婦二妮說：「聽說關外到處都是寶，咱也不能眼巴巴餓死，闖關東去吧！」小兩口商量好，就一路上討飯，爬山過河，來到了長白山下鴨綠江邊，搭了一個小窩棚住下來，小兩口開荒種地，日子過得也挺樂和。

王柱的窩棚邊下住了一家，名字叫「劉不開面」。這個傢伙長個大尖頭，耗子眼，大下巴，對人奸詐刻薄，見錢眼開，一肚子壞下水。他雇了一幫子夥計，年年到長白山挖人參，然後裝上木排運到南海的山貨莊販賣，三倒騰兩倒騰，不幾年，就變成了山溝裡的土財主。

這年王柱和二妮實在過不下去了，只好去放山想賺兩個錢，好混日子。王柱收拾利索進了山，順著大溝向北走，進了老白山松樹泊子又走了兩天，到了蜊蛄河，立了個老爺府，拜完老把頭就開了山。一連二十來天，連個「三花」也沒見著，眼瞅著紅鑼頭市快要過去了，下晚回到餃子躺在炕上，連飯也不想吃，發起愁來。

忽然，看到一個白鬍子老頭過來了，拎著一瓶酒，一塊熟鹿肉，往土炕上一擱，搭了腔：「小夥子，別犯愁，起來喝一盅。」王柱見是生人，愣怔怔地端詳著白鬍子老頭，老頭也沒在意，笑哈哈地說：「我也是放山的，咱爺倆一塊喝盅酒暖暖身子。」王柱坐下和老頭一塊喝起酒來。喝了一陣子，王柱就問白鬍子老頭：「老人家，還不知你姓什麼呢！」老頭說：「俺姓孫。」王柱又問：「家住哪兒？」老頭兒笑著說：「我說出來，你就知道我是誰了，家住萊

陽本姓孫，漂洋過海來挖參，三天吃了個蜊蜊蛄，你說傷心不傷心！」王柱一聽明白了，趕忙客氣地說：「老把頭，你來搭救俺了？」說完，跪在地下向老頭磕了一個響頭，老頭趕忙把他扶起來：「我看你這一年輕的又窮又苦，忠厚老實，特意來幫助你一把，你明天到蘑菇頂子松樹泊子找棒槌去吧。」說完，老頭高高興興地走了。

王柱心裡那個高興勁兒就不用提了。第二天起了個大早，到了蘑菇頂子找了半天，才在兩棵大樹縫裡看見一苗小二甲子，葉黃秸細，還頂著幾個參籽，王柱一氣兒把它挖出來。棒槌不大，長得疤疤癩癩的，也沒有個鬚子，像棵小草報。王柱一看，愁得聾拉腦袋了，心想：「人窮連棵大山貨也挖不著。」他無精打采地用青苔毛把這棵「二甲子」包好，揣在懷裡，連宿打夜地下了山。

王柱回到家把挖棒槌的事一五一十地對二妮說了，二妮是一個賢惠善良的媳婦，一邊忙著收拾飯，一邊勸說丈夫：「別灰心喪氣，今年挖不著，過年再進山挖。」王柱尋思也對，就把懷裡棒槌包子掏出來扔在破大櫃裡，低著頭吃起飯來。

第二天清早，二妮敞開大櫃拿東西，一下子驚呆了！黃花花的小米滿登登地一大櫃。王柱也過來瞧著在發愣。還是二妮心靈，猜摸著說：「你挖那棵二甲子是不是人家說的那米參？」王柱樂滋滋地說：「八成是。」二妮高興地說：「這回咱家可不愁吃了！」王柱說：「二妮，我想拿這棵參闖南海，多賣點錢，咱好蓋幾間房子置辦點家業。」二妮說：「那敢情好！」

世上沒有不透風的牆，王柱挖了一棵米參的事讓財主「劉不開面」知道了，這個大尖頭眼珠一轉，壞道眼尋思出來了。他找了夥計二癩子，在他耳根子「喳咕」了一氣。

這天早晨，二癩子來到王柱家，滿臉堆笑，又拱手又作揖地說：「王柱老弟，發財發財啊！聽說你挖了棵寶參，咱特來見識見識。」王柱不知道劉不開面的鬼道眼，就趕忙把那棵疤疤癩癩的二甲子遞給他。二癩子趕忙接過去一瞧，就大聲咋呼起來：「老弟呀，你挖這棵參叫『米參』，是個寶物，拿到南

海最少也能賣個千兒八百兩銀子。你要不嫌棄，就和我搭個伴，領你一塊到南海山貨莊去趕個大行市！」王柱沒出過遠門，便高高興興答應下來，二癩子走了以後，二妮說：「我看二癩子賊眉鼠眼沒安好心，你走在道上可得小心他點。」

王柱收拾利索，背上棒槌包子，登上「劉不開面」家的木排，二癩子抓起長篙撐了幾下開了排。當排頭開到二龍斗險灘險口的時候，二癩子趁王柱不加防備，他飛奔過去搶過棒槌包子，猛地一下子把王柱推進鴨綠江裡。

自從王柱走了以後，二妮就夜夜想、天天盼，每天早上、晚上都跑到江邊望兩趟，看看自己的丈夫回沒回來。一月，兩個月，三個月過去了，二妮漸漸地想「瘋」了，頭也不梳，臉也不洗，天天坐在鴨綠江邊，等待著丈夫回來，這樣整整等了三年，還是不見丈夫的影子。

可憐的二妮栽到江裡自盡了。

二妮死後，變成了一座二十多米高的石柱立在江心。當地的人們懷念這位忠貞賢惠的二妮，就把這座高高的石柱叫作「望夫石」。

譚永閣（講述）

張　平（蒐集整理）

臥牛石和柳溪泉的傳說

鴨綠江上有塊奇形怪狀的大黑石頭，老遠一看，像條大黑牛趴在江裡，人們管它叫臥牛石。說也湊巧，在臥牛石的江邊上，有一個泉眼，泉水像麗點似的噴個沒完，落下的水點，匯成一條小溪流，四季不停地流到江裡，人們都說這可是個蹊蹺事。

相傳在很早以前，鴨綠江發過一次大水，集安一帶的江邊上只剩下一戶姓柳的人家，家裡只有一個老頭領著一個閨女相依為命。這一年，老頭得了重病，呼呼哧哧只剩一口氣了，閨女坐在江邊上想不出辦法。

這時候，江面上來了一隻漁船，擺船的小夥子名叫窩牛，他長得膀大腰圓，十分雄偉。窩牛無家無室，孤苦伶仃，單身住在鴨綠江上，以打魚為生，專愛幫助窮人，是個很受人尊敬的硬漢子。這一天，他正好路過這裡，準備撥船上岸歇歇，這時聽到遠處有啼哭聲，他奔著哭聲走去，原來是個農家閨女在哭，他上前問明緣由，便同那閨女趕到她家裡，閨女的父親已經不行了。他聽見來了人，強睜開了眼睛，一見還是個挺不錯的小夥子，眼睛亮了一下，用手指著姑娘，又指指小夥子。窩牛知道這是老人臨死前一件放不下心的事，便瞅了姑娘一眼，這時老頭腦袋一歪嚥氣了。姑娘趴在父親身上哭著，窩牛的眼淚也刷刷地落了下來．

窩牛幫助姑娘安葬了老人後，又想起老人臨死前的情景，犯愁了，心想，我是個漂流江上的窮小子，房無一間，地無一壟，要是娶了她怎麼過呢？不是瞪著眼睛讓人家遭罪嗎？咳——還是問問她有沒有求投的地方再說吧。窩牛問了姑娘，姑娘含著眼淚說：「我叫柳溪，祖輩都住在這裡。自從遭水災以後，就沒有什麼親人了。今天爹爹又死去了，我一個人可怎麼辦哪！」說完又哭了起來。窩牛聽完了她的話，心裡刀絞似的，對柳溪說：「你孤苦伶仃一個人，我也是一樣，以江為家，沒有個固定的落腳地方，咱倆都是苦命人，你要不嫌

棄我，就結成兄妹，相互也好有個照應。」柳溪一聽，覺得窩牛是個好心人，於是二人對天起誓結成兄妹。窩牛年長柳溪一歲，柳溪稱他牛哥，窩牛就叫柳溪為溪妹。從此後，牛哥下江打魚，溪妹在江邊種地，小日子還真的過起來了。

天長日久，日子過得越旺火，倆人的心思就越多，不覺得都產生了愛慕心情，溪妹覺得牛哥為人誠實，心地善良，有著使不完的一身力氣，對她就像親妹妹一樣。牛哥認為溪妹聰明賢惠，機靈過人，長得又漂亮，實在是愛在心頭。

八月十五的這天晚上，牛哥和溪妹在月光下來到江邊，溪妹再也憋不住了，她朝著嘩嘩的江水向著牛哥唱出了心裡話：

> 天上星星伴月亮，
> 江中魚水恩情長，
> 妹妹心裡有句話，
> 不知該講不該講？

牛哥一見溪妹先開了腔，也急忙放開他那洪亮的嗓子：

> 天上星星多又亮，
> 八月十五月清江，
> 妹妹心裡有啥話，
> 快和哥哥講一講！

溪妹接著唱道：

> 兄妹之間雖是好，
> 不如水中鴛鴦鳥。

妹妹有心嫁牛哥，
不知哥哥要不要？

牛哥又應道：

妹妹唱出心裡話，
哥哥心裡樂開花。
你我今後更親近，
相親相愛到白髮。

就這樣，他倆在月光下，在江水嘩嘩伴奏聲中拜了天地。

就在這期間，鴨綠江裡出了個大妖精，它在江裡稱王稱霸，興風作浪，禍害生靈，搜刮寶物，給漁家兒女帶來了災堆。窩牛心中十分憤怒，整天練習水性，耍刀弄叉，決心為民除害。

這一天，妖精正在江裡尋機作惡，忽然聽見了悅耳的歌聲，它拱出水面一看，是窩牛和一個非常漂亮的姑娘在一起，妖精頓時打了壞主意。轉過年，臭李子樹開花的鯉魚汛季，窩牛要離家去遠處打魚。溪妹把丈夫送上了船，倆人相互叮囑了幾句話，戀戀不捨地離別了。

牛哥離家後，溪妹覺得日子過得真慢，早起盼入黑，黑夜盼天亮，她天天到江邊張望，盼著牛哥早日回來。這一天，她忽然發現江面上來了一條船，便高興地奔了過去，但船靠近後，她又失望了，無精打采地退了回來。這時從船上傳來了喊聲：「窩牛大嫂請慢走！」溪妹回頭一看，是一條黑漢子站在船頭，長著一臉橫肉。他見溪妹停住了腳步，又說：「大嫂，我和窩牛大哥在一起捕魚，牛哥前天受了涼，得了急病，讓我來接嫂子前去照料。」溪妹一聽心急得亂蹦，看見船已靠岸，就想上去。可是，溪妹是個精細人，她上下一打量這個黑漢子，又犯了疑惑：從來沒見過這麼個人，再說，牛哥捎信也得有個憑

證呀。她穩了穩心神，對黑漢子說：「船上兄弟，你說牛哥病了，他都哪兒不舒服？」黑漢子一聽溪妹細問起來，忙說：「大嫂，牛哥他肚子疼，吃不進去東西，住在離這兒不遠的村莊裡。走吧，一會兒就到。」溪妹覺得更不對勁了，牛哥以前沒得過這種病，再說這附近也沒有什麼村子。她心裡想著，嘴上又問：「你和牛哥是好朋友，你知道牛哥愛唱什麼歌？愛什麼人？愛什麼東西？」

黑漢子想了想說：「牛哥愛唱情歌！牛哥愛有錢人！牛哥愛他的煙袋！」溪妹聽了，抿嘴笑了，對黑漢子說：「紙裡包不住火，水裡藏不住人。你說得可不對喇！牛哥最愛唱山歌，牛哥最愛窮苦人，牛哥最愛我繡的荷包。你不是牛哥的好朋友，你敢上岸我就用剪子戳你。」溪妹說完，大步流星地走了。

黑漢子一見露了餡，又急又氣，眼瞅著溪妹漸漸離去，朝著她的背影狠狠地說道：「哼，我對付岸上的不行，我先對付水上的，等我把窩牛收拾了，不怕你不跟我！」原來這個黑漢子正是妖精變的。他想趁窩牛不在家，把溪妹騙到船上。

這會兒，它又顯了原形，在江面上游了一圈後，一團霧氣把江面上給遮住了，它便潛回水裡，等窩牛回來。

窩牛在外面打魚，心裡也是老惦記著溪妹，鯉魚汛季剛過，就趕緊收網回船，連宿搭夜往回趕。這天，天剛亮，他看到眼前一團霧氣，把江面給擋住了，他覺得有點奇怪，正在猜摸著，從水裡鑽出一個怪物，惡跟狠地對窩牛：「今天你要想活著回去，就得把溪妹給我送來。要不嘛，嘿嘿，這條船就是你的棺材！」窩牛仔細一看，原來正是那個妖精。窩牛打定主意，要與它決一死戰。趁那妖精還在胡說八道，搶先下手，唰地把漁網朝它拋去，只見網裡冒出一股黑水，妖精卻鑽出了漁網。窩牛又拿起叉子朝妖精的頭狠狠地甩去，只見冒出一股紅水來，又不見了妖精，窩牛正在四下察看，只聽「轟」的一聲，漁船被掀翻了。

原來，妖精見漁網撒來，搖身一變，變成一群小泥鰍鑽出了網，剛恢復原

狀，叉子又朝它飛來，急忙一個大轉身，可是窩牛甩出的叉子又准又狠，把它的尾巴叉傷了。妖精惱羞成怒，來到船下，一打挺便把漁船掀了個底朝天，把窩牛甩進了江裡，它張開大口要把窩牛吞進肚裡。窩牛也使出了全身的本領，揮動叉子，迎了上去。他倆混戰到一處，打得難解難分。就這樣一直拚殺到天快黑了，還不分勝敗，但窩牛由於幾天的奔波勞累，漸漸地有點怯手了。這時，他看到岸邊火光衝天，亮光中，溪妹那熟悉的身影，她往火堆中加添乾柴，把江面照得通亮，為他助戰。窩牛覺得渾身立時增添了無窮的力氣，他一個猛子紮了下去，轉到了妖精背後，將叉子插進妖精的腦袋。用盡全身力氣，將它按進淤泥裡。可是妖精也拿出最後絕招，猛將尾巴捲起緊緊裹住窩牛，嘴裡吐出一股股黑漿，他倆一同被淹沒了。

直到早晨，霧氣才散去。可是窩牛和妖精的影子都不見了，江中只有一塊又黑又大的石頭，就是現在的臥牛石。

再說溪妹知道窩牛變成了石頭，待在岸上，兩眼淚水嘩嘩不斷地流出來，朝著石頭的方向淌去，最後她哭倒在柳毛子叢中。打那以後，這兒出了個泉眼，就是現在的柳溪泉。

王清和（講述）

金恆文（蒐集整理）

飛來石的傳說

在通往五女峰觀峰台的石階步道右側，斜立著一塊巨石，它的斜面如刀劈斧鑿一般平整，斜石下的空間可容納十多人遮蔽風雨。這塊巨石與五女峰山體及它周圍巨石的石質不一樣，很明顯它不是五女峰山上原有的石頭，人們都叫它「飛來石」。相傳女媧煉石補天時，煉成了三萬六千五百零一塊石頭，結果單單剩下這一塊，緣由就是因為這塊石頭形狀太不規整，很不成材，簡直就是個石楔，只好把它擲棄在大荒山無稽崖青埂峰下。

誰知，這塊頑石自從經過女媧鍛鍊已經通了靈性，它可以自來自去地單獨行走，還可以自行地放大和縮小。原來萬噸的龐然大物卻能縮小到扇墜兒一般大小，變成鮮瑩明潔的通靈寶玉，來無影去無蹤，變幻莫測，讓你捉摸不透。

它縮成的通靈寶玉到處閒逛，有一天，來到古城集安的五女峰，山上的美麗風景深深地打動了它，彷彿自己進入了美妙的仙境，它望峰息心，窺谷忘返。不知道什麼原因，它來到五女峰的消息被山下村裡一個滿肚子壞水、成天想壞主意的財主馬大牙知道了。這個馬大牙惡貫滿盈，經常勾結當地貪官污吏魚肉百姓，不知吸了多少人的血汗，村裡的人都是既恨他又怕他。

為了獲得這個無價之寶，馬大牙打著官府的旗號，把村裡一百多戶農民叫來。說什麼通靈寶玉是朝廷稀世之寶，已經流落到民間多年，現在它就在五女峰上，你們一定要把它找到，歸還朝廷，否則的話，就是對朝廷不忠誠，就要把你們全部送到邊關充軍。

災難來到了村裡，一百多戶農民在五女峰山前山後，不分白天黑夜地找呀挖呀，一連忙活了好幾個月，大家都累得筋疲力盡，連個通靈寶玉的影子也沒看見，無奈，他們只好坐在家裡等待充軍了。

一天，村裡忽然來了個鶴髮童顏的老人，當街叫賣寶物。說他的寶物能夠幫助人們逢凶化吉，遇難成祥。村民們便急切地問：「你的寶物能不能幫助我

們找到通靈寶玉？」

老人說：「當然能夠。不過這個寶物沒帶在身上，需要一個勇敢的人跟我去取。」

人群中走出一個小夥子，拍拍胸脯說：「我跟你去拿。」

老人看了小夥子一眼，微笑著對他說：「你可以跟我去取寶，可是路途遙遠又很難走，要歷經艱難險阻，挨餓受凍，說不定還會被豺狼虎豹吃掉，你不害怕嗎？」

小夥子回答說：「我不怕，只要你能幫助我們找到通靈寶玉，不讓村裡的人都去充軍，即使是刀山火海我也願意跟你去！」

老人見他意志堅定，就帶著他出發了。一路跋山涉水，老人在前面走。小夥子緊緊跟在後面。老人健步如飛，小夥子拚命地追趕，累得汗流浹背，上氣不接下氣，實在是走不動了，真想在路旁休息一會兒，但他一想起臨走時鄉親們盼望和期待的眼神，便又咬緊牙關，追趕上去。餓了，摘點野菜充飢，渴了，喝點泉水了事，就這樣，他們馬不停蹄地走了七天七夜。他跟著白髮老人爬上懸崖峭壁的高山，跳下深不見底的峽谷，游過白浪滔天的江河，戰勝無數個豺狼虎豹。他無所畏懼的精神，終於感動了白髮老人，老人把他領到一個小石洞前，微笑著對他說：「你很勇敢，心地又善良，我該把寶物送給你了。」

說著，老人就從石洞裡取出一把小鎬頭交給小夥子，告訴他：「你回去後，用這把小鎬頭在五女峰上刨三下，邊刨邊喊通靈寶玉，就能挖到通靈寶玉，待挖到後，就用一個不透風的木匣子把它裝好，放到五女峰山上，讓馬大牙親自去取。」

說完，老人讓小夥子閉上眼睛，用手拍了拍他的後背，小夥子就騰雲駕霧地飛了起來，一陣陣的狂風從他的耳邊呼嘯而去，不一會兒，他就落到了地上，睜眼一看，已經回到了村子裡。

他趕緊帶著鄉親們爬上五女峰，找了個地方刨了三下土，邊刨邊喊通靈寶玉，果然，一個晶瑩光亮的通靈寶玉被他挖了出來。小夥子照老人說的辦法，

把它裝進剛剛做好的不透風的木匣子裡，放在五女峰山上，並告知馬大牙，讓他親自來取通靈寶玉。

馬大牙得到消息後，顧不得吃飯，立刻坐上轎子，領了一班隨從耀武揚威地來到五女峰山上。他按著小夥子說的方位找到了木匣子，取出通靈寶玉放在手裡玩賞，樂得他得意忘形，大喊：「我有寶物了，我有寶物了。」

正當他高興得手舞足蹈時，突然天昏地暗，狂風大作，飛沙走石，原來晴空萬里的白天立馬變成了伸手不見五指的黑夜，馬大牙和他的隨從頓時嚇得不知所措，各顧各地拚命奔跑。

這時，只聽「轟隆」一聲巨響，只見那塊通靈寶玉變成一塊萬噸巨石，劈頭蓋臉地壓了下來，把馬大牙和他的隨從全都壓在石頭下面，永世翻不了身。

五女峰的上空又恢復了原來的樣子，陽光燦爛，萬里無雲。從此，村裡的一百多戶人家又過上了早出晚歸、男耕女織的幸福生活。為了保護五女峰山下一方百姓的安寧，通靈寶玉再也沒有周遊四方，始終站在五女峰上，一直到今天。至今，它還處處顯示出一種靈氣和不俗之感，活靈活現地展示在廣大遊客的面前，似乎在向人們傾訴它所經歷的件件往事。

閆守才（蒐集整理）

釣鰲台的傳說

這個事距離現在已經好多年了。那還是大金國完顏阿骨打當政時發生的事情呢。

那時候，長白山林海是飛禽走獸和香花異草的故鄉。俗話說：靠山吃山、靠海吃海。山裡人靠的就是狩獵和放山，日子過得挺紅火。可是好景不長，有一年，天池裡不知從哪兒來個鰲化魚精。這個傢伙本事大，張口一陣風，閉嘴一聲雷，揮手一陣雨，抬頭一股巨浪，把天池攪得天翻地覆，鬧得長白山雞犬不寧。鰲化魚精不吃五穀雜糧，不吃江河裡的魚蝦，也不吃山裡的珍禽異獸，專門吃活人，上山打獵和放山的人讓鰲化魚精吃了不少。這事一傳倆，倆傳仨，老百姓很快就都知道了，誰也不敢上長白山打獵和放山了。

鰲化魚精吃不到活人，就發起瘋來，剎那間，雷電交加，狂風大作，天池裡水浪翻滾；山上樹木連根拔起，山下的房屋揭了蓋兒，人們無處安身，心裡惶惶不安。這時候，完顏阿骨打從全國各地挑選出二十幾名身強體壯，指哪兒打哪兒的青年獵手，到天池打鰲化魚精去。臨行前，完顏阿骨打賜御宴招待青年獵手，祝福他們萬事如願凱旋。獵手們出發了，老百姓都出來送行。

獵手們走了七八天，就風平浪靜了，完顏阿骨打以為降伏了鰲化魚精，心裡很高興。他正在念叨獵手們快回來了的時候，衛兵帶著個小夥子從門外慌慌張張地進來了，跪在完顏阿骨打面前，上氣不接下氣地說：「不……不好了，他……他們讓鰲化魚精吃了……」山上回來報信人的這幾句話，像剛從井裡提上來的涼水潑在完顏阿骨打的頭上，立時就耷拉腦袋了。他愁眉苦臉，也不知該咋辦好了，對回來報信的獵手說：「讓你受累了，回家休息吧。」

原來，獵手們和鰲化魚精搏鬥，一天被它吃一個，吃的就剩一個了，鰲化魚精吃飽了，到天池底下睡大覺，這個小夥子僥倖逃命，跑回來報信。制服不了鰲化魚精，完顏阿骨打急得抓耳撓腮，愁得夜裡連覺都睡不著，飯也吃不進

去。他找大臣們商議，從各地選擇精明強幹的獵手，安排了好幾幫到天池打鰲化魚精，都是肉包子打狗──有去路沒有回路！這時候，鰲化魚精又發起瘋來了！一道刺眼的閃電過後，天空中響起了震耳欲聾的悶雷，一陣大風過後，瓢潑似的大雨下個不停。平地水深五尺，房子泡倒了，莊稼沖毀了，黎民百姓叫苦連天。完顏阿骨打向全國發出招賢告示，選拔能人，為民除害。

這天早晨，衛士帶著個手拿招賢告示的紅臉大漢來到宮殿求見。這人名叫朱安古里，老婆去世多年，弟弟朱安古明讓鰲化魚精吃了，家裡還有個十五歲的兒子，爺倆相依為命，朱安古里四十多歲，大高個兒，虎背熊腰，兩道濃眉下一對大眼睛忽閃著，顯得格外有神。他從小練就一套使刀玩棒拉弓射箭的本領。他要去天池殺鰲化魚精，為民除害，給弟弟報仇。他晉見完顏阿骨打不講什麼禮節，既不下跪，也不行禮，把告示往完顏阿骨打面前一放，開門見山地說：「我領著兒子上天池打鰲化魚精去。」

完顏阿骨打佩服他有膽量，肯為國分憂，可是人單力薄，擔心他制服不了鰲化魚精，反倒被它吃了，那不白白地送命嘛！於是便懷疑地問：「鰲化魚精厲害呀，你們爺倆能行嗎？」

「怎麼不行，」他不慌不忙地對完顏阿骨打說：「俺們爺倆去了算了份心事，讓鰲化魚精吃了俺甘心情願。」

完顏阿骨打考問他：「你怎麼樣制服鰲化魚精？」

朱安古里看完顏阿骨打不相信他，心裡著實生氣，順口說了一句：「它是魚變的，就用鉤釣唄！」

完顏阿骨打聽了哈哈大笑，對朱安古里蔑視地說：「刀槍劍戟都不行，弄個鉤釣是肯定不行的，你回家吧，別去送死了。」

朱安古里向完顏阿骨打下了保證說：「我們爺倆降伏不了鰲化魚精，回來你就砍我們的頭。若是打敗了鰲化魚精，當地老百姓三年不給地主交地租子。」「好！」完顏阿骨打准奏了。朱安古里離開了宮殿，晚上回家準備一下，第二天吃完早飯，背著大刀和弓箭奔天池去了。

朱安古里爺倆走了一天一宿，來到天池邊上天還沒亮呢。他們爺倆坐在地上歇息，不知不覺地就睡著了。朱安古里聽後邊傳來唰唰的腳步聲，抬頭一看，面前站著一位白髮蒼蒼的老太太，手裡拿著個大如弓的亮閃閃的金魚鉤和一捆大拇指粗的麻繩，對他笑呵呵地說：「給你，拴上魚線，放上魚食，鱉化魚精沒個不上鉤。」朱安古里聽說有辦法了，高興得一個高蹦起來，睜開惺忪的睡眼看看，哪裡有什麼白髮老太太，原來是一場夢！

　　朱安古里四下看了看，發現草叢裡有個發亮的東西，撿起來一看是個閃光鋥亮的金魚鉤，魚鉤旁邊還有一捆鋤槓粗的麻繩，這一切和夢裡見到的一樣。這時，天已經濛濛亮了。朱安古里和兒子朱古玉明解開大繩捆的扣兒，把繩子抖摟開，一頭拴在金魚鉤的圓圈上。魚食怎麼辦？打野獸當魚食。事也湊巧，從山那邊跑過來一隻麅子，朱安古里張弓搭箭，「嗖──」地一箭，打中了一隻大麅子。朱安古里把麅子扛回來，掛在金魚鉤上當魚食，手扯著繩子，就像甩旋網似的「砰」的一聲把麅子扔到天池裡，釣了老半天，鱉化魚精沒上鉤。朱安古里扯著魚線起了鉤，麅子紋絲沒動。這時候，身後傳來噔噔噔的聲音，朱安古里回頭一看是只大馬鹿，他一箭射中了。他拿馬鹿在金鉤上下魚食，又甩到了天池裡，鱉化魚精還是不上鉤，朱安古里的兒子朱古玉明著急了。

　　朱安古里的兒子朱古玉明，年滿十五歲，個頭挺高、身體勻稱，蘋果似的紅臉蛋，濃眉下一雙水靈靈的大眼睛，長的格外精神。他雖然年齡小，可是從小跟爹練武學藝，一般人對付不過他。他看爹愁眉苦臉的，心裡不是滋味，對爹懇求地說：「爹，鱉化魚精吃人成性，拿野獸當魚食不行，讓我當魚食吧！」

　　朱安古里兩眼盯盯地看著兒子朱古玉明，心裡就像什麼東西抓的那樣難受，眼淚唰唰地掉下來。他邊哭邊說：「兒呀，沒有我行，不能沒有你！我來當魚食。」他說完了，扯著魚線的繩頭向山頂上爬去。他把魚線拴在砬子尖上，就趕忙下來，走到半山腰，看兒子朱古玉明把金魚鉤掖在衣服裡，拿魚線在身上纏了一道又一道，心裡著急了，忙喊：「住手！不能那麼辦哪！」朱安

玉明看爹爹快下來了，怕他阻攔，耽誤了大事，腳一跺，心一橫，拽緊魚線，往高一悠，「咕咚」一聲，就跳到天池裡去了。

朱安古里急得滿頭大汗，在山頂上一個高兒跳下崖來，但已經來遲了，兒子朱古玉明早就落到天池底下了。他跺著腳，兩手抓著胸，嗚嗚大哭，邊哭邊說：「兒呀，你死了，爹也活不成啊……」

這時候，平靜的天池水掀起一股巨浪，鰲化魚精聽到「咕咚」一聲，張開大嘴，向發聲的地方衝去，一口就把捆著繩子的朱古玉明吃下去。朱安古里新仇舊恨一股腦湧上心頭，決心和鰲化魚精拚個你死我活。他使勁拉繩子，把鰲化魚精吊出了水面。對準它猛砍三刀，它疼得嗷嗷直叫。鰲化魚精尾巴一甩，使勁一掙，就把朱安古里拉到水裡去了。

鰲化魚精在水裡威力就更大了。它一抬頭，巨浪翻滾，睜眼闔眼，雷電交加，揮動兩臂，風狂雨暴。朱安古里雖然水性好，武藝高強，但也不是鰲化魚精的對手啊！正當鰲化魚精舉臂要打到朱安古里頭上的時候，鰲化魚精卻被拉到一邊去了，打了一個空，把水濺得幾十丈高。鰲化魚精連忙轉過身來，又舉臂打去，剛要打到朱安古里後背上的時候，鰲化魚精卻被拉到天池岸上去了。朱安古里抬頭一看，天池岸邊站著一位白髮蒼蒼的老太太，那不是夢中送金魚鉤的白髮老人嗎？！她一隻腳踏在鰲化魚精身上，使勁兒一拽魚線，就把朱安古里兒子的屍體拽出來了。鰲化魚精嘴裡的寶珠也給鉤出來了。它疼得一蹦多老高，白髮老人右手往山頂上一指，又往回一比畫，「轟隆」一聲巨響，一塊方方正正的大石頭從山上滾下來，正好落在鰲化魚精身上，把它捂個嚴嚴實實，再也動彈不了啦。

白髮老人又飛起右腿，踢掉壓在鰲化魚精身上的大石頭，對它說：「念你修練幾千年，今天免你一死，以後再出來禍害人，我可不能輕饒了你。」說完，「當」的一腳，又把鰲化魚精踢到天池裡。

白髮老人把鰲化魚精嘴裡的寶珠塞到朱安古里兒子的嘴裡，他很快就復活了。朱安古里爺倆高興得流出了熱淚，相互擁抱，情不自禁地跳起來。他們爺

倆正要謝謝白髮老人時，老人已經沒有影了。

朱安古里爺倆回到都城時，完顏阿骨打召見了他們，封朱安古里爺倆為朝廷大臣。他們爺倆封官不做，賞賜金銀財寶也不要，又回到長白山老林子裡打獵和放山去了。

完顏阿骨打下聖旨：長白山區的老百姓三年不交租子。為了紀念朱安古里爺倆治制鰲化魚精，把他們在天池東北岸釣鰲化魚精的石頭平台封為釣鰲台。在釣鰲台上，用各色巨石砌成一米高、四米見方的「女真祭台」，完顏阿骨打每年都帶領大臣們到長白山祭天池。直到現在，釣鰲台上還保留著「女真祭台」的遺跡呢。

再說鰲化魚精，它那粗而圓的身體被石頭砸扁了，嚇得不敢在天池裡住，跑到鴨綠江住下了。所以，鴨綠江裡盛產鰲化魚，直到現在它的身子還是扁扁的呢。

放鶴台的傳說

　　天池東北岸的沙灘上，有座五丈多高的石台，這就是遊覽名勝之一的放鶴台。

　　很早以前，白山林海中有個青松屯，屯子裡住的都是狩獵的人家。獵人中有個身強體壯的小夥子，名字叫黃福。這人大高個兒，膀闊腰圓，兩條胳膊像檁子似的，可有勁了。他從小沒有爹娘，靠著鄰里的叔叔、大爺們給拉扯大的。他雖然有力氣，又能幹，家裡卻窮得叮噹響，二十多歲了還沒成家呢。因為爹媽病死的時候，棺木費用是大財主王大肚子給墊上的，還背了一身債，這筆債後來利上滾利，滾了十幾年，已經成為閻王債了，不管怎麼還也都還不清。這天正逢小年，王大肚子天剛放亮就領著管家上門來討賬。黃福是條硬漢子，知道天氣不好，還是照常拿起弓箭，踏著沒膝深的大雪，上山裡打獵去。

　　山裡的天氣像猴子臉似的，說變就變。黃福剛來到山頂上，北風呼嘯，刮到頭頂上幾片黑雲，不一會兒，天就飄起雪花來。風越刮越緊，雪越下越大，黃福已經成了雪人。他到底是苦水裡泡大的，能吃大苦，頂著狂風大雪，滿山遍嶺地尋找飛禽走獸。他走著走著，忽然聽到仙鶴的哀叫聲。黃福先是一愣，心想，仙鶴生活在草原裡，長白山老林子裡和天池一左一右沒有仙鶴，準是從草原上來的獵人在風雪中遇險，連帶來的仙鶴也發出呼救聲。他站在山頂上，前後左右看個遍，只見白茫茫的大雪，看不見人和仙鶴，可是傳來的仙鶴叫喚聲越來越急。他循著聲音找去，好不容易才發現，大池子北岸有個高高的石台，仙鶴的叫聲就是從那裡傳過來的。黃福來到石台附近，可是那裡刮旋風，睜不開眼，走一步把他刮得退回來半步，無法登上石台。黃福用足力氣，側著身子頂著風雪走，連走帶爬，好歹算來到了石台頂上。

　　石台上的仙鶴羽毛黃橙橙、閃閃發光，是天上落下來的金仙鶴。這時，它正和一隻火狐狸搏鬥，火狐狸緊緊地咬住了金仙鶴的膀子；金仙鶴也毫不示

弱，用嘴啄住了狐狸的脖子不放。金仙鶴哪是火狐狸的對手呢，火狐狸使勁兒轉個圈兒，這麼一掄，金仙鶴疼得一哆嗦就鬆了口，火狐狸兩個前爪一撲就按住了金仙鶴，嘴咬住了脖子，兩個膀子直撲棱，眼看就沒命了。黃福一看火狐狸欺侮金仙鶴，急眼了，從後屁股的刀鞘裡抽出亮閃閃的大刀，對準了狐狸，手起刀落，一刀就把火狐狸的腦袋砍下來，當場救了金仙鶴。金仙鶴膀子受了傷，黃福從破棉襖裡撕塊布條，給包上了。這時，金仙鶴撲棱撲棱翅膀，圍著黃福轉了好幾圈，邊走邊不停地叫喚，好像在說：「謝謝你，謝謝你！」

黃福回頭一看，那隻砍斷頭的火狐狸沒有了，眼前擺著的是一個個金色的仙鶴蛋。那隻金仙鶴對著黃福朝金鶴蛋一邊點著頭，一邊不停地叫喚，好像在說：「金蛋，請你收下吧。」

這時候，雪住了，天晴了。黃福帶著金仙鶴蛋往回走了。金仙鶴搖頭晃尾地跳躍、歡叫著，好像在給黃福送行。

黃福回到屯子裡，當天晚上就到王大肚子家還閻王債。王大肚子瞟了他一眼，拿起算盤一撥拉，左算右算，說一共欠他五百二十兩銀子，沒想到黃福拿金子還賬。黃福拿十個金仙鶴蛋稱一稱七八斤重。王大肚子兩眼看看金仙鶴蛋，驚得目瞪口呆，不知所措。管家在王大肚子耳邊不知嘀咕些什麼。王大肚子陰沉著臉，兩個小眼睛一卡巴就想出個壞道道，誣陷黃福說：「你昨晚當了賊，盜走了我家的金銀財寶，犯了彌天大罪。」說完，吩咐家丁用繩子把黃福捆綁起來。黃福氣得臉紅脖子粗的，當場罵王大肚子：「你們這幫強盜，平白無故誣陷好人，還講不講理了？」

王大肚子對黃福說：「哼！你說不是偷的，這些金仙鶴蛋是從哪裡弄來的？」

黃福是個直性子人，說話不會拐彎，在氣頭上就把經過詳情說出來了。王大肚子聽了眉開眼笑地說：「嘿嘿，這是誤會，誤會，大侄啊，明天你領大爺去看看，得了金仙鶴蛋咱們對半分，有福同享，有罪同遭嘛！」

黃福知道王大肚子用花言巧語來騙人，根本不信他那一套。他悔恨自己不

該吐露真情，可是話說出去又收不回來。他想：若是不領王大肚子去，他們偷偷地摸去，金仙鶴會遭到暗算的。走在前邊帶路，到跟前了給金仙鶴送個信號，它再跑也趕趟。於是，黃福滿口應承下來：「好！明天我領你們去。」王大肚子皮笑肉不笑地說：「好啊，好啊！」

第二天吃完早飯，王大肚子帶領二十幾名家丁，讓黃福在前邊帶路，朝金仙鶴住的地方走去了。

黃福他們到了山頂上，看見金仙鶴在石台上趴著，便加快了腳步，想把王大肚子甩在後邊，早到一步好給金仙鶴報個信，讓它趕快躲一躲，別讓王大肚子逮住。王大肚子對黃福不放心，黃福快走，他也加快了腳步，緊緊地跟上他。黃福來到石台下大聲地喊：「金仙鶴，王大肚子抓你來了，快跑吧。」王大肚子一聽火了，拎起棒子朝黃福的頭狠狠地打去，一棒子就把他打死了。王大肚子和家丁們登上了石台，看金仙鶴窩裡有一堆黃橙橙、金閃閃的仙鶴蛋，樂顛顛地走過去，蹲下用手摸摸，仙鶴蛋熱乎乎的，不用說，這是金仙鶴正在抱崽呢。家丁們一哄就把金鶴蛋搶到手裡。這時，王大肚子拍著自己的腦門兒說：「傻瓜！光拿金鶴蛋不行，還得逮住金仙鶴，有了金仙鶴回去好抱崽，仙鶴崽長大了，再下金仙鶴蛋，還怕沒有金子。」於是，王大肚子他們就捉起金仙鶴來，金仙鶴趴在那裡一動不動，一下子就被抓住了。

王大肚子他們回家走在山頂上，金仙鶴突然發起威來，翅膀一扇就扇起一陣大風，家丁們手裡捧著的金鶴蛋也失去耀眼的光亮，開始變大了。金仙鶴翅膀扇得越歡，風颳得越大，金仙鶴蛋變得越快，長得越大。家丁們被沉重的金仙鶴蛋壓彎了腰，走起路來晃晃蕩蕩的。王大肚子抱著金仙鶴走著，金仙鶴兩隻膀子一撲棱，爪子往後使勁兒一蹬，把王大肚子蹬到大石碴子底下摔死了。金仙鶴在家丁們的頭頂上翅膀使勁兒扇，扇起來的颶風把家丁們刮到石碴子下邊的深溝裡，被金仙鶴蛋變成的巨石壓在底下了。

金仙鶴飛回到石台下邊，嘴裡不知叼個什麼東西，塞到黃福的嘴裡，黃福很快就活了。從此，黃福就和金仙鶴住在一起。後來，金仙鶴又領來一群小

鶴，黃福整天在石台上放鶴。後來這個石台被稱為放鶴台，傳說每當太陽快要落山的時候，影影綽綽地能看見黃福在石台上撒什麼東西，天空中飛翔著金色的仙鶴，不時地落在放鶴台上，不知叼什麼東西吃。天要黑了，它們又成群結隊地飛走了。

聞守才（蒐集整理）

無字碑的傳說

峽谷浮石林的峭壁上，聳立著一個高約五丈、寬五尺、厚三尺的石碑。這個碑上一個字也沒有。石碑的側面有一條巨蛇的蛇頭，口吐芯子，神態活靈活現。要提起這個碑和那條巨蛇，還真有些來歷呢。

當年，白娘子與許仙斷橋相會，一見鍾情，結為連理，日子過得很美滿。可恨法海，把白娘子視為眼中釘、肉中刺，千方百計想把這對恩愛夫妻拆散，置白娘子於死地。他先告訴許仙，白娘子是蛇精不是人，許仙不信，後又授意許仙用雄黃酒將白娘子灌醉，使其酒後現原形，嚇得許仙昏死過去，命在旦夕。

為救許仙，白娘子先到崑崙山盜取靈芝，緊接著從崑崙來到長白山討取人參和不老草。

一到長白山，就被鹿仙、熊精、豬怪攔住，不准進山。白娘子救夫心切，就和這三將動起手來，雖然白娘子有千年道行，身懷絕技，但和許仙日夜廝守後道行大減，加之日夜辛苦，一路勞累，不幾個回合，就被鹿仙、熊精、豬怪三名戰將抓獲，押到山大王面前。這時白娘子才不得不將如何與許仙相愛結成百年之好，如何遭法海暗算，如何為救許仙從崑崙山又到長白山的經過說了一遍，她聲淚俱下的訴說使在場的人個個感動得掉下淚來。心地善良又正直的山大王，很佩服這位不畏強暴忠貞愛情的蛇仙，不但不斬，還設宴為她壓驚洗塵，並命人參仙、不老草仙，為白娘子備下仙草，還令鹿仙到瀑布取來聖水並贈送給白娘子。

長白山上的蚰蜒、土球子、竹葉青等蛇仙，眼見山大王對白蛇仙如此盛情和高看，認為這是給它們同族增了光。過去誰能看得起它們呢，白蛇仙的到來，使它們的地位大大提高了。為了感謝這位遠道而來的同族，就在峽谷的懸崖上為她立了碑、塑了像。正當要在碑上書文刻字的時候，對白娘子窮追不放

的法海也趕到了長白山。他一眼就發現了這個碑，百般阻撓往碑上刻字，這下可惹惱了眾蛇仙，在山大王的支持下，蛇仙們拿下法海，罰他在無字碑的後面唸經，表示認罪。法海不得不老老實實地唸起經來。不信，請你到長白山峽谷浮石林那兒看一看，就一清二楚了。

縛龍石柱的傳說

登上長白山頂俯瞰，華蓋峰與天文峰之間有一塊兒巨大山石，高五十尺，形同柱子。據傳，這個山石上曾綁過一條龍，所以人們就把它稱作「縛龍石柱」。另有傳說，這個山石曾擎住天池上空，故又名「天池一柱」。關於「縛龍石柱」的來歷，流傳著這樣一個故事：

很久以前，長白山風景優美，環境安寧。山頭上，楊柳依依，奇花爭豔，飛燕穿梭於楊柳花卉之間。天池裡，碧波蕩漾，魚兒嬉戲。山腳下，農舍鱗次櫛比，人和畜睦。

有一日，在長白山上，出現了一條黑龍，給這裡的水族和人帶來了巨大災難。黑龍一來，首先鑽下天池水裡，殘害了水族。一群群的魚被殺掉，好吃的魚一天之內竟被它吞噬了幾百條。把水族幹掉得差不多了，黑龍就來個精變，變成了「人」，來到長白山腳下，又殘害了人。見姑娘，就抓去姦淫，見小夥子，就當場殺掉。

魚兒們急了，人們急了。下雨天，魚兒們沿著雨腳游到天上，向玉帝告了狀；雨住了，人們又踩著彩虹上天，向玉帝告了狀。

玉帝聽後，怒髮衝冠，他令左右召回黑龍，以實告之。

玉帝的命令傳到了下界，使黑龍著了慌。它絞盡腦汁，製造對策。它回到天宮後，假造事實，對玉帝說：

「這事不知誰告的狀，臣未免感到太冤枉了。臣下下界後，到天池裡一看，有幾條大魚隨意殘害水族，臣就殺了它們，拯救了水族。臣又到長白山麓一看，有幾個歹徒，到處橫行，擄掠民財，調戲女性，臣就殺了他們，拯救了黎民。依臣所見，下界還有這些歹徒們的殘餘，欺騙玉帝，誣告忠良。望陛下明察秋毫，辨明善惡，處之以法。

下界的告狀和黑龍說的，迥然不同。玉帝嚴肅地告訴黑龍：「你聽著，對

這事，朕要派總監查辦，你說的不實，將把你處以凌遲，懂了嗎？」

黑龍想先活命要緊，就急忙回答道：「是，是。臣之所言若有假，別說把臣處以凌遲，就是把臣放入油鍋裡炸死，再把屍體撈出來，將屍骨摔在懸崖峭壁下，臣也心甘情願。」

玉帝當即下令，要管下界的總監到下界將此事查清處。

黑龍怕自己在天宮裡多逗留一天，暴露自己罪行的可能性就會多一分，就設法趕緊離開這裡。它又欺騙玉帝說：「陛下，下界還有歹徒們的殘餘，深恐它們趁臣回宮之機又把那可憐的水族和人都殘害了，臣要立即下下界，去保護他們。」玉帝應允了。黑龍馬上離開了天宮。黑龍的命總算是保住了。它恨天池的水族和村莊裡的人，它又怕上界派來的總監。毫無疑問，一旦總監到下界了，它的罪行就會暴露在光天化日之下的。為了掩蓋自己的罪行，黑龍又搞起了陰謀。它一回到下界，首先把天池裡的水族殘害了，把魚兒們咬死的咬死，驅趕的驅趕。魚兒們大部分被殺掉，倖存的魚兒們被驅趕到天河，又從天河游到瀑布掉落下來，死了一大半兒。還沒死的就流著淚，沿著白河逃命去。把水族幹掉了，黑龍又來到村莊行兇作惡。它嘴裡吐出火，大火把一座座的房子燒成灰燼，有的一家人全被燒死，有的家裡只剩下一口人。倖存的人們號天哭地地逃命去。黑龍還從村莊裡挑選三個漂亮的姑娘，抓去關在龍門峰十八層岩洞裡。

黑龍離開天宮的第二天，總監到了下界。黑龍對他特別獻殷勤，以不老酒、膏粱相待。黑龍越是這樣，總監越起了疑心。總監令黑龍立即召喚水族和村莊裡的人。黑龍慌了，它哭喪著臉說：「那些歹徒們趁我回天宮之機，把水族和人都殘害了。被殺死的殺死，驅趕的驅趕，現在無法把他們叫來。」黑龍這樣一說，總監更有懷疑，總監退席了。

總監離開黑龍處後，就來到白河察看。白河裡只剩下多線魚、蝲蛄之類。總監叫來它們詢問，它們流著淚向總監控訴黑龍的罪行。總監又來到龍門峰察看。一到龍門峰，這裡好像有一股人味兒。循味兒走過去一看，龍門峰裡有一

個大岩洞，洞口被像房子那樣大的石門緊緊關住。湊近門縫一聞，洞裡確實撲出了一股人味兒。總監認定裡邊肯定有人，什麼也沒動，就來到了天池。他登上池邊一座山坡上，叫來黑龍，令它交代它在下界犯下的罪行。黑龍不僅不交代，卻還在欺騙總監。總監一聽，怒不可遏，一跺腳。這時，龍門峰那大岩洞的石門開著，從裡邊走出了三個姑娘，直奔天池這邊跑來。她們被折磨得不成樣子，已瀕於死亡。她們憤怒地向總監控訴黑龍那天怒人怨的滔天罪行。

真相大白了。黑龍連忙跪在總監面前，連連求饒。總監理都不理。過了一會兒，總監厲聲譴責黑龍的罪行，說：「你這個混蛋，你在下界犯下了滔天大罪，又欺騙了玉皇大帝，罪行難逃！」

接著，給黑龍處以嚴刑：要把它綁在華蓋峰和天文峰間一個石柱上，綁它三個月十天，白天讓太陽曬著，晚上讓寒冷凍著，使它慢慢地被折磨死。

治完罪，總監就拿出一根兒一頭尖一頭粗的木棒，遞給三個姑娘們說，沿著木棒尖頭指的方向走去，她們就能找到父母兄弟。三個姑娘連連謝恩後離去了。她們沿著木棒尖頭指的方向走去，果真找到了日夜想念的父母兄弟。親人團聚的歡喜不用說了。說起那根木棒，也怪。把那根兒木棒往米袋裡一攪，米袋裡就裝滿了糧食；往衣服裡一攪，就出來了許多新衣服；往地上一插，地上就立起了新房子。從此，從黑龍浩劫中倖存下來的人們，就過上了幸福的生活。人們特意為總監蓋起了一座廟，經常前來叩拜，以謝總監的救命之恩。

再說，黑龍被綁在石柱上後，過了三個月十天就被太陽曬死了，曬乾了的皮肉緊緊貼在石柱表面上。聽說，還在一百年前，這個石柱上尚留著黑龍被曬乾時沾上的皮肉，顯得花花搭搭的，後來，經長年氣候變化，它被雨雪沖刷，被風吹掉，痕跡就漸漸消失，只留下了石柱。伴隨這個石柱的存在，縛龍石柱的故事就在人世間流傳開來。

明　山（講述）

黃昌柱（蒐集整理）

石針的傳說

到長白山後，緊靠長白瀑布往上爬去，前石就有兩座山峰，一座在左邊，一座在右邊，互相對峙，像是通向天空的大門。二峰之間，流著乘槎河，奔騰咆哮，形同白練。乘槎河，又名天河，意思就是它通向天空。沿著天河岸繼續往前走二里多，就有閘門，這是天池水出口。閘門右邊有個岩峰，由北往東，突兀半空，叫「石針」。「石針」，意思就是用石頭做成的針。站在「石針」上俯瞰，那碧波蕩漾的天池水和天池周圍怪岩奇麗的十六奇峰，映入眼簾。「石針」的來歷，伴隨著長白歷史的流逝代代相傳，一直傳到現在。

那是長白山天池產生不久的時候。在山清水秀的長白山山腳下，坐落著一座村莊，人們在這裡安居樂業。不知是哪年，有一天，天池水暴漲，池岸山石決口，大水淹沒了大地，淹沒了村莊，淹沒了人。

在這大難中，只有一家人倖存，這家坐落於半山腰上，大水還沒有漫上來。家裡有寡母，隻身養育著一個遺腹子。一連幾個月，大水未退，斷糧，眼看他們也活不成了。寡母不時揭開米缸蓋看看，缸裡的米，越來越少了。她整日整夜憂心忡忡，長嘆不已。一天，她跪在地下，對天祈禱：

「多慈多悲的女媧氏！當初你補蒼天，拯救了生靈。現在，人世間，天池水暴漲，世人皆死，只剩下我們母子倆，母子倆兩條命，也繫於頃刻間。我死了，沒有什麼怨言，只念膝下有兒無人照料。多慈多悲的女媧喲，多發慈悲，把我那可憐的遺腹子照料好。我縱當黃泉客，也不忘報答你的重恩！」

幾天後，寡母死去了。臨終時，她還為兒子惦唸著米缸裡的米，流著淚，緊緊地握住了兒子的胳膊。在九泉之下，她也不忘此事，一次又一次地向女媧祈禱，虔誠至極。

再說，女媧得知人間慘遭大難的消息是在晚些時候。她嘆道：

「唉，年歲不饒人啊！我怎麼才知道這消息呢？老糊塗！」

事不容再拖。女媧當即派曾孫女下凡處理這事。

曾孫女下凡後，先把遺腹子從險境裡救了出來，然後到池岸決口處察看了一下。經察看，她心裡有譜了。她從龍門峰上撥出一塊兒黑石，把它磨成針，針眼裡穿上用一塊塊兒巨石聯結成的線，在天池決口處上一針一針地縫起來。費了好大工夫，把決口處快縫完了。這時，曾孫女考慮到後代人飲水的事，沒把決口處縫死，而留一點空，讓天池水流出一點來。這就是天池水出口。

決口處縫完了，她就向女媧報喜。女媧聞訊，大喜。她一邊稱讚曾孫女手藝高，一邊派人給曾孫女傳吩咐：「寶貝兒，記住。現在人世間無人照料那可憐的遺腹子，你不要再上天，就留在那裡照料他。等遺腹子長大後，你還要跟他結為配偶，增加下界的人口。」

曾孫女照著辦了。在她的精心照料，遺腹子長的一天一個樣，數年後，就長大成為一個彪形大漢。一年春天，在長白山上金達萊開花的時候，遺腹子和曾孫女成婚了。婚後，他們兒女滿堂，下界的人口隨之也越來越增多。

現在，「石針」還聳立在天池北岸上，像忠誠的衛士一樣，守衛天池不致再決口。

申今哲（講述）
李天祿（蒐集整理）

石龍崗的傳說

在長白山原始森林中，有一處神祕的所在，叫石龍崗。筆者曾經多次深入實地考察，根據傳說和真實所見，整理如下。

石龍崗，位於距長白山山麓的地下森林兩公里的針闊混交林中，幾百個巨大的滾石彷彿從天而降，散佈在面積不到十公里的範圍。更令人驚奇不已的是這裡有無數個大小不一的「天坑」，彷彿是死亡的陷阱，人不敢入，卻成了很多動物的藏身之處，很多大型哺乳動物棲息其中，世世代代地繁衍生息。這裡不僅動物種類繁多，而且百草之靈——野山參在這裡出土最多，溫暖而濕潤的氣候條件造化了長白山很多奇珍異寶，因此，在新中國成立前，長白山的石龍崗就成為很多闖關東的放山人、獵戶覬覦的地方，夢想在這裡尋找到珍貴的寶物。

一九六〇年的秋天，從山東來了三個人，把頭叫陳立國，另外兩個人一個叫王興海，一個叫趙連生。三個人由於家鄉鬧饑荒，聽說長白山能夠挖到「大棒槌」，為了擺脫貧窮，便結伴來到吉林省一處叫兩江的地方。當時兩江是土匪窩，三個人誤入狼窩，被脅迫當了一段時間土匪。後來找機會跑到二道白河，在河邊搭了一個地熗子，開始了漫長的野人生活。好在陳立國偷走了一支日本造的三八大蓋，二十多發子彈，還有一把日本軍刺，因為有槍，他們沒有餓著，漫山遍野都是野豬、黑瞎子、馬鹿，他們在入冬後連下套子和打獵，後來遇見一個人，改變了他們的命運。有一天，長白山大雪紛飛，眼看儲藏的食物已經不夠過冬了，陳立國突然病倒了，因為他年齡最大，已經三十出頭，為了熬過嚴冬，補充食鹽，他讓趙連生留下照顧自己，讓王興海出山去尋找食鹽，並把奶頭河的套子溜溜，看看有沒有動物被套住。王興海是他們三個人中身體最棒的，臂力過人，腦子靈活，又有百步穿楊的槍法。就在王興海一個人跋涉在齊腰深的雪中時，危險出現了，他躲避不及，只有面對。當他正要溜野

豬套子時，聽到不遠處一群烏鴉呱呱亂叫，憑著經驗他知道套子已經有獵物了，因為烏鴉正在為搶食打架。果不其然，他循聲而去，看見一群烏鴉正在啄食一隻套子中的大馬鹿。而馬鹿的旁邊是一隻沒有冬眠的「走駝子」——體重足有五六百公斤的棕熊。四目相對，野性十足的棕熊頭一次看見一個人來搶奪它的戰利品，張牙舞爪撲向王興海，而王興海此時的槍裡已經沒有子彈了。他用槍刺迎擊撲過來的黑瞎子，黑瞎子一個巴掌就把三八大蓋拽過去，王興海赤手空拳，與體重勝於自己幾倍的棕熊相抗衡，等於白送死。僅僅幾秒鐘的工夫，王興海就被這只憤怒咆哮的黑瞎子摁在身底下，嗜血如命的黑瞎子貪婪地要把到手的獵物吞噬，而此時的王興海已經沒有任何反抗能力，只能坐以待斃。生死關頭一聲沉悶的槍聲在王興海的耳邊震耳欲聾地轟然響起，正要把他置於死地的龐然大物轟然倒地。還沒等王興海反過勁來，一個渾身上下雪白的老叟輕盈地扶起驚魂未定的他，把他帶到密林深處的一個小木屋。翌日，這個老叟帶著王興海偷襲了奶頭河的一個土匪密營，殺死了三個土匪，把所有的糧食和彈藥裝滿背囊，來到陳立國的地熗子。

　　第二年農曆三月十六，四個人祭拜完山神爺孫良老把頭，在這個老叟的引導下，開始往石龍崗的方向挺進。原來這個老叟是一個老抗聯，在一次對抗日偽軍的奶頭山戰鬥中，他倖存下來，在長白山深山老林隱居了多年，對石龍崗更是瞭如指掌。同時也成為放山人這支特殊群體中一個至高無上的「老把頭」。這個老叟名叫董明，獨自一人在三天獵獲過一隻東北虎、一隻狐狸，兩隻黑瞎子，十八天裡獵獲三十隻馬鹿，紫貂五十多條，可以說是獵場老手。他帶著王興海等人來到他祕密的地熗子，令大家從心裡升起一股冷氣。只見平時看似有些拙笨的董明，爬上一個木製的軟梯，然後讓大家來到他懸掛在兩棵樹上距離地面二十多米的木屋。隨後，他又帶大家來到他的一個祕密儲藏室，距離石龍崗不遠處一個叫霸王圈的地窖。裡面儲藏的各種動物、食鹽、苞米、蘑菇、松子有幾千斤。這個天然地窖滴水成冰，人一進去，熱汗頓消，彷彿置身在一個冰凍的世界，在二十多米深的幽洞裡，儲藏的食物可以夠十幾個人吃半

年。董明原是來自山東的城武縣,在民國時期便來到長白山,妻子不久病故,孤身一人的董明靠狩獵、採藥維持生計,十幾年沒有見過人了。他話語不多,但是在石龍崗放山的經驗卻十分豐富。這個冬天,董明和王興海三個人結拜成兄弟。四個人在五月份走進距離石龍崗還有二十公里的三岔河。春暖花開時,三岔河融化的水中,蛤蟆、細鱗魚、花裡羔子不計其數,還有一條條黑色的、有點像蛇形的七星子魚混跡其中。大家看見活蹦亂跳的野味,饞涎欲滴,忘乎所以,抓魚摸蝦,準備飽餐一頓。只有董明順著河流去巡視山情地貌。

　　約莫過了有個把小時,董明回來,看見大家正要美餐的野味,表情嚴肅地說:「如果誰想明天早上不醒來,就儘管隨便吃,如果想活著和我抬下大貨發財,就聽我的話,再餓也不許吃一口。」說完,把一鍋燉好的魚和蛤蟆倒在地上。大家目瞪口呆,不知怎麼回事。董明告訴大家:「剛才你們在抓魚和蛤蟆的時候,我出去轉悠了,大家跟我走,去看看,就知道是怎麼回事。」董明帶幾個夥計河上河下走了一遭,所到之處,令人忧目驚心。三岔河水潺潺流淌,清澈透明,魚類繁多,躍出水面,兩岸的紅松、椴樹古木參天,棒槌鳥鳴喁啾,森林景佳幽靜。正值八月份,人參鎯頭紅燦燦,彷彿向大家在招手,成片的野山參在綠意可人的草叢中婀娜多姿,透露出日月光華,散發著大山的靈氣。而河岸兩邊,無論是地燴子裡,還是依稀可見的小路上,一具具骷髏散發著恐怖的氣息,並且每具骨頭都泛出黑色,明顯是中毒所致。彷彿看見他們曾經欣喜若狂,然後又痛苦萬端地在萬般無奈的呻吟中死去。董明意味深長地說:「你們應該知道我為什麼不讓你們吃魚了吧。」

　　大家恍然大悟,第二天,他們吃了自己帶的東西,在石龍崗挖了三天的棒槌,起了四世同堂參,並在一棵紅松樹上砍了兆頭,每個人的背囊裡裝滿了山珍野味,拜謝完山神爺,下山各自回到老家。因為董明是第一個把這裡命名為石龍崗的人,以後長白山人便一直沿用這個稱呼。多年前,筆者在石龍崗找到董明挖過野山參的那棵紅松樹,刻下的兆頭已經被洗過臉,雖然經過大自然的侵蝕,但是一九六〇年的字跡依稀可辨。

現在隨著人類足跡的不斷深入，石龍崗的謎底被不斷揭開，在那個隱秘的所在，科學考察的腳步正在不停地探索，關於它的傳說故事，正需要有志於問奇於長白山奧秘的人去進一步考證。

郜　春

青龍背的傳說

　　拉法山西南坡，有一片比較平坦的漫坡地，山坡上有一座龍王廟，廟裡住著個老和尚和他的徒弟們。他們在這片山坡上栽了好多果樹，開墾了大塊良田。後來，從山東過來一些人，也看中了這塊土地，把這片山坡全開成了耕地，有十多坰那麼大，人們都叫它大坡。

　　山上的龍王廟，不知是哪年建的，都說很有靈氣，每逢旱年農民們都到這來祈雨，大多如願。所以，這座廟年年香火不斷。

　　清朝光緒年間，遇上一次大旱，一連一個多月沒下一滴雨，河裡的水都斷了溜，小草貼著地皮長不起來，莊稼半死不活的，中午地皮被曬得像煎餅熬子似的不敢站腳。農民們天天盼著下雨，把降雨的希望寄託在龍王爺身上，於是便成群結隊，光著腳丫，頭頂柳條圈，抬著用秫秸紮成的龍駕，到拉法山龍王廟來祈雨。他們虔誠地跪在龍王面前禱告：「阿彌陀佛，下雨吃饃饃。」「龍王爺，可憐可憐莊稼人吧，救救俺們吧！」可是這一次卻不靈了，一連祈了十多天，連個雨星都沒見著。眼瞅著莊稼一片一片地枯死，農民們絕望了。再不下雨，就得活活餓死。悽慘的哭聲連成一片，震動著拉法山，震動著龍王廟和廟裡的龍王爺。

　　就在人們叫天天不應，叫地地不靈時，天上不知從哪飄來幾塊雲彩，慢慢聚到一起，轉眼間烏雲密佈，打了一個悶雷，就稀稀拉拉地下起雨來，雨越下越大，空氣當時就清新了，人也精神了，莊稼也活過來了。人們跑出大門，仰著頭，張著大嘴，舉起雙手，盡情地沐浴著這救命的甘露，紛紛跪在地上向南天門一個勁地磕響頭。大喊：「感謝龍王爺！感謝老天爺！」善良的人們哪裡會知道這裡面的緣故呢？只有廟裡的老和尚憂心忡忡，天天在燒香禱告。就在人們興高采烈地慶幸喜雨降落的第二天晚上，大坡上發生了一件誰也預想不到的事。

深夜，小和尚們睡得正香，天上突然一聲驚天動地的巨響，緊接著就像有什麼沉重的東西落在地上。老和尚說了聲「不好」，推門就往外跑，門一開，看到漫天迷霧，透過大霧，影影綽綽看見有一個黑乎乎的長東西攔在面前，頭前好像有兩盞燈，一閃一閃的。老和尚稍一愣神就明白了，好像在跟什麼人說話：「阿彌陀佛，罪過呀，罪過，上天太不公平了，讓你受罪了，別害怕，我們會保護你的。」這時，徒弟們都穿好衣服跑出來。老和尚對徒弟們說：「這條龍下界了，你們趕快站在它的周圍好好看著，萬萬不可讓什麼東西靠近它，絕不能讓山牲口把它傷著。我馬上向上天禱告，好讓它早日回天。」說完就在廟前擺上香案，朝天祈禱。

　　霧慢慢散了，天漸漸亮了。小和尚們看清了，落在地上的是一條青龍，下巴拄著地，四隻龍爪狠狠地抓進土裡，兩隻眼睛閃出悲憤又無奈的目光，趴在地上奄奄一息。小和尚們又好奇，又痛心，都在為青龍著急。老和尚走到龍頭前，伸手試了試，它雖氣若游絲，但還有生存的希望，心裡有了點底。他怕太陽出來刺傷龍眼，讓徒弟找來兩領蓆子把龍頭遮上。

　　太陽出來了，被陽光一照，龍鱗銀光四射，光怪陸離。附近的村民在山下大老遠就看到大坡上閃著刺眼的光芒，不知山上有什麼東西，不少人跑上來看熱鬧。到了大坡下面，就看見一條長長的東西蜿蜒在山坡上。有的說：「拉法山上的大長蟲出來曬鱗來了，快去看看吧。」他們一上山坡，就看清楚了，有人驚奇地喊：「快來看哪，好大的鱗哪，長鱗的長蟲不就是龍嗎？」大家聽了，一個個三步並作兩步，衝到廟前，看到龍頭，又聽一個人喊：「真是龍啊，和畫上的一模一樣。」老和尚走到大家面前，作了個揖說：「阿彌陀佛，各位施主，你們可曾知道頭兩天下的那場好雨嗎？就是這條龍降的，它為救咱們，觸犯了天條，才落到這個地步，咱們不能知恩不報哇。」大家聽了，深受感動，連忙問：「我們能幹什麼？」老和尚說：「趕快向老天爺求情啊。」人們齊刷刷朝著南天門跪下來，老和尚重新燃上一炷香，跪在前面，領著大家祈禱，請求老天爺饒恕青龍。一直跪到太陽照到頭頂，陽光越來越毒，把龍皮都

曬得失去了光澤，兩隻龍眼緊緊地閉著。大家都用焦急的眼光看著老和尚，等著他拿主意，老和尚抬頭看了看天，太陽火辣辣的，看樣子老天爺對人們的舉動根本沒理睬。他略加思索便說：「龍離不了水，大家趕快下山打水往龍身上潑，它就不能乾死，只要有口氣就有回天的希望。」大家聽了，毫不遲疑地紛紛下山打水去了。

這件新鮮事，一傳十，十傳百，很快就傳到百里開外。平時光聽說天上有龍，誰也沒見過，這回真龍下界了，誰不想到拉法山來開開眼界？當來人聽說這條龍是為救一方百姓而遭到懲罰時，都自覺參加到搶救隊伍中來。有些老年人聽說青龍遇難，也相互攙扶著來到青龍面前，跪在地上向老天禱告求情。大坡上的人越聚越多，上至白髮蒼蒼的老人，下至剛懂事的孩子，自覺排成好幾里長的隊伍，把一盆盆一桶桶的水灑在龍身上，一個共同的心願，就是讓青龍能活著回到天上。這群善良的百姓，決心已下，就是把河水掏乾也不離開青龍，那些老人發誓，青龍不走，跪死也不起身。

不知是人們的真情感動了玉帝，還是玉帝產生了憐憫之心，第三天凌晨，突然下起濃霧來，像青龍下界那天的霧一樣，對面不見人，濃霧中夾雜著牛毛細雨，還傳來嗚嗚的響聲。小雨就像蒙汗藥一樣，澆在人們頭上，不知不覺就迷糊了，不知過了多長時間才醒過來，睜眼一看，天已放亮，眼前的青龍不知啥時候不見了。人們高興得蹦了起來，歡呼著向天空望去，只見萬里晴空，很遠很遠處有一塊白雲，緩緩地向南方飄去。人們不約而同地又跪向青龍飛去的方向，默默祝願恩龍早日康復。老和尚這才長長呼出一口氣，向南天門深深地施了一個大禮，高呼佛號：「阿彌陀佛！阿彌陀佛！」

青龍得救了，人們永遠不會忘記青龍的恩情。為懷念青龍，從此把大坡改稱為「青龍背」。

石柱畫廊的傳說

　　游過雪山飛湖的人，都會發現，在湖邊一處懸崖峭壁上，鬼斧神工般豎立著一張碩大的石柱畫廊。那麼，這非常有規則排列的巨石畫廊是怎麼來的呢？其實，這裡還有個傳說故事呢！

　　傳說三仙女佛庫倫在圓池吞朱果孕育了布庫里雍順，儘管他是神人的後裔，見風就長，力大無比，可在許多方面還是有遺憾和欠缺，為了鍛鍊他的能力，增強膽量和見識，佛庫倫告訴他：「兒啊！你天生就肩負著為王平亂的使命，但要經受歷練，學會擔當，練好本領，方可為王，自己去悟吧！」三仙女說完，飛天而去。

　　布庫里雍順按照母親的指引，乘柳條舟順松花江而下，一路上被兩岸迷人的風光所陶醉，不知不覺來到一處絕佳境地，但見峭壁兀立直插雲霄，飛瀑流泉紫氣縈繞，蒼松翠柏藤蘿垂掛，奇花異草綻放妖嬈，百鳥鳴唱一片祥和，群獸怡然欣欣向榮——布庫里雍順被這奇景驚呆了，柳條小舟彷彿也被這景色挽留，在一處水灣打轉轉。布庫里雍順用盡全身之力，好不容易把小舟駛出水灣，轉過一處伸進河岸的山嘴，只見一位白髮白鬚白袍白履的仙人駕著祥雲，面對一處平滑如鏡的石壁，正在用畫筆勾勒著什麼圖案。

　　布庫里雍順沒敢驚動仙人，把小舟輕輕地靠在岸邊。「等了你三天，怎麼才到，是不是被沿途的景緻迷住了？」空中飄來詰問，只見仙人轉過身來，面對著布庫里雍順，「此去關山重重，路途凶險，你的能力還不足以擔當重任，受你母親之托，教你開山劈石的掌法，什麼時候學好了，方可上路。」

　　仙人將布庫里雍順引到石壁前，只見石壁上已經被仙人畫上了長短不一的線條。「這塊巨石壁是當年女媧補天時採石留下的，其硬如鐵，其堅似鋼。而這些線條則是天宮十八羅漢奇門遁甲陣，用你的智慧找到破解此陣的法門，用你的手掌刻出此陣的圖案，悟好練成，方可離開。」言畢，仙人手捋銀鬚，駕

雲西去。

　　面對毫無章法的線條，布庫里雍順冥神靜思，很快便找到了入陣的生門，他挽起衣袖，紮下馬步，左手握拳，右手變掌，氣沉丹田，清嘯一聲，右掌擊向石壁，堅硬的石壁彷彿具有魔力，其堅產生的反作用力震得布庫里雍順臂膀發麻，倒退三步，其柔又似棉絮化解掌力。聰慧的他馬上想到不能用蠻勁，而要以柔克剛。於是，他用掌指按照岩石的紋理開始劃，一天下來，手指被岩石磨得血肉模糊，鮮紅的血浸到石縫裡。說來也怪，第二天，當他忍著手指的劇痛想繼續練掌功時，那浸過鮮血的石壁赫然變成一幅清晰的八卦圖，手掌所至，石粉紛飛，只一刻鐘工夫，他便破解了此陣，並練就了劈石裂岩的鐵砂掌。

　　如今，只要你細看，那些規則如列隊士兵方陣的石柱上，還有布庫里雍順練掌時留下的血痕呢！

唐曉偉

孝子岩的傳說

在明月鎮神仙洞正面岩石上，有一個男人雕像，端莊的臉龐，正視前方的深邃的眼睛，給人深刻的印象，人們把它叫作「孝子岩」。

傳說很久很久以前，在岩石腳下有一戶人家，家裡有一位父親和一個兒子。

兒子剛開始「咿咿呀呀」地學會說話時，母親突然得重病去世，家裡只剩下父子倆。父親失去妻子後，也無心續絃，把全部的愛傾注於兒子身上，天熱了怕他中暑，天冷了怕他傷風，屎一把尿一把地把他拉扯大。兒子在父親的照料下，倒也無憂無慮，健康地成長。

兒子十五歲那年，父親終因積勞成疾，臥病不起，一切家務活兒全落在了年少的兒子身上。兒子雖然年紀小，但很懂事兒，而且身體也很健康。所以，地裡的農活兒，家裡的瑣碎事兒，照顧父親的病，都幹得有條不紊，順順當當。

一天傍晚，兒子上山打柴回來，同往常一樣立即去照看父親。他先替父親揉揉手腳，掖好被子，然後端上來一碗熱氣騰騰的米湯。

「爸爸，您喝米湯吧。多喝一點兒，病也好得快。」

父親搖搖頭，他不想喝。

「爸爸，您是不是想吃別的什麼？」

「不，我不想吃什麼。你在外邊幹活兒時，我已經吃過了。」

「爸爸，您不要騙我。您病成這個樣子，連炕都下不來，怎麼能自己動手做飯吃呢？你一定有什麼心事，請不要瞞我，想吃什麼就說吧。」

「我真的不想吃。」

「爸爸，您不講，我更著急。我雖然是小孩子，但是為了您，我願意上刀山闖火海。爸爸，請您相信我，快說實話吧。」

父親嘆了口氣，說出了心裡話：「這幾天，我胸口煩悶得很，想吃涼爽的東西消消火。」

「那麼，我給您弄點黃瓜來。」

「不。我恐怕是老糊塗了，不知怎麼搞的，突然想起吃西瓜了。」

「爸爸，請您放心，我這就去弄來。」兒子說完，提起燈籠就要走。

「孩子，黑燈瞎火地上哪裡去？數九寒天上哪去弄西瓜？我真糊塗了，你不要去啊。」

「爸爸，我聽說，歷史上的好男兒都很孝敬父母。有人為父母治病，跋山涉水尋藥。今天我去弄點兒西瓜又算得了什麼？更何況西瓜地近在咫尺啊。」

兒子不顧父親的勸阻，直奔北山上的西瓜地。可是滿山遍野皚皚白雪，哪裡有西瓜？他失望地說：「天老爺太無情，為什麼連一個西瓜都不給我留下？」

他並不氣餒，從這個山頭走到那個山頭，從一塊瓜地走到另一塊瓜地，在冰天雪地裡尋找西瓜。當他走到第十二個山頭時，發現前邊有光亮直閃動。他想：「這是什麼光亮？」定睛仔細一瞅，原是一個青衣童子滾動著一個大西瓜向他走來。

「是西瓜！」兒子高興得扔了燈籠，三步並作兩步地向青衣童子跑去。但是，光亮突然閃滅，青衣童子不見了。他往前摸呀摸，終於抱起一個又大又圓的西瓜。

「喂！青衣童子，你在哪裡？」他大聲呼叫著尋找為自己送來大西瓜的恩人。從山林深處傳來童音：「你是一個了不起的孝子，快把西瓜送給你父親，好好孝敬老人家。這個西瓜是北山神仙被你的孝心感動，特意送給你的冬天西瓜！」

「神仙給的冬天西瓜，謝謝您北山神仙！」兒子謝過神仙後，抱著大西瓜往家跑。當他跑到第七個山頭時，一隻老虎擋住了去路。

「喂，老虎，你要幹什麼？」兒子問。

「我好幾天沒吃東西，餓得很，要吃你。」老虎陰沉沉地說。

「你太殘忍了。我給臥病不起的父親送西瓜，你的生性再凶殘，也不能現在吃我，待我把西瓜送給父親之後再吃我，行嗎？」兒子感到自己走投無路了，只好向老虎懇求。

但是窮凶極惡的老虎哪裡聽得進兒子的話，大吼一聲便向兒子撲了過去。

父親臥在病榻上，焦急萬分地等待著兒子。等了一天又一天，但是不見兒子歸來。

鄉親們一個山頭接一個山頭地尋找，在一個山溝溝裡找到了所剩無幾的遺骸和一個大西瓜。人們流著淚掩埋了兒子的遺骸，把大西瓜送給父親吃了。

過了幾天，突然在村莊上空雷聲隆隆，地動山搖。雷聲過後，人們發現在那神仙洞岩石上邊橫臥著一隻死老虎；在那塊岩石上面還刻有一個人的頭像。

「那不是尋西瓜去的孝子嗎？那隻老虎，是遭雷劈死的。」一個鄉親這樣說，人們不住地點頭稱是。

老鱉炕的傳說

　　在集安縣的郊區，通溝村前面的鴨綠江中，有一塊奇特的石頭，四面光滑，中間還有一個小坑，人們稱它「老鱉炕」。它的來歷是這樣的：

　　很久很久以前，現在的集安縣城是個小村莊，村裡人家並不多。村裡有個小夥子，父母早喪，也沒有姐妹兄弟，孤苦一人，長年累月在財主家做工，也沒個名字，人們稱他「李郎」。李郎對人忠誠厚道，人又勤快，經常幫助別人，村裡的人都喜歡他。

　　一天傍晚，李郎幹完活，背著草牽著牛往家走，在道上看到一個人，手裡拿著一個小鱉，李郎覺得好玩，仔細一瞧，那小鱉兩隻眼睛裡流著眼淚，看樣子怪可憐。李郎不忍心讓小鱉死掉，於是從身上拿出積攢的工錢，買下了這只小鱉。他把草和牛送到財主家後，便拿著小鱉，走到鴨綠江邊，輕輕地把它放入江水中，沒想到剛進水裡的小鱉搖身一變，竟變成了一個十七八歲的小夥子，這個小夥子急忙跳上岸，跪在李郎面前磕著頭，說：「多謝大哥救我一命，我本來不是平常的小鱉，是東海龍王的三公子，這兩天，因為在家沒事可幹，便變成小鱉沿著鴨綠江觀賞兩岸風光，不小心叫人捉住，差一點送了這條命，多虧好心的大哥救了我。」李郎十分驚訝，連忙上前把三公子扶起來，說：「哎，這樣的小事情，還謝什麼呢？」三公子起來後問李郎家裡都有什麼人，吃穿怎麼樣，活累不累。李郎都一一作了回答。三公子說：「大哥，你不要再這樣受苦受累，跟我上龍宮吧！那裡要什麼有什麼，比你這兒好幾千倍呢！」說完就拽著李郎的胳膊往江裡拖，李郎把他勸住，說：「我是人間的人，怎麼到龍宮去呢？再說我生在這塊土地上，雖然從小死了父母沒個親人，可鄉親們拉扯我長大，我捨不得離開故土，更捨不得離開鄉親，請三公子原諒我吧。」三公子再三勸說，李郎堅決不去。三公子實在沒有辦法，就跟李郎說：「在家，父王十分喜愛我，大哥是我的救命恩人，上一趟龍宮，見見父

王，住個一兩天總可以吧？」李郎還是婉言謝絕。三公子又說：「我們龍宮金銀寶物，應有盡有，不管什麼只要大哥喜歡，明天我一定送給你，好報救命之恩。」李郎默不作聲，三公子就點出金銀、瑪瑙、寶器、珍珠……李郎只是搖頭。三公子非常著急，想來想去，又說：「我們龍宮，還有一個祖輩相傳的護心鏡，帶著它不光能防身，像你這樣人間的人，還能聽懂我們水下多種動物的話兒，我把它送給你怎麼樣？」李郎實在拗不過三公子的一片誠意，再說這東西確實稀奇，李郎出於好奇終於點了頭。三公子這會兒可高興了，便約李郎明天這個時候再上這兒相會，然後戀戀不捨地與李郎分別，進入江中，轉眼就不見了。李郎也回了家。

第二天黃昏，李郎剛到江邊，三公子也從江裡出來，互相親熱一番，三公子對李郎說：「父王聽說大哥救了我，責怪我沒帶你去見他。」然後三公子把一個巴掌大小的銅鏡從懷裡拿出來，對李郎說：「這個護心鏡送給你，它可以給你帶來歡樂，也可以害你的性命；如果你把它的來歷洩露出去，讓人們知道，你就要受到懲罰，變成小鱉，連父王也救不了你。」

李郎接過護心鏡，十分喜愛，答應公子絕不對別人講。三公子再次感謝了李郎救命之恩，最後流著眼淚與李郎告別回到龍宮。

李郎也回了家，照常當長工，他帶上護心鏡，不怕財主毒打了。李郎一有空閒，就帶著護心鏡到江邊聽魚蝦說活，天南地北，什麼奇怪的事都能聽到，覺得十分有趣。不過他時刻牢記著三公子的話，從來沒對別人講過，村裡沒有一個人知道。

光陰如梭，轉眼工夫過了一年。初夏的一天傍晚，李郎吃完了飯沒事可做，帶上護心鏡又到江邊聽魚兒說話。一群魚剛走，又游來一群魚，其中一條魚說：「這兩天，我們應該小心，這附近來了個妖怪，聽說可凶呢！」另一條魚說：「這個妖怪原來關在龍王府中的牢裡，不知怎麼跑出來的，聽說龍王還不知道哩。」原來那條魚說：「聽說這個妖怪一來，便揚言要氾濫江水，把前面的村莊淹沒，村裡的人還蒙在鼓裡。」又有一條魚說：「哎呀，那怎麼辦

呢？不能想個辦法制住這個妖怪嗎？」「辦法是有的，只要村裡的人寫一封信，裝在瓶裡封好口，投入江中，這個信就會流進龍宮，龍王知道後就會派兵把妖怪抓走的……」

李郎聽到這個消息後非常著急，他想：如果我把這些話如實告訴村裡人，鄉親們肯定不會相信；自己寫封信吧，還不識個字；如果對別人講了事情的來龍去脈，自己就會變成小鱉，永遠離開人間；要是一個人逃走，全村的人都將活活淹死。這天夜裡，李郎翻來覆去，左思右想，最後下了決心，寧可自己變成小鱉，也得救出全村的鄉親們。

第二天，李郎對人們講了自己聽來的消息，要求大家趕緊寫一封信告訴龍王，保護家鄉。人們都不相信李郎的話，有些人還說李郎得了邪症說胡話。李郎心焦火燎，沒有辦法只好拿出護心鏡，對鄉親們講了它的來歷和用途。人們將信將疑，帶著護心鏡到江邊一聽，確實能聽懂魚蝦說話，這才相信李郎說的是真話，知道了大禍臨頭，把護心鏡還給李郎，商量給龍王報信除妖的事。這時，李郎已經說不出話，身子漸漸變小，最後變成了小鱉，進入江中。人們明白李郎為了救鄉親們自己甘心成了小鱉，便流著眼淚，告別了李郎，回村寫了封信，投入江中。龍王知道後派兵抓走了妖怪，保全了村莊。

再說李郎變成了小鱉後，不知道家鄉的凶吉，心裡著急，在江中找呀找，在村下游靠近江北岸的地方找到一塊大石頭砬子。這塊石頭砬子水漲時淹在水中，水落時露在水面。李郎變成的小鱉等到水退後，爬到砬子上一望，村莊安然無恙仍在江岸上，就放了心。以後他思念家鄉和鄉親們，經常爬到這塊石砬子上望一望日夜想念的家鄉。時間一長又有一群小鱉也跟著爬上去玩，曬著太陽，天長日久，這塊砬子被小鱉經常摩擦，江水沖刷，變得四面光滑，中間還出現了一個小坑。岸上的人們經常看到一群鱉在這塊石頭砬子上爬，於是就給它起了個名，叫「老鱉炕」。

張永浩（蒐集整理）

小石龍的故事

距拉法山北七八里地有座山，原來叫小龍頭山，現在叫石場山。在石場山下一百多米的地方，有塊一鋪炕那麼大的石頭，像個龍頭。它面朝著拉法山，兩隻犄角像梅花鹿角一樣，貼在腦後，兩隻眼睛瞪得溜圓，直盯著拉法山。這塊石頭好像是從地底下鑽出來的，根有多深，沒人挖過。

據一些老人講，那還是遠古時期，這地方根本沒有山，現在的拉法山是後來形成的。拉法山底下原來有三口海眼，大水從這三口海眼裡呼呼往外冒，這一帶方圓幾百里地沒有人煙，連飛禽走獸都過不來，是一眼望不到邊的大海，傳說中的東海敖來國就在這裡。

不知是哪位神仙從這路過，發現這是塊寶地，從華山搬來三塊石頭，把三口海眼給堵上了，從此，這片汪洋大海的水退進了東海，堵海眼的大石頭就成了一座大山，神仙給取了個名字叫九鼎鐵叉山，當地人管它叫喇叭碴子，就是現在的拉法山。因為這石頭是從華山搬來的，這山的險勢又特別像華山。

由於海水退得太急，一些魚鱉蝦蟹，包括幾條小龍都被閃下了，困在陸地上。這附近就留下好幾條龍，有個龍頭山、還有東二龍山、西二龍山，石場山下的小石龍就是其中的一條。

傳說，當時這條小龍剛剛出世不久，海眼就被堵上了，那時它還沒有騰雲駕霧的本領，眼看著海水嘩嘩往下退，它使盡了全身的力氣拚命追趕，也還是追不上。因為它的本事太小，只能眼巴巴地看著海水從眼前消失，也只好絕望地趴在地上等著受罪了。但是它是不甘心的，它最恨那幾塊堵海眼的大石頭，恨不能一頭把石頭撞翻。它天天怒目圓睜，衝著拉法山用勁，它面朝著拉法山，一步一步往前爬，不知爬了多少年，也不知爬了多少里路。

海水退下去許多年以後，這裡才有了人，在這塊寶地開荒種田，漸漸的人越聚越多，建起了好多村莊，村民們趕集都經過這裡，長年累月，在龍脖子上

踩出了一條路，以後，官家又修成一條寬寬的驛道，經過不間斷地人踩車軋，這條龍就不會動彈了。後來它的身後又開了一個石場，把它的尾巴給炸沒了。從此，小石龍就老老實實地趴在那任憑人家撫摸、坐騎，天長日久把小龍頭、龍角磨得溜光鋥亮。這條小石龍拱翻拉法山的幻想徹底破滅了。新中國成立後，在這裡修建了長安水庫，小石龍終於回到水中。現在，小石龍還趴在長安水庫中間。

靈光塔的傳說（之一）

也不知有多少年了，龍崗緊頭上的峰頂，修起了一座高塔，四四方方的，一共七層，越往上越細，遠遠望去就像一個武士，站在鴨綠江邊上，守衛著中華民族的土地。

這可是一座寶塔，每到晚間，塔身就閃閃發亮，百姓管它叫靈光塔，管這座峰叫塔山。那時候，這一帶山清水秀，風調雨順，一些在關裡混不下去的人，都跑到這裡找營生幹。無論放山、打獵、開荒、種田，只要能吃苦又勤快，生活準能過得不錯。

有一年，從外地來了兩個老客，騎著兩匹白馬，說是收山貨的。他倆來到塔山找個小店住下來，不分白天晚上的總在塔山上圍著靈光塔打轉轉，弓著腰，撅著腚，四處撒摸，把塔的每塊石頭都摸遍了，把塔身上的每塊磚都數清了，然後放出風來，說是要修塔門，行善事。只見兩個人買了工具，連宿搭夜地幹了七天七夜，果然把塔門修成了，寬寬敞敞的，能坐下好幾個人。就在他倆修好塔門的當天半夜，兩個老客牽著白馬，馱著鼓鼓囊囊的錢搭子，悄悄地躥了。令人奇怪的是，他倆帶著東西一躥，靈光塔晚間再也不放光啦。兩個老客做賊心虛，不敢走山路，偷了停在江邊的一條木船，連人帶馬擠在船上，順流而下。由於天黑，再加上不會駛船，走到一處哨口，連人帶船被礁石給撞碎了，人馬淹死了，東西也沉進了河底。

原來這兩個老客是風水先生，聽說靈光塔放光，知道塔裡有寶物，便假扮成收山貨的，假借修塔門之名，將塔身扒開，盜走了鎮塔的三尊金佛。沒想到，發財不成還搭條命。

從此，這道哨口更險惡了，浪花躥起來大老高，一蓬蓬的如同奔騰的白馬群，人們給這段江面起了個名字，叫白馬哨。心眼好的人從水路行走到這裡，就會平安過去；那些勾勾心，做壞事的人，走到這裡真是心驚膽顫，有的還會

船翻人亡。

自從靈光塔的三尊金佛被盜走，一條成了氣候的毒蛇便鑽進了塔心，時常出來吃人，吃牲口，把塔山附近的居民都嚇得躲到深山老林裡去了。

這件事讓鎮守龍潭的小龍知道了。於是，他趁著雷雨天，駕起雲頭，來到塔山的半空中，藉著雷鳴電閃，看準毒蛇藏身的地方，一爪下去，從塔尖直掏塔心，擒住毒蛇，把塔尖也帶走了兩層，毒蛇被扔在潭邊上摔死，上面還壓著那兩層塔尖。

直到如今，靈光塔只剩下五層。被小龍抓起的那兩層，仍在龍潭岸邊，不過已經變成了一塊大石頭，仔細看看，還能認出塔尖的模樣呢！

卓　昕　柏　莽（編）

靈光塔的傳說（之二）

小白龍智鬥野豬精

很早很早以前，長白山下塔甸一帶風調雨順，五穀豐登，黎民百姓過著豐衣足食的好日子。不知哪年哪月，塔甸一帶來了一群野豬，專門禍害莊稼。起初幾年豬群小，禍害得輕，鄉親們還承受得了，後來野豬群發展到成千上萬，鄉親們可就抗不住勁了。春天野豬扒種子，夏天啃苗子，秋天吃果子，害得鄉親叫苦連天。鄉親們組織起來和野豬鬥，下套子，挖陷阱，火槍打，可是不管用，這野豬幾乎都成了精，見著套子和陷阱繞開走，鉛蛋子打在身上就像彈個吧礎，不傷筋不動骨，依舊大搖大擺的，該禍害莊稼還是禍害莊稼，若是遇上個孤個子可壞了，不但打不死它，反而叫它把你的槍給撅了，膛給豁了，弄得粉身碎骨。

走投無路，鄉親們帶著香紙供品來到靈光塔前，求神靈幫忙。靈光塔下，住著一條小白龍，是上界派來庇護這一方百姓生靈的，前些年見塔甸一帶風雨順，豐衣足食，就放心地回到天池和兄弟姐妹們玩耍去了。

這日，小白龍正和弟兄們下棋，忽然聞到一股淡淡的清香，聽到一陣陣失聲的痛哭。小白龍大吃一驚，知道鄉親們遇難了，當即順著地道，回到靈光塔。鄉親們尚未離去，仍在靈光塔前乞求上天的保佑。小白龍心裡酸酸的，忙勸解說：「鄉親們，不要難過，我一定幫你們根除這些害人精。」鄉親們聽塔內說話，認為是神靈顯聖都高高興興地回家去了。

小白龍駕起雲頭，飛到塔山上空，往下一看，嘿！地裡黑乎乎的一片野豬，正在啃莊稼苗子，小白龍火了，揮舞雙劍，唸動真言，剎那間，狂風大作，刮得天昏地暗，飛沙走石，碗粗的大樹被連根拔起。那野豬就像一個個棉花包，被大風颺得滴溜骨碌地離開了莊稼地，滾到大森林裡去了。

小白龍見野豬被刮出莊稼地，自己呢也有點累了，於是收起寶劍，落下雲頭，回到靈光塔裡休息去了。過了一會兒，小白龍休息過來了，便又駕起雲頭，往下一看，哎呀，莊稼地裡又是一片野豬。小白龍火了，運足了力氣又是一陣狂風，把野豬刮到五十里以外的黑瞎子溝，看到野豬在河水裡滾來爬去，甚是開心，於是落下雲頭，回塔內休息去了，心想：這群孽障，不被摔死，也會被水淹死，好不了啦！

　　誰知第二天小白龍到地裡一看，嗨，那地裡仍是黑壓壓的一片野豬，因為餓瘋了，吞食莊稼更加瘋狂了。小白龍憤怒極了，先是一陣狂風，接著一陣暴雨，把野豬一個個澆得像落湯雞，繼而一堆堆火球向豬群撲去，一排排驚雷在野豬頭上滾動，豬群驚恐至極拚命逃竄，小白龍窮追不捨，一直把它們趕到天池以北。

　　春天過去了，夏天來了，野豬群再也沒在塔甸一帶出現。莊稼長得綠綠的，壯壯的，小白龍放心了。這年秋天的莊稼長得特別的喜人，高粱似火，玉米棒子似牛角，齊腰深的大豆掛滿了莢。小白龍和鄉親們高興啊！誰知害人的野豬又來了。成群結隊，浩浩蕩蕩，鑽進地裡連吃帶禍害。莊稼長高了結籽了，行不了風，下不了雨，小白龍急得打磨磨，鄉親們心中點上了一團火。

　　小白龍回到了天池，向爺爺討求良策妙計。爺爺沉思良久，然後對孫兒說了四個字「火燒陷阱」。起初小白龍不解其意，後經爺爺輕輕點撥便豁然開朗，於是眉開眼笑地撒著歡兒回到了塔山。

　　它先運用法力在梨樹溝子下游築起一道攔河壩，然後運用法術將鴨綠江水引入壩內。不到一天的工夫，塔山腳下便出現了方圓數里的湖泊。

　　天一黑湖面急遽降溫，天微明便結上一層厚厚的冰。小白龍又在空中作法，狂風大作，細沙碎土粉粉落於冰上，頃刻間湖泊變成了盆地。

　　天亮之後，鄉親們趕著牛車牽著爬犂擔著擔子，抬著筐，往盆地裡遍撒著玉米棒子、黃豆粒子、高粱穗子、鮮土豆子，不一會工夫，盆地裡便散發出一陣陣誘人的五穀清香。

天剛擦黑，野豬群出動了，發現了這個天然的大餐桌真是喜出望外，欲想前去就餐，又怕遭到暗算，觀望許久，幾個嘴饞的膽大的，抗不住美食的誘惑，溜進盆地大吃大嚼起來。成群結隊的野豬見先前溜進去的野豬安然無恙，且吃得香甜誘人，哪裡還忍耐得住，呼呼隆隆全都湧進了盆地。誰知剛一入甕，那冰塊便天崩地裂地塌陷下去，成千上萬隻野豬便落入深淵之中。野豬在掙扎，冰塊在撞擊，死傷無數，一些體壯的、水性好的，奮不顧身地向岸邊游去，這時湖岸四周突然燃起熊熊大火，風助火勢驚天動地。那些掙扎到岸邊的野豬也都悉數葬身火海。

　　小白龍除掉野豬群，為民除了害，鄉親們又過上了豐衣足食的好日子。鄉親們感謝小白龍，逢年過節便到靈光塔前燒香焚紙，叩首拜謝。

鎮蛟寺的傳說

在雪山飛湖上游有座鎮蛟寺。傳說很早以前，鎮守五道白河的是黑龍江老龍王的小太子小黑龍。這五道白河上下二百多里山清水秀，鳥語花香，河中魚蝦肥碩，兩岸五穀飄香，黎民百姓漁樵耕獵，無不安居樂業。小黑龍呢？每天巡遊河流，忠於職守，辛勤治水，為民造福，總是按著老百姓的需求，適時行雲布雨，調節四季。這樣日復一日、年復一年，使得松花江流域風調雨順、五業興旺、江河清澈、山川秀麗。松花江也博得了個「銅幫鐵底松花江」的美譽。可是，誰也沒想到，幾年後小黑龍卻遭了厄運，被人打掉了一隻角。

卻說五道白河上游有個三道溝屯，屯裡有個王家棒槌營子，這家棒槌營多年來在小黑龍的庇佑下可興盛了。老掌櫃也不忘恩，經常殺豬宰羊供奉小黑龍。可誰知老王掌櫃死後，小王掌櫃卻不領這份情，在一次意外碰面中，趁小黑龍沒防備時對小黑龍下了毒手，小黑龍被打掉了一隻角，昏昏沉沉順水漂到了兩江口，在一處叫「仰臉兒」的水潭裡養傷。早些年，方圓百里的老百姓都知道兩江口的「仰臉兒」有條獨角龍。傷好後獨角龍對人類產生了仇恨，它發誓要報仇雪恨，一次它將小王掌櫃連人帶車掀進了江中。但它還是不解恨，經常興風作浪發洩憤恨。於是，這二道松花江一帶經常暴雨成災，河水氾濫。暴虐的江水沖毀了村莊、沖垮了田園、捲走了人畜。就連江上冬季的爬犁、夏季的木排也經常被突然湧起的惡浪掀翻，直鬧得屍沉江底，哭聲震天，民不聊生，怨聲載道。人們一提起「仰臉兒」的獨角龍，無不心驚膽顫

很快，獨角龍行虐的事被朝廷知道了。皇帝急召大臣們商議對策。這時候有人提出就在二道松花江岸邊選個地方建個廟宇，選派修行深厚、法術無邊的高僧去降服獨角蛟龍。皇帝採納了這一建議，親自下詔書敕命修建「天明山鎮蛟寺」，並派人去千山請了法師赴二道松花江「降妖捉怪」。沒想到這一下更加激怒了獨角龍，這獨角龍連年大鬧松花江，鬧得松花江不是洪水滔天，就是

乾旱缺水。天長日久人們遇乾旱時只得到百里之外的長白山天池去取水求生。唉！這事一下被天池老龍王知道了，天池老龍王便向玉皇大帝告了黑龍江老龍王一狀，黑龍江老龍王遭到玉帝訓斥後，便把小太子獨角龍押回了黑龍江龍宮裡看管起來。

從此，二道松花江又恢復了往昔的平靜，而那座鎮蛟寺也保留了下來。

蔣成義

▌「三人班」的傳說

在雪山飛湖湖畔，有個林深草密的大山溝，老百姓都叫它「三人班」，這裡還有個感人的故事呢！

據說有一年大雪封山，大雪下的齊腰深，把樹木都埋了半截，木幫沒辦法砍樹了，把頭只好宣佈散夥回家。卻說這伙木幫裡有三個把兄弟，千里迢迢闖關東來到長白山下，幾年來互相照顧，相處得非常好，還發誓「不能同年同月同日生，但願同年同月同日死」。原打算熬過冬天，放木排再多掙點錢就結伴回老家，可誰知卻趕上了百年不遇的大雪。就在這要散夥的時候，屋漏偏遇連陰雨，最小的兄弟又病重起不來了，兩個哥哥為了照顧弟弟也只好留了下來。三人在木幫的地㷱子裡相依為命，等著小老弟病情好轉一些就回家，等啊，等啊，眼瞅著小兄弟的病有了點起色，沒想到晚上刮了一場長白山區老百姓最害怕的穿山風，積雪捲起來幾十米高，堆在地㷱子上，把三個把兄弟深深埋在了積雪裡面。為了紀念三個兄弟同生共死的義氣，當地人就管這裡叫「三人班」。傳說三個兄弟成了神，專門保佑講哥們重義氣的實在朋友。

安學斌

植物・花草

長白山藍莓的傳說（之一）

　　一萬年前，長白山頂噴出了濃濃的烈焰，火山噴發讓長白山整個兒變了樣。從此，一汪碧水出現在長白山中。這就是今天人們看到的長白山天池。從此天池龍王就落戶在這裡。

　　天池龍王有兩個女兒，老大叫藍莓，老二叫藍英。姐妹倆長得賽過天仙，人見人愛。這年夏天，長白山區妖風四起，群魔亂舞，到處都是恐怖的景象。

　　「父王，讓我和藍英去斬除妖魔，讓長白山恢復往日的安寧吧。」藍莓向天池龍王請求道。天池龍王沉思良久，同意藍莓的請求。

　　「一定要小心啊。」老龍王再三叮囑姐倆。

　　姐倆經過一番準備，駕馭風頭，向蓮花甸方向飛去。這蓮花甸本是一大片荷花生長的水池，輕風一吹，荷葉搖動，景色優美。可最近一段時間五步蛇精將水池霸占，在這裡施行妖術，攪得這裡每天霧氣騰騰，雨下個不停。藍莓和藍英在岸邊悄悄降落雲頭，只覺得池中佈滿殺氣。兩人正在岸邊觀察情況，忽然，一股浪花掀起，水中露出大塊的鱗片，五步蛇精瘋狂地躍出水面，凶狠地撲向姐妹倆。藍莓舞劍相迎，藍英也舉起鎮妖棒，兩人奮力同五步蛇精打鬥起來。經過一番殊死搏鬥，姐妹倆都已累得疲憊不堪。

　　「趕快回去告訴父王，讓他馬上增兵，咱們一定要消滅五步蛇。」藍莓一邊與蛇精搏鬥，一邊告訴妹妹。

　　「那你？」藍英有些猶豫。

　　「別管我了，再晚就來不及了。」藍英駕起雲頭，向長白山天池飛去。

　　五步蛇精見只剩下藍莓一個人，更加來了神兒，它一躍而起躍出水面幾米高，將一股毒液噴向藍莓，藍莓來不及躲閃，被毒液射中，中毒倒地。

　　話說天池龍王聽了藍英的求救，趕緊率領幾員戰將親自來戰蛇精。看到自己的愛女躺在池邊，老龍王悔恨不已。

「我不該讓你姐妹倆來呀。」聲音驚動了五步蛇精，它又一次躍出水面，老龍王等一擁而上，蛇精還沒等回過神來，便葬身池水中。

從此，蓮花甸便長出了成片的綠矮棵植物，上面結滿了紫黑色的果實，人們叫它藍莓。這藍莓吃起來甜甜的，她的汁液可以做酒，可以入藥，也可以做飲料，營養豐富著呢。而大甸子最接近水面的部分，則長滿了鱗狀的草墩，人們說這是五步蛇精的肉皮，它要永遠長在藍莓的底部，給藍莓這種植物提供養分，為藍莓服務，以贖罪過。

天池龍王的愛女化作藍莓後，老龍王終日思念，每到夜深人靜之時，小龍女藍莓就聽到父王的哭泣聲，終於有一天，因為天天哭日日想，老龍王感覺視力模糊，快要瞎了。一天夜裡，小龍女給父王託了一個夢，她像以前一樣撒著嬌撲到父王的懷中，說道：「父王，您不用牽掛女兒，我雖為女兒身，但我身上也流著您的血脈，我是龍女，我也應為保衛家園盡一份職責。您應該為我感到自豪，看到您日夜哭泣，我真的好心痛，如果您思念我就每天吃幾枚藍莓果，那是我的血液化成的，能夠治好您的眼睛。」老龍王第二天起來後就照著女兒所說的話，每天吃幾枚藍莓果，三個月後他的眼睛果然復明了。由於藍莓這種果實給百姓帶來了實惠，天池龍王為了紀念女兒，施以法術，從此，整個長白山區都長滿了這種植物。從此以後，長白山腳下的人們不管誰的眼睛有毛病都到山上摘藍莓果吃，真的很神奇，因此人們又稱它為眼睛的保護神。

王恩龍（蒐集整理）

長白山藍莓的傳說（之二）

　　長白山漫江一帶，長著一種野果，因為它專長在澇窪甸子和溝塘子裡，當地人就叫它「甸果」。後來甸果又有了學名，叫「越橘」，越橘酒就是由它釀造的。

　　甸果樹尺把高，結的果子滴裡嘟嚕、滾圓鋥亮，顏色黑裡透紅又泛紫，味道又甜又酸又苦又澀。說起來甸果還有一段傳說呢。

　　早些年，漫江一帶方圓幾百里都是老林子。江邊上星崩有十來戶人家，都是闖關東來的，在這裡垛上個木楞房算是有了安身處。山坡上挨門住著兩家，一家姓張，一家姓王。

　　有年春天，老張家媳婦黑菊的弟弟酸柱，老王家的親兄弟王二，從山東投奔親人來啦。頭兩個月還挺新鮮，親親熱熱，可是後來酸柱的姐夫開始發煩，王二的嫂子整天耷拉個長臉，不說也明白，這是嫌累贅。張家姐姐是好姐姐，王家哥哥是好哥哥，可他們主不了事，眼巴巴看著他們受氣。

　　這天，酸柱眼淚巴嚓地來到江邊，望水發呆。不一會兒，王二也來了，兩人掏著心裡話，說著說著哭了起來。酸柱說：「我看，在這活受氣，莫不如進山去，要是能挖著棒槌，換個路費，咱們回老家去。」

　　王二打心裡願意，直門點頭。

　　說走就走，第二天，酸柱和王二各自帶著乾糧，在大門口會齊。酸柱的姐姐黑菊、王二的哥哥王大，使勁往回拉他倆，怕他倆在山裡麻達山。可酸柱的姐夫、王二的嫂子，都在一旁哭喪個臉說：

　　「就讓他們去唄。發了財是有福，喂了狼怨命短。」

　　酸柱、王二一聽這話，一跺腳向老林子裡走去了。

　　七八天過去了，黑菊還不見弟弟回來，進山的人，一幫一幫都下山了，他們八成出了什麼事了，越想越怕，黑菊偷著背點乾糧找去了。

四五天以後，黑菊來到一片白樺林裡，已經餓得眼前直冒金星，來陣風直晃搖，兜裡只剩下一塊餅子，捨不得吃，一心想省給弟弟。她冷丁一抬頭，看見不遠地方，趴著個人，不知是死是活，黑菊一眼認出那人上身的藍布衫，她急忙跑過去一看，一點不錯正是酸柱。由於飢渴勞累，酸柱昏了過去，嘴唇乾巴得都成了鋸鋸齒兒，向外淌著血絲。黑菊看看近處找不到水，便解開小紅褂子，露出奶頭，向外擠奶，邊擠邊往弟弟嘴上抹，酸柱慢慢睜開眼睛，姐弟倆抱頭痛哭。黑菊又從弟弟的空面袋子裡，找出一個小碗，把奶往裡擠，又用奶湯泡那塊餅子餵弟弟，剛餵幾口，酸柱說什麼也不吃了。他想到王二還在後頭呢，恐怕也餓昏了。酸柱和姐姐互相扶著向那邊走，沒走幾步，就聽「撲通」一聲，黑菊一頭栽倒在地上。酸柱往起抱姐姐，怎麼也抱不起來，黑菊有氣無力地說：

「酸柱啊，你走吧，我不行啦。你一定要找到王二，最好能活著出林子……」話沒說完黑菊就閉上了雙眼。

酸柱端著黑菊姐擠出的小半碗奶水，流著眼淚咬著牙向前爬，胳膊、膝蓋都磨得血赤糊淋的，最後還是死去了。酸柱爬過的地方成了一條溝，後來成了澇窪甸子。說來真奇，那奶水灑到的地方，便長出了尺把高的小樹，樹上結出了又甜又酸又苦又澀的果子，這就是「甸果」。有人說甜是黑菊的奶、酸是酸柱的血、苦澀是酸柱的眼淚。黑菊躺著的地方，後來成了「凸頂子山」，兩處高聳的山峰，很像女人的奶頭。酸柱死去的地方，後來成了「老嶺山」，那山總是霧氣騰騰，可能是酸柱的眼淚太多，被太陽蒸發的結果。

林仁和　王德富等（編）

楊振菊（蒐集整理）

山丹丹的傳說

在遼闊的草原上，長著一種奇特的花，人們叫它山丹丹。它有一朵極好看的花，金紅金紅的，還有美玉般潔白無瑕的根，翠綠翠綠的莖，纖長秀麗的葉，千萬年來被人們歌頌著，被喻為夫妻的象徵。

傳說它是一個美麗少女的化身，很久很久以前，在內蒙古草原上住著一對幸福的夫妻，男的叫銅椿，常進山狩獵打柴；女的叫烏蘭花，在家做飯放牧，夫妻相親相愛，相敬如賓。一天，銅椿又進山打獵，中午時分，烏蘭花做好了飯菜，正燒著濃茶，突然從外面闖進來一個陌生人，說是找點水喝，沒想到他竟是一個歹人，見烏蘭花長得美麗丰韻，就獸性發作，他抓住烏蘭花就往角落裡拖。她拚命地反抗，怎奈人單力薄，被歹人按倒，正在這時銅椿趕到家裡，不由分說一刀砍死了歹人。不問青紅皂白也要砍死烏蘭花。

烏蘭花發誓了：「我死後要變成白花，說明我是清白的，除了白花以外，都算我玷污了你。」說完她理了理頭髮，走出了蒙古包，一頭碰死在拴馬椿上。

銅椿把烏蘭花埋了，沒想到過不久，墳上竟長出了許多小白花，中間一棵特別大，開得也豔。銅椿挖出一看，連根都是白的，他恍然大悟，哭得死去活來，悔恨交加，吐血死在烏蘭花墳上。有人說：「是烏蘭花讓銅椿償了命。」還有人說：「是銅椿傷心過度吐血死了，染紅了這雪白的花。」還有的說：「這朵花是自己笑紅的。」後來人們就把這種花叫作山丹丹。

百合的傳說（之一）

三合屯有個大財主叫杜萬寶，心腸狠，壞道多，人稱「毒王爺」。

毒王爺是靠放債起家的。借了他的債，利大不說，到時候還不上，就得用人去頂債。給他白出苦力的，哪年也有三五十人。

屯裡有戶窮人家，姓白，母女倆過日子，老太太上了歲數，身板又不好，姑娘才十五，人小力也單，日子過得可貧寒了。偏又趕上老白太太病了，姑娘白荷被逼無奈，找毒王爺借了幾串錢。娘的病沒治好，一閉眼睛扔下姑娘死了。幾串錢不多，可是一個小姑娘用什麼去還？兩年的工夫，利上加利，弄得她還不起了。毒王爺看白荷十七歲，能幹活了，就逼她去頂債，三年期滿。白荷沒別的辦法，咬咬牙，幹三年吧，等期滿了，沒債了，找個人家，就是窮死，再也不借錢了。

十七歲的白荷到了毒王爺家，讓她餵十七口大豬，起早貪黑去弄豬食菜，回來又得剁又得煮，還要餵幾遍，累得覺也睡不好。第二年，又加五口，得餵二十二口，毒王爺說白荷十八了，吃大人飯就得幹大人活兒，白荷哪能幹過來！來頂債幹活的人裡，有個叫二牛的小夥子，整二十歲，力氣頭格外大。他一邊幹活一邊采些豬食菜，頭晌一筐，下晌一筐，捎回來悄悄地放在那兒，連句話也不說，轉身就走，把個白荷感激得沒法兒。等到了第三年，二牛頂債期滿，毒王爺再也找不到什麼茬兒留人了，眼睜睜地瞅著二牛走了，白荷沒人幫忙，起早貪黑地幹吧，累得一天比一天瘦，咳嗽也一天比一天重，後來吐出的痰裡就帶血筋了。在這兒頂債幹活的姐妹們都害怕了，說這是累成了癆病，得趕快治，要不就沒命了。治病，就得向毒王爺借錢，那不是伸著脖子往套裡鑽嗎？白荷認死不幹，反正再有半年就滿期了，豁上命挺上半年，挺不過去拉倒，挺過去好過幾天窮日子，姐妹們沒法兒，只得緊緊手，暗中幫她一把。

可白荷的病越來越重了，連筐豬食菜也背不動了，一天嚥不下一個糠皮窩

頭。毒王爺還是不放手，叫她上山給挖藥材。白荷提上筐，拿上小鎬頭，上山了。挖藥材，得爬大崗，進深山，她哪能受得了，沒等爬上大崗，就累得渾身是汗了，喘得上氣不接下氣。好歹上了崗，拽住一棵小柞樹，就覺著大頭髮沉，心裡一陣乾熱，嗓子眼有點發咸。冷丁，心裡往上一撞，哇一聲，吐出一大攤血來，鮮紅鮮紅的。小柞樹根上沒別的，就一棵小草，全染紅了。她兩眼一黑，什麼也不知道了。

那些姐妹們見天黑了白荷也沒回來，就結夥去找。在崗頂找著了，換著班兒背回來。毒王爺知道了，來一看，白荷臉上一點血色也沒有，兩眼緊緊地閉著，光有出氣沒有進氣，見實在不行了，再沒油水可榨了，才說：「我可憐可憐她吧，算她滿期了。馬上抬走！」昏迷的白荷往哪兒抬呢？誰照看她呢？姐妹們有這個心，又不行，毒王爺不讓。這時候，二牛得了信兒，跑來了，對大夥說：「交給我吧，好好侍候著。」大夥知道二牛心眼好，就讓他把白荷背家去了。

二牛是個小光棍兒，哪有什麼家，就有個大茅草窩棚。他把白荷放在炕上，自己睡在地下，弄點小米粥餵了白荷半碗，第二天，白荷緩過來了，二牛把事兒一說，白荷掉了一氣眼淚，說：「二牛哥，我怎麼報答你的恩情呢？說句不害臊的話，要是好了，跟你好好過日子，只怕我不行了。」二牛好言好語地勸著，精心精意地侍候著，不幾天，白荷就能下地了。

二牛見白荷一天天好起來，樂得嘿嘿直笑，砍了房木，張羅著要蓋間新房，心裡尋思，等白荷好了，給自己做媳婦，小日子不管窮富，一定能挺和美。可是白荷天天偷偷地擦眼淚，她知道癆病是治不好的，就是強了，頂多挺個三年兩載，再要一犯就完了，拖累二牛不說，把他閃一下子那有多苦情。還不如趁早死了，真要那麼的，他難過一陣子也就過去了，還能找個能幹的媳婦，好好過一輩子。

這天，二牛出去撈房木，白荷把屋裡屋外收拾好，把二牛衣裳洗了，補了，疊板正了，又做好了飯菜，哭了一會兒，拿上根小繩兒，瞅屯裡人不在

意，上了後山。後山有的是樹，哪棵還吊不死人。可她一想，太近便了，讓二牛找到那該多傷心。走遠點，讓他看不到屍首，心裡還能好受點兒，就又往前走，走幾步，歇一歇，三走兩走，走到她挖藥材那座大崗了。實在走不動了，想鑽進林子，找棵歪脖子樹。又一想，前些日子吐血的地方不遠了，該去看看，那是自己身上的血呀！白荷咬著牙，爬上了崗，找到那棵小柞樹，一看血沒了，倒是長出一大片花兒來。都二尺多高，長長的葉子往下披著，中間有個粗枝兒，枝頂上開著有鵝蛋大的一朵花兒，六個長瓣，瓣尖兒向外翻著，鮮紅鮮紅的可好看呢！白荷覺得好怪，柞樹底下就是些小草啊，怎麼幾天就長出這麼高這麼多的花兒呢？是不是自己的血變的呢？一定是！那花兒不就血紅血紅的嗎？她摘下一朵細細地看著，自言自語地說：「花呀、花呀，你就是白荷心裡的血呀！」她心裡一動，自己的血，還讓它回到自己的身上吧，然後再死。白荷張嘴就把花兒吃了，滿口清香味兒，甜絲絲的，挺好吃，她一連吃了七朵，覺得心裡清爽多了，眼睛也亮了，站起來試試，身上也有點勁兒了。她心裡一樂：備不住這花兒能治我的病，先別尋死了，吃兩天試試，萬一好了，那有多好。她把小繩扔進了草窠，順著崗下來，走回二牛家去。

二牛正找她呢，急了一頭大汗，白荷說：「在家裡悶得慌，出去溜躂溜躂。你看，我走了這麼多路，比頭幾天強多了吧？」二牛心實，也沒再問，聽說強多了，打心裡往外樂，從兜裡掏出一大捧山雀蛋，煮給白荷吃了。第二天，白荷又上崗了，那花兒更多了，開得更紅了，她又吃了一些。第三天，她琢磨著，要是能治病，根比花還要好，她就摳起來，一摳摳出個雞蛋大的圓團團，一瓣一瓣的，像魚鱗似的。她一瓣一瓣地掰開，用水洗了，像吃冰枷似的咯崩咯崩地吃了。下崗時，覺得滿身輕快。就這麼一連吃了七天，上崗也不喘了，下崗一溜風，渾身有勁，胳膊腿靈巧，兩眼黑汪汪地亮，臉蛋粉嘟嘟地紅，笑起來也咯咯地響了。二牛這才看出，白荷還真俊呢！

二牛也納悶兒，白荷的病怎麼幾天就好利索了呢？得這種病的沒幾個好的呀！就問白荷怎麼好得這麼快，白荷說：「都是你侍候的好！二牛，你能看上

我嗎？不嫌乎我嗎？」二牛的臉紅了，說：「看你說的，打燈籠都找不著！」

「那，咱們成親吧。」

「我啥也沒有，太對不住你了。」

白荷說：「我啥也不圖，就圖你的心好！」

二牛、白荷就在窩棚裡成了親，白荷這才告訴二牛，她怎麼想死，怎麼上了崗，怎麼去看她吐的血，怎麼吃了那花，那根兒。二牛樂得一拍大腿，「看！那不就是藥嗎？女人得這種病的可多呢，她們可有救了！咱去刨一些，四處栽一栽，一繁生開，要多少，有多少，那有多好！」

小兩口說栽就栽，栽了東山栽西山，越栽越遠，也不知道栽到哪裡去了，反正三合屯的人再也沒看見二牛和白荷。大夥就用這藥治癆病，可靈驗了。

藥，總得有個名呀！大夥說是白荷留下的就叫白荷吧。有個草藥先生搖搖頭說：「白荷是個好心腸的人，用她的名字作藥名不好，就叫百合吧，聽起來像白荷，又不是白荷。」

就這麼，這神藥叫百合了。

黃寶玉（講述）

趙　赴（蒐集整理）

百合的傳說（之二）

　　龍崗山有個很大的龍灣。傳說很久以前，灣裡住著三位龍女。這三位龍女經常變成三位仙女，為人民做好事。

　　一天，山下有一個窮人家的孩子病得厲害，爸爸便到灣邊燒香求告，時間不長，三個仙女便從灣中出來，飄向山下那戶窮人家，她們給孩子留下三粒藥丸，又飄然飛回。

　　這件事，正好被巡視龍灣的海龍王看見了，怪她們與凡人打交道，心裡十分惱火。於是他就變成一個白鬍子老頭闖進了那個窮人家。他問孩子的爸爸：「方才是不是有三個妖女到你家來過？」病孩的爸爸剛給孩子服了藥說：「我家沒來過妖女，只有三位仙女剛給我兒治完病走了。」白鬍子老頭說：「什麼仙女？那是三個妖怪變的。」說完就出門走了。

　　白鬍子老頭不但對病孩的爸爸這麼說，他還走門串戶挨家挨戶地說。人們聽了這個白鬍子老頭的話，沒一個相信，他們說：「謊話不可聽，我們有事還要求告三位仙女。」東海龍王一聽，氣得駕雲頭來到了龍灣，他衝著龍女們厲聲地說：「我把你們派到這裡，你們不好好地鎮守，卻跑到凡間跟凡人交往，這是違反天條。看在我們父女的份上，這次就免你們的罪行，如有二次我就把你們收回龍宮，讓你們永遠不得自由。」

　　時過不久，又有一家的老人病重。老人的兒子到灣邊燒香求仙。那求仙的人剛起身走出不遠。龍女們便偷著走出龍宮，她們剛一出水，就被藏在石頭後的東海龍王攔住了。

　　「小賤女，不聽父告，屢犯天條，給我馬上回龍宮去！」龍女們知道自己無法說服父王，只好跟隨龍王返回龍宮，她們駕起雲頭往下一看，見那前來求仙的人，穿戴破舊，心裡十分同情，她們流著眼淚拔下頭上的金簪，朝那求仙人揚去，求仙人聽到頭頂上有「颼颼颼」的聲響，猛地一抬頭，原來是三位仙

女投下來三棵閃閃發光的金簪，金簪落地，變成了三棵焦黃的小花。求仙人捨不得把小花摘下，掐了幾片花瓣回家給老人熬水喝，喝了之後，老人的病果真好了。

人們說：「三位仙女雖然走了，但她們的心永遠和千百家窮人連在一起。」因此，就把那些小黃花取名為三百合，叫來叫去，就叫成山百合了。

李文瑞（編）

金達萊的傳說

　　普天下花兒不止千萬種，其中開得最早的要數金達萊，最惹人喜愛的也是金達萊。每年一開春，冰雪剛剛消融，花草樹木還沒有從冬眠中甦醒，金達萊就盛開在山坡上，深谷裡、岩縫中，萬紫千紅，十分好看。孩子們喜歡它，姑娘們熱愛它，連白髮蒼蒼的老人也對它讚不絕口。這究竟是為什麼？原來，這裡還有一個悲壯動人的故事呢！

　　很久很久以前，離京城很遠很遠的地方，居住著從小失去了父母雙親的兄妹倆。哥哥已經二十歲，因為家境窮困，一直未得成親。他領著妹妹，日子過得雖然清苦，相處得卻很和睦。可是，當朝的皇帝，橫徵暴斂，欺壓百姓，每年都有很多百姓餓死，病死。黎民百姓怨聲載道。皇帝害怕百姓造反，便愚弄百姓說：「現在百姓蒙受苦難，這是上天的旨意，為了祈求上天的保佑，寡人決定從今年起每年挑選一個最美麗的姑娘祭天。」從此，每年春天一到，皇帝就派出人馬，到全國各地去挑選美女。

　　年復一年，冬去春來，誰知有多少女兒離開母親，含冤死在祭壇上；誰知有多少母親失去了女兒，哭瞎了雙眼。

　　春天又來到了人間。居住在窮鄉僻壤的兄妹倆，迎來了可怕的災難。這年，妹妹剛剛十八歲，長得俊俏秀麗，好像百花叢中一枝最鮮豔的花朵。她容貌美麗，心地善良，性情活潑，實在招人喜愛。

　　一天早晨，天還沒有亮，只聽門外「咣噹」一聲，兄妹家的門射進了三支白翎箭。無論誰家，只要射進這種箭，就是表明這家的漂亮姑娘已經當選，當父母的就得立即把姑娘梳妝打扮好，等候官兵帶給皇帝祭天。這天早晨，天真美麗的妹妹發現了三支箭，便放聲大哭起來。她邊哭邊說：「哥哥呀，我的好哥哥，我寧願死在你的手裡，也不讓官兵帶去祭天。哥哥呀，我求你，把我殺死吧！你也趕快逃出這個家吧！」這悲慟欲絕的哭聲，使哥哥的心像針扎似的

難受，他緊握著妹妹的手，眼望窗外的青山，沉思片刻之後。大聲說：「走，往那深山裡逃！」妹妹「撲通」一聲跪在哥哥的面前，抱著哥哥大腿，懇求道：「不，你不能走，妹妹不願連累你呀！」看到妹妹這般苦求，哥哥的眼角上掛著兩滴豆大的淚珠，他扶起妹妹，說：「沒了你，我當哥哥的活著還有什麼用？快，死也不能讓他們白白地抓走！」說罷，兄妹倆趕忙收拾，就逃往南山去了。

在深山老林裡，兄妹倆找到了一個很好的避難處。可是，皇帝得知兄妹倆違抗皇令逃跑了，非常生氣，派了幾千名官兵，把整個大山圍得水洩不通。山下官兵喊聲陣陣，戰馬嘶鳴，越圍越緊。兄妹倆最後被追到一個懸崖絕壁前，再也無處可走了。他們上天無路，入地無門，焦急地望著聳立在眼前的一塊大岩石，剎那間，那塊大岩石像兩扇大石門似的，慢慢地裂開了一道又長又寬的石縫，一道紅光從石縫中射了出來。接著，從石縫中走出一位白髮銀鬚、身穿白袍的老人，他一手牽著一匹白馬，一手提著金鞘寶劍。兩兄妹被這突如其來的情景驚得發呆。老人慢步走到他倆跟前停住，說道：「眼下你們的處境非常危險，我特意來幫你們一把。我帶來兩件寶物：你們騎上這匹白馬，就會飛遍天下；腰挎這把寶刀，便會所向無敵。」說完，白髮老人把白馬和寶刀送給了哥哥，轉身回到石縫中，石縫就緩緩合上，那塊大岩石依舊巍然屹立在他們面前。

兄妹倆如夢初醒，趕忙跪在地上，向大岩石拜了三拜。哥哥背上寶刀，兩人騎上了白馬，騰空而起，騰雲駕霧，向他們的村子飛去。

鄉親們正為著他們兄妹倆的命運焦急憂慮，忽見他倆駕著雲霧，騎著白馬，從天上飛了下來，全村的男女老少立時歡騰起來。哥哥向鄉親們講述了白髮銀鬚老人送他們寶物的經過，人們聽了無不拍手叫好。哥哥說：「鄉親們，神靈恩賜給我一匹神馬，一把神刀，是讓咱們為天下勞苦百姓報仇。現在，趁官兵傾巢出動，圍著南山的時候，咱們打進京城，搗毀祭壇，奪回糧食布匹，不准皇上再玩弄祭天的把戲！」哥哥這一席話，得到了鄉親們的響應。哥哥帶

領鄉親們舉事的消息，一人傳一人，一村傳一村，成千上萬的老百姓都聞聲趕來。他們手持斧頭、鐮刀、鋤頭，跟著哥哥衝向了京城。

他們攻到城門處，殺死了守城衛士，用大木頭撞開了緊閉著的城門。皇帝看到造反的老百姓衝進城來，慌忙命令侍從偷偷地溜出城外，給圍困南山的官兵去報信。過不久，山道上塵土飛揚，傳來了雜亂的馬蹄聲。攻進城來的鄉親們又被官兵團團圍住。面對著潮水般湧進城來的官兵，哥哥不慌不忙地向著鄉親們微微一笑，飛身上馬，殺向官兵。鄉親們跟著哥哥衝殺出城，同官兵廝殺起來。哥哥騎著白馬，閃電般在官兵頭上飛來飛去，他揮動著金光閃閃的寶刀，所向無敵，把官兵殺得丟盔卸甲，節節敗退。

官兵被打敗了，被降服了。鄉親們在哥哥帶領下，又回到家鄉。哥哥也同鄉親們一起到了家裡。由於廝殺緊張，哥哥過於疲勞，一到家裡，把馬拴在院裡大樹下，把寶刀掛在牆上，進屋就倒在炕上睡著了。

勝利容易使勝利者喪失警惕，失敗卻使失敗者瘋狂百倍。就在這天晚上，皇帝召集群臣策劃了一夜。第二天拂曉前，皇帝派一隊官兵偷偷地包圍了兄妹倆的家，趁他們熟睡，牽走了白馬拿走了寶刀，闖進屋裡，一刀殺死了妹妹，隨後又用寒光閃閃的長槍對準哥哥的胸膛。從睡夢中驚醒的哥哥順手摸了摸牆上的寶刀，寶刀不見了；往窗外一看，白馬也沒了。他隻身同官兵廝打了起來，可是，寡不敵眾，最後被官兵捉住，五花大綁，帶進了皇宮。

哥哥身材魁梧，英勇善戰。皇帝心想：如果得到這樣一個勇士，還怕什麼強敵？我的天下就牢靠了，誰都奈何我不得了。皇上吩咐手下好好招待。但再好的款待也不能把哥哥收買過去。皇帝仍不死心，一天晚上，他領著公主走進關押哥哥的房間，雙眼露出奸笑，說：「年輕人，你若願意歸順，我就把公主嫁給你，還分給你半壁江山，你就有享不盡的榮華富貴了。」哥哥看了一眼，就朝地上「呸」地吐了一口唾沫，斬釘截鐵地說：「寧肯殺頭，我也不會投降！」哥哥高亢的聲音，震得皇宮打顫，氣得皇帝發抖。皇帝當場便令武士加刑。哥哥被拉出宮廷，受到種種酷刑，還是寧死不屈。最後，皇帝下令，把哥

哥押回老家砍頭示眾。

　　哥哥在官兵押送下，冒著寒風，踏著殘雪，走過一坡又一坡，爬過一山又一山。一路上，被打得皮開肉綻，血肉模糊。光著的雙腳被磨破了，扎破了，一步留下一個鮮紅的血印。哥哥還沒有走到家鄉，就在一個山岡上死去了！

　　不久，就在染著哥哥血跡的腳印上，開放出一片片紫紅色的鮮花，這花就是金達萊。

　　金達萊嬌豔美麗，像朝霞一樣，它是人民英雄用鮮血澆灌出來的。老年人說，它就是青年勇士的靈魂。直到現在，每當金達萊盛開的時節，老年人便領著自己的兒孫們，來到金達萊花跟前，給孩子們講述金達萊的故事。

　　　　　　　　　　　　　　　　　　李文瑞（編）

映山紅的傳說

　　長白山有一種叫「杜鵑」的花，大多長在山崖上。當地人稱這種花為「映山紅」。關於這種花的來歷，還有個動人的傳說呢。

　　早年間，沸流江西岸有個村子，住的都是摘山利落和打魚為生的窮苦人。人們起早貪黑地抓撓，也能湊合飽肚。可就是「齁巴病」折磨著全村人。小孩咳喘得淚珠落，老人咳喘得躬了腰。一到冬天，大雪封山，全村老少咳喘得更邪乎了，都沒法出屋幹活，鄰近的村都喊這個村叫「齁巴屯」。

　　這個屯裡有個孤女叫杜鵑，小時候全靠東家大嬸一把米、西家大哥一擔柴養活大的。轉眼間，杜鵑長成了一個如花似玉的大姑娘，自己立門單過。

　　有一天，天嘎嘎冷，杜鵑姑娘又咳又冷，強忍著出門抱柴燒炕。推開門，只見雪地裡趴著一個人，近前一看，是個老太太，她把老人攙扶進屋躺在炕上，轉身要出門抱柴燒個熱炕，再給老人做點吃的。老人這時已經醒了，坐了起來。老人伸手拉過姑娘說：「好心的姑娘，你先不用忙，我有話說給你聽！」老太太從懷中掏出一個珍珠串，在手中一抖摟，紫紅生霞。「姑娘，你把這串珠子放到瓦缸裡，用水沏，治齁巴病。」說罷，往後一仰歪，死了。

　　杜鵑趕緊哭著找鄰居們，幫助料理老太太的後事，拉門一看老太太不見了，杜鵑姑娘挺納悶，鄰居們都弄不明白。看看珠串，好好地放在炕上。鄰居們也都回去了。

　　第二天天放亮，杜鵑姑娘顧不得弄飯吃，招呼東家，招呼西家，忙乎著沏起珠串水來。全屯的人不管男女老幼都喝了一氣，就覺得喘氣順了，胸坎子不悶不咳了，病真的好了。

　　「齁巴屯」的人不齁巴了，能在風雪天裡打柴幹活了，一傳傳到離屯百里的齁巴縣官兒耳朵裡。縣官忙派人連宿達夜來到這屯。杜鵑姑娘和鄉親們一聽，這縣官兒也齁巴，很是同情，忙給裝了一瓶珠串兒水帶回去。縣官兒一

嚐，苦溜溜的不如酒順溜，皺著眉喝下病也好了。這病一好，縣官可就動了心思，認定珠串兒是寶貝。縣官生了壞心，要把珠串弄到手，他翻來覆去地掂對了一宿。

　　第二天，縣官起了早，坐著暖轎，領著一幫差役急火火地趕到齁巴屯。縣官看了沏珠串水的大缸，缸裡還有多半下水，珠串兒在水中熠熠閃著紫紅的光彩，饞得他淌涎水。一個差役忙上前伸手撈珠串捧給縣官。縣官兒見珠串到手了，馬上叫道：「打道回衙！」圍著看希罕的鄉親們一聽，心裡都一咯噔，「哎喲，這官兒是來搶珠串的！」正想上前阻攔時，就見杜鵑姑娘一個箭步衝到縣官跟前，奪下珠串撒腿就往外跑。縣官忙喊差役追趕。杜鵑姑娘頂風冒雪在前面跑，差役們跟頭把式地在後追。跑著跑著，杜鵑姑娘一看壞了，跑到懸崖頂上了。前面是立陡的砬子，崖壁下就是封了凍的沸流江。杜鵑回頭看著差役們快追上來了，心一橫，扯斷了珠串繩，一顆顆閃亮亮的珠兒　轆轆散落崖下，她也縱身撲下山崖！

　　第二年春天，向陽坡的雪剛化盡，崖上崖下便長出綠挺葉稀的灌木，枝枝杈杈上，開著鵑鵑似火的花。人們說這是杜鵑姑娘變的。枝葉是杜鵑，花朵是珠串。為紀念杜鵑姑娘，人們就管這種花叫杜鵑。

　　以後，這一帶的人常採摘花朵和嫩葉泡水、泡酒喝，來治齁巴病。

　　這花木越繁衍越茂盛，一片片，一簇簇的，長滿山崖。因為開花早，襯著青黝黝的崖，霞彩生輝，很是火爆，人們又稱它「映山紅」。

管淑芳（講述）

王希傑（蒐集整理）

年息花的傳說

傳說清朝初年，寧古塔呱拉佳氏有個青年叫唐阿里，小夥子為人憨厚，長得英俊彪悍，能騎善射。有一年，他隨順治入關，兵至湖南一帶，戰事稍停，大軍屯紮在一座風光綺麗的山腳下。山坡上開滿了紅豔豔的杜鵑花。輕風吹來，香氣飄灑，令人心蕩神馳。唐阿里稍有空暇，就溜出營房登山賞花。

一天，唐阿里又去杜鵑山賞花。剛進山，就聽有人呼喊救命，他循聲跑去，只見一隻斑斕猛虎張牙舞爪地向一個老頭撲去。唐阿里急忙搭弓射箭，一箭正中老虎額頂，老虎翻了幾下，一蹬腿斷氣了。虎口餘生的老頭見一個小夥子救了他，一時不知怎麼感謝才好，好一會兒才問：「救命恩人吶，請問你高姓大名，家住哪裡？」

唐阿里說：「我叫唐阿里，家住關外寧古塔，是隨軍打仗來這的，就駐紮在山下的軍營裡。」

老頭尋思了一下說：「那好吧，咱爺倆來日相逢。」

第二天，老頭果然到軍營來請唐阿里。唐阿里向統領告了假，跟隨老頭拐了一個山包又一個山包，來到一個幽靜的山灣裡，就見有三間小草房，房後是一片竹林，房前有條清澈見底的小河，房子四周開滿杜鵑花。進屋後，老頭重新謝過救命之恩，又向內屋呼喚女兒出來與恩人相見。老頭話音剛落，就見從後屋走出一個亭亭玉立的姑娘，這姑娘身材苗條，衣著樸素，看上去頂多十七八歲的樣子。面對這仙女一樣的姑娘，唐阿里兩眼都看直了。那姑娘微笑著，大大方方地來到唐阿里面前拜了幾拜，就回到後屋端酒菜去了。

不一會兒，豐盛的酒席宴菜擺滿了一桌。酒過三巡，一老一少都喝紅了臉。老頭試探著說：「我也是滿族呵，在第一次入關後，因不忍殺生，逃出兵營隱居在此。我見你勇敢善良，是個好後生，老夫無以相報救命之恩，願將小女年息姑娘委以終身，不知足下尊意如何？」

唐阿里一聽，正中下懷，樂得不知怎麼才好，一椿親事就這樣定下了。

　　末了，老頭又說：「不過眼下不能成親，要等你返回故里，帶一根杜鵑花根，栽在你家鄉的山坡上，等杜鵑花一開，我就把姑娘給你送去。」

　　唐阿里聽了，半信半疑，又不好多問，只得帶著疑慮的心情回營。

　　回到軍營，一夜翻來覆去睡不著覺，總是放心不下。第二天太陽還沒冒紅，他就順原路往杜鵑山跑去，真怪呀，滿山遍野連個房子影都不見，他悶悶不樂地回來了。

　　不久，唐阿里解甲回鄉，他東找西尋，選了棵大杜鵑花，挖了根精心地帶回家裡。他把花根栽到了家門口的小山坡上。春天剛到，花根就出芽了，那嫩生生的花莖眼看著長高了，很快開出了一朵嬌豔的杜鵑花。這天唐阿里打獵歸來，老遠就聞到撲鼻的香味。進屋一看，老頭和年息姑娘正坐在屋子裡呢。唐阿里樂壞了，趕忙要點火沏茶。老頭說：「不用了，我老漢不負前言，把姑娘給你送來了。」唐阿里聽了，樂得不知怎麼才好，緊接著卻又愁容滿面。老頭看出他的心思，說：「不用愁，新房我已在西山北邊給你們預備好了，明天早上你準時去就行了。」

　　第二天一大早，唐阿里收拾了一下東西，換了身新衣裳就去了。到那一看，果然有座雅緻、敞亮的三間草房，一明兩暗。西屋的北炕梢放著描金大櫃，南炕大躺箱上疊著新被新褥，條琴上面擺著一對撣瓶，中間擺著鏡子，一切家什應有盡有。

　　唐阿里和年息姑娘在老頭主持下，歡天喜地地把喜事辦了。

　　成親之後，老頭對唐阿里語重心長地說：「我就這麼一個女兒，今已和你成親，我無牽無掛了，自此之後，我要雲游天下，你倆好好過日子吧！」唐阿里百般挽留不住，老頭飄然而去。

　　成親之後，小兩口互敬互愛，日子過得很美滿。姑娘會給人治病，凡是有喉嚨氣喘的、眼睛不好的，經她一治，很快就好，因此附近百姓都慕名而來找她治病。

一年之後，夏秋之際，有一天雹子神從此路過，看到年息姑娘長得真是天上難找，地下難尋，這個邪神頓時起了壞心，他凶相畢露地逼迫年息姑娘跟他走，姑娘死不從命。氣得雹子神把姑娘打倒在地，狠狠地揍了一頓。唐阿里在打獵回來的道上，看見妻子被打得奄奄一息，不禁放聲痛哭。年息姑娘說：「你別哭，我死了之後別埋，每天餵我三勺蘇子油，三塊蘇子餅，切記別餵肉和面，把我放在有陽光的地方，我還能活過來。」說完之後就嚥氣了。唐阿里照媳婦的話，每天按時餵蘇子油、蘇子餅。說也奇怪，人雖然死了，餵油、餵餅都能嚥下去，過了三七二十一天姑娘竟真的醒過來了。

又過了一年，來到陰曆五月初，火神從此路過，看到年息姑娘長得好看，也起了邪心，非要和年息姑娘成親不可，年息姑娘誓死不從。唐阿里揮刀就砍，惹得火神大怒，他先用火把唐阿里燒死，接著又用火把年息姑娘燒焦，還把倆人的骨灰撒得滿山遍野，生怕年息姑娘再活過來。

想不到第二年春天，滿山遍野都長滿了紅豔豔的杜鵑花，人們都說這是年息姑娘的魂托生的，為紀念年息姑娘便取名年息花。每年五月節，人們都成群結隊前往西山用年息花的露水洗眼睛，採摘年息花治氣管炎。這種習俗一直延續到今天。

傅英仁（講述）

鄭亞民（蒐集整理）

婆婆丁的傳說

很久以前，有個村子住著婆媳倆，媳婦沒過門的時候，公公就去世了，過門不久，丈夫又得了疾病死去，剩下她獨自守在婆婆身邊，過著孤苦伶仃的日子。

媳婦對婆婆可孝順了。家裡窮，有點好吃的東西，上頓下頓地給婆婆留著，自個一口也不動。婆婆看她身子骨越來越瘦弱，打心眼裡疼，可沒辦法。

這一年，老人身上起了個疔瘡，媳婦忙請來大夫，大夫看後搖搖頭，把她急得跪在婆婆床前直淌眼淚。

一天早上，老人醒來後說：「媳婦兒，昨晚上一個白鬍子老頭託了個夢，說咱家出門往東走，有一座雲山，山頂上長著一棵開黃花的草，糊上那棵草，病就好了。還說那兒有條黑蛇看著。」媳婦聽了忙說：「娘，那俺看看去。路難走不怕，不知道那草靈不靈。」媳婦再什麼也沒說，把婆婆托給鄰居照顧著，收拾了一下，抄起斧子就上路了。

媳婦白天黑夜地走，餓了就啃幾口乾糧，渴了就喝幾口泉水。走了三四一十二天，越過七七四十九條河，翻過九九八十一座山，來到一座大山下，當地人告訴她那就是雲山。山可真高啊，雲彩在半山腰飄著，奇石怪樹間，一條小道通上山頂。媳婦看了看，就向上攀去。她拽著路邊的草，不停地爬，頭上的汗，斷線珠子樣地落著，手拉出了血，鞋也磨破了，在第三天頭上，才爬到山頂。剛喘口勻乎氣，四下一打量，猛見一條大黑蛇，吐著鮮紅的芯子，昂著頭朝她爬來，身後的草窠子被軋出一道溝。媳婦出了一身冷汗，從腰間抽出斧子，緊盯著黑蛇，待黑蛇爬近，狠狠地朝七寸的地方砍去，「砰」的一聲，斧子砍在蛇身上。黑蛇疼得一甩頭，張開大嘴就咬。媳婦一驚，蛇一口咬在她的大腿上。她覺得眼前一黑，忙舉起斧子，用盡最後一點勁向蛇劈去，再就什麼也不知道了。

不知過了多久，媳婦慢慢睜開眼睛，覺著渾身上下一點勁也沒有，扭頭一看，那條蛇已經死了。她突然想起了婆婆，就站起來，從地上拎起根樹棍拄著，順著黑蛇軋出的道尋去，在一叢草中，發現了一棵小黃花。她跌跌撞撞地撲到花前，小心地挖出，包在布裡，裝在貼身的地方，往回走去。一直走了三七二十一天才到家。

到家後，她忙把那棵花給婆婆糊上，沒過幾天，婆婆的疗就好了，可是那個賢媳婦中了蛇毒，死了。

鄰居幫老太太發送了媳婦。說也怪，媳婦的墳上長出了許多小黃花，越長越多，後來長遍了山野。人們說，這是那媳婦的魂變的，是為了賢惠的媳婦去採藥給婆婆治療瘡不用到山頂去了，也就不能被蛇咬了。人們把那種花叫婆婆丁，來紀念這位善良、孝順的媳婦。

李文瑞（編）

冰凌花的傳說

　　長白山的春天有一種花開得最早，就是冰凌花。山上的雪還沒化完時，它就出來了，先是開黃花，以後又長出雪白色的冰凌花。這還有段故事呢！

　　這個故事雖然不是發生在很古很古的時候，卻也有些年月了。那時長白山老林子裡還沒大有人家，每個村子也就幾十戶人，老百姓都是以挖參、打獵為生，日子倒也過得去。可是，不知從哪竄來一幫強盜山賊，一到晚上就進村，搶男霸女，打家劫舍，鬧得家家不安。

　　卻說有個燕窩砬子屯，六十幾戶人家，連夜來不是丟大牲口，就是女人被搶，也弄不清是誰幹的，都說這夥人來無影，去無蹤，非常厲害。有人報告了官府，官府派兵來搜了三天，一個山賊也沒抓到。屯東頭老黃家的二姑娘黃榮，從小膽大心細，她們村子遭搶劫，她心裡憋了個勁兒，想要弄個水落石出。這天晚上，正是臘月初八，出氣成霜，吐痰成冰。黃榮躲在天棚頂上，半夜的時候，聽見村頭狗咬了起來，接著一夥人進了村子，他們拿著松樹明子，挨家挨戶燒房子，口裡罵道：「再讓你們通報官府，這就是報應！」折騰到後半夜，這夥人溜走了。黃榮從天棚上跳下來，悄悄地跟著這幫山賊，走了三四十里路，來到一個山洞跟前，山賊們都進去了。這時天已經大亮了，黃榮趕到洞門口往裡一瞅，見裡面住著一大幫土匪，還有被他們抓來的年輕姑娘。她看了看四周的山和樹，記准了地方，轉身就往山下跑，可是。沒跑上幾步，突然身後有人高喊：「站住！」黃榮大驚，回頭一看，壞了！從雪地裡站起來一個披羊皮的大鬍子男人，手裡拿著一把大砍刀。黃榮抓起一把雪，朝那男人的臉打去，轉身撒腿就跑。這時，從樹上跳下兩個人，攔住了去路。黃榮站住了，心想，完了，今天是跑不了啦！這工夫大鬍子哩哩冷笑著走了過來，用手捏了黃榮臉蛋一下，黃榮「啪」地還了他一巴掌！大鬍子「哎喲」一聲，罵了一句「好厲害」，撲上來把她打倒了。山洞裡的人聽見聲音，一齊跑了出來，山賊

的頭見是一個美麗的年輕姑娘，立時說：「不要打了，弄進洞裡去！」眾山賊停了手，黃榮從雪地上站了起來，忽然飛快地向山崖邊跑去。山賊頭一看不好，忙命令道：「還愣著幹什麼？快去攢！」山賊們這才回過味兒來，急忙去攢。黃榮跑到崖頂，回頭冷笑了一聲，猛地跳了下去。

不知過了多久，黃榮醒了過來，她把身上穿的白綾子襯衣撕下一塊，用手指蘸著身上流出的血，把這伙山賊住的地方寫在上面，寫完最後一個字，就死了。接著下了一場大雪，把黃榮埋在了裡面。

轉眼到了來年開春，陽坡的雪開始化了，燕窩碴子屯有幾個老百姓進山攢子，看見了黃榮的屍體，她手裡還攢著那塊寫著血字的白綾子，鄉親們就地把黃榮埋了，又把這事兒報告了官府。官府派兵端了那伙山賊的老窩。

第二年開春，鄉親們來到黃榮墳前祭奠她，看見墳上長出一片小黃花和白花。鄉親們說：「這種黃花八成是黃榮變的，這個白花是黃榮的白綾子襯衣變的。咱就管它叫『冰綾花』吧！你們沒看見它是頂著冰雪長出來的嗎？」鄉親們一聽，都說對，應該叫冰綾花。後來人們寫白了，就寫成了「冰凌花」。

袁　毅　王德富（編）

山鈴鐺的傳說

在春天的深山裡，不知你看到過這麼一種花兒沒有，翡翠一樣的綠葉，莖上掛著乳黃色花鈴，微風輕輕一吹，小花鈴像駿馬頸下的鈴鐺一樣，搖來晃去。據說在夜深人靜的時候，還會發出丁零噹啷的美妙的聲音，這種花就叫山鈴鐺。這山鈴鐺是怎麼來的呢？

很多年以前，有個叫舒力突的統領。他雖然很富有，卻年過四十仍膝下無兒無女，為求個一男半女，他破費過許多家財向神靈許願。有一年福晉突然有孕，為他生下一個女孩。老來得女真是喜從天降，舒力突樂得鬍子搬到了鼻樑頂。誰知這女孩子生下來後，奶不哂一口，水不進一滴，整天價只是啼哭不止。舒力突又急又怕，終日坐臥不安，他怕女兒哭出病來，就從噶珊裡請來一位薩滿。說玄也真有點玄，只要那薩滿腰鈴響，這剛出世的小丫頭便止住哭聲，那薩滿腰鈴一停，這小丫頭一准又哭鬧起來。為這舒力突又從遠方請來一位最好的銅匠，用上等響銅為女兒打了一串最精美的鈴鐺，拴在她的搖籃上。訥訥邊悠邊唱：

悠悠扎，悠悠扎，

阿瑪為你把鈴鐺掛。

丁零噹啷，丁零噹啷，

不哭不鬧快長大。

時間過得好像山澗裡的流水一樣快，舒力突的女兒在清脆悅耳的鈴鐺聲中走出搖籃。因為她從小愛聽鈴聲，稍大時又喜歡把鈴鐺拴在身上，久而久之，噶珊裡的人們都叫她鈴鐺姑娘。

鈴鐺姑娘長到十八歲，有人說她頭髮像烏雲，有人說她臉皮兒似桃花，有

人說她那雙眼睛像兩汪秋水。她美貌出眾，心眼也好；而且喜歡打獵，箭法還特別准。

有一天，鈴鐺姑娘帶著丫鬟上山，忽見空中飛來兩隻大雁。她揚手拉弓射落一隻，正要射第二隻，不料大雁已中箭落到山背後去了。是誰的箭法這麼準？小丫鬟奔向山背後，見一位手提彎弓，腰繫豹皮的青年，將落雁拿到手中。

小丫鬟一見大聲喝道：「家有家法，山有山規，青天白日為何搶我家姑娘射的雁？」

小夥子聽了分辯說：「咦？這明明是我射中的，怎麼是你家姑娘的了？」

「你射的？哈哈……」

小夥子被笑得漲紅了臉，嘟嚷著說：「射只雁有什麼了不起，還用大驚小怪的！」

小丫鬟早已認出這小夥子叫托托里，剛才那番話是故意和他取笑。她心想：早聽說托托里是個神箭手，果然名不虛傳，今兒個山中沒別人，我何不使個激將法，讓他和我家姑娘比試比試。於是，她大聲說道：「射只大雁倒沒有什麼了不起，也不值得大驚小怪，可在這百里之內能射這樣高的飛雁，只有我家姑娘一人。你射落的這只雁嘛，還不是瞎狐狸碰著死野雞……」

托托里見她話裡有話，追問道：「怎麼講？」

「趕點兒！」丫鬟尖嘴利舌地回答。

這可真把托托里氣壞了，他正要發火，山坡後一陣鈴鐺響聲，鈴鐺姑娘騎馬趕來了。丫鬟看機會正好，急忙湊上前去，說：「姑娘，山上那野小子就是托托里，他聽說你進山打獵，把嘴一撇說：『有錢人家的姑娘進山還不是消遣解悶散心，能打什麼獵！』」

鈴鐺姑娘聽了有點半信半疑，恰好頭上飛來一隻大雁，她隨手將一支箭射了出去。托托里叫丫鬟一頓羞惱，正沒處出氣，見飛雁過來，也同時將箭射出一支。

「好箭法！」丫鬟一聲喝采，飛一般朝雁落的地方跑去。兩支箭在同一處射穿雁喉。丫鬟拔出帶有托托里名字和帶有鈴鐺姑娘名字的箭，不住嘴地誇讚道：「真是好箭法！」

鈴鐺姑娘和托托里早已互相聞名，只是平素無緣相識，這會兒兩人同射一隻雁，一個是那樣英俊，一個是那樣美貌，心裡不免都覺得投緣。

自打這天以後，鈴鐺姑娘經常一人跑進深山。聽到她那丁零噹啷的銅鈴聲，托托里便來迎接她。他們一起打獵，常常到夕陽抹紅山頂上岩石的時候才分手。時間長了，鈴鐺姑娘更加愛慕這位忠誠勇敢的小夥子。托托里從小失去了阿瑪和訥訥，出身貧寒，他雖然非常喜歡鈴鐺姑娘，但卻沒有勇氣向她求婚。

又是一個夕陽抹紅山頂上岩石的傍晚，姑娘摘下一顆鈴鐺系在托托里腰上，立下了終身誓約。

鈴鐺姑娘是胎裡紅，她自以為阿瑪平時對她寵愛無比，只要自個兒願意，托托里前來求親一定會答應。哪想阿瑪不答應不說，還讓她眼睜睜地看著自己的心上人被攆出門外。一時間她像發瘋一樣，哭得死去活來。

舒力突見女兒飯不吃、水不喝，怎麼勸解也不頂用，心裡暗暗琢磨，女兒自小嬌慣成性，從來是說一不二，倘要鬧出事來，可不得了。想到這他不由倒抽一口涼氣，心裡暗自想出個道眼來。他賠著笑對女兒說：「孩兒，都是阿瑪我的不是，別哭了，你要願意嫁給托托里，我答應就是了。」他怕女兒不信，又說：「按照我們家族的規矩，統領的女兒與山民結婚，門第是不相稱的。可是托托里是個射箭神手，也許族人會賞個臉的。不過，他得拿出真本領給大家看看。這樣吧，三天之內，讓托托里把老山背後那隻猛虎殺掉，你倆的婚事我就做主了。」舒力突為了證明自己說話算數，還當下吩咐家人找來了托托里，親自與他說明此事。

托托里聽說讓他上山打虎，高興地表示說：「為了鈴鐺姑娘，就是下油鍋，跑火海，我也心甘情願。」

上山打虎本是危險的事，鈴鐺姑娘雖然不樂意，可是見阿瑪已做了讓步，也不好再固執己見，只得忍痛為托托里斟下餞行酒。

托托里告別叮鈴鐺姑娘和統領，翻山越嶺，攀藤跨澗，馬不停蹄、腳不沾地，轉眼來到老山背後。不用找虎，一隻惡虎早已從洞穴中躍到托托里腳前。托托里又驚又喜，閃身跳到一塊青石板上，左手端彎弓，右手抽箭，不料抽出的是一支折箭。再抽一支，還是一支無頭折箭。

為什麼是折箭呢，這是舒力突借虎殺人的計策。他趁托托里吃飯的工夫，命家人將他箭囊裡所有的箭全部折斷了。箭不頂用了，惡虎已撲到身前，托托里只好與惡虎扭打起來。惡虎咬住托托里的肩膀，托托里掐住惡虎的喉嚨，不知過了多長時間，惡虎斷氣了，托托里也躺在地上不動了。

鈴鐺姑娘送走托托里後，心一直懸在嗓子眼裡，她擔心，害怕。

一天，兩天，三天，鈴鐺姑娘再也等不住了。她不顧家人阻攔，騎著馬，一直向深山走去。在老山背後她終於發現了丟在地上的箭囊，找到了躺在惡虎身旁的托托里。

「天哪……」鈴鐺姑娘呼喊著，淚水像斷線的珍珠，順著她的臉蛋滾落下來。她的心碎了，喉嚨喊啞了，眼淚變成血水，可是托托里卻一動不動。她雙膝跪在地上祈求說：「天神在上，佛陀媽媽顯靈，讓托托里再看我一眼吧！」可是托托里仍然一動不動。她悲憤已極，又轉身撲向托托里，大聲喊道：「托托里，托托里，你就這麼去了，你扔下我，好狠心哪！」

丁零！鈴鐺姑娘身上的鈴鐺碰響了她繫在托托里腰上的那顆鈴鐺。鈴聲響了！托托里是那樣喜愛聽鈴聲，每次相會都是憑著鈴聲尋找她，迎接她。

丁零噹啷，丁零噹啷，鈴鐺姑娘搖響了身上的鈴鐺。

丁零噹啷、丁零噹啷，這鈴聲震動著死去了的托托里，這不是他的鈴鐺姑娘來了嗎？

托托里微微地睜開了眼睛。一動不動地看著鈴鐺姑娘，但他並沒有活過來。

丁零噹啷，丁零噹啷。太陽落山了，月亮出來了；月亮落山了，太陽又出來了⋯⋯

丁零噹啷⋯⋯

七天七夜過去了，守在托托里屍體旁邊的鈴鐺姑娘也死去了。

噶珊裡失去一對善良的青年，人們從東山找到西坡，從崖頂攏到嶺底，找遍了九溝十八岔，卻不見他們的蹤影。

冬去春來，常到山裡轉悠的人們，忽然發現老山背後生出一種奇怪的小花。夜晚在深山搭窩棚的人還常常聽到小花發出一陣陣丁零噹啷的鈴鐺聲。人們給這花起名叫「山鈴鐺」。人們也漸漸明白了，山鈴鐺就是鈴鐺姑娘變的，為了喚醒托托里，她永遠搖啊、搖啊，搖鈴鐺。

佟風乙（講述）

張其卓　董　明（蒐集整理）

菱角花的傳說

傳說早些年烏駝嶺下有老公母倆領個獨生女過日子。老兩口歲數挺大才生的這寶貝姑娘，疼愛得像眼珠似的，他們給孩子起名叫菱角花。

菱角花的老父親郭合樂，打了一輩子獵，百八十里內沒人不佩服他高明的箭法。

這天，老郭合樂穿山越嶺走了一天，卻連個兔子也沒打著。傍黑，他無精打采地走在小路上，忽然，看見離他不遠的道旁站著一頭母鹿。老獵人剛彎弓搭箭，那頭母鹿卻跑到他面前流著淚站住了，一個勁用舌頭舔郭合樂的手。老獵人驚奇地問：「你知道我是專捕你們的獵人嗎？」母鹿點點頭，咬住郭合樂的衣襟往山裡拽。老獵人說：「還沒見過你這樣的鹿呢。好吧，看你能把我領到哪去！」說完，便跟著母鹿走了。

穿過一片片樹林，繞過一條條小溪，母鹿把郭合樂領到一個幽靜的山坳裡。原來那裡躺著一頭摔斷前腿的小鹿。母鹿瞧瞧小鹿，看看獵人，郭合樂明白了，母鹿是請他來給小鹿醫治傷啊，老獵人說：「你信得過我，就把它交給我吧！治好傷，我再給你送回來！」母鹿含淚，輕輕地點點頭。

老郭合樂把小鹿抱回家，像對小孩一樣地精心護理。小菱角花更喜愛這頭可愛的小鹿，又是餵水，又是灌藥。沒多久，小鹿的傷快好了。它蹦蹦跳跳地和小女孩形影不離，玩得十分親熱。

老郭合樂笑著逗小女兒：「你這麼喜歡它，長大給它做媳婦吧！」

小菱角花一拍手，天真地說：「好啊，我就要這頭小鹿！」

夏天還沒過完，小鹿的傷就全好了。

老獵人抱起小鹿要給母鹿送去，菱角花扯住爸爸的衣襟又哭又嚷地不讓送走小鹿。正在這時，母鹿來了，它叫了兩聲，趴在獵人家的草垛下。從此，母鹿和小鹿便住在郭合樂的家裡。母鹿帶著小鹿常去大森林裡給老獵人家叼蘑

菇，採野菜。

一轉眼，冬天到了，母鹿帶著小鹿來跟郭合樂一家告別。小鹿走一步一回頭，菱角花哭得更是傷心。就這樣，小鹿跟老獵人和菱角花難捨難離地分手了。

一晃，七年的時間過去了，菱角花長成個又靈又俊的姑娘。來提親的差不多把門檻都踩平了，可姑娘一個也沒相中，爹娘也常為寶貝女兒的婚事發愁。

這天，老郭合樂又出去打獵，到底是年老手笨了，跑了一天，一點獵物也沒得到，正悶悶不樂地朝家走。這時，眼前閃出個英俊的小阿哥，一連射倒三個鷹子。小阿哥來到老郭合樂面前，請個安，把三個鷹子都送給了老獵人。郭合樂感激地不知說啥才好，回家把這事對老伴和女兒講了，全家人都感到奇怪。

後來，接連好多天，那個英俊的小阿哥都出來幫老獵人打獵，每天只是笑一笑便走了。郭合樂全家感到過意不去，便預備好酒席筵菜，去請那位好心的小阿哥。

小阿哥說：「我得去問問我娘啊！」他帶領郭合樂拐過個山嘴子，見走出個白髮蒼蒼的老婆婆，老婆婆喜滋滋地答應了，只是再三囑咐：「千萬不能讓我兒子多喝酒啊！」

小阿哥到郭合樂家吃頓飯，一下子就叫郭合樂老伴相中了，老兩口子有心把菱角花許配給他。席間一問，知道小阿哥姓陸，十九歲，家裡就娘倆，相依為命過日子。聽了老獵人要許親的事，小阿哥說：「這事我自己不好做主。聽說小時候，母親替我訂過一門親事。」

老郭合樂聽了，很不高興。

想不到第二天那姓陸的小阿哥領著年邁的老媽媽來了。陸媽媽說：

「我聽說提親的事，很高興，這可了卻我一樁心事了。往後孩子就交你們了，我該回長白山老家去了！」

陸媽媽走後不久，老郭合樂就把女兒的婚事辦了。婚後，小兩口感情十分

融洽。

一晃，又三個月過去了。菱角花見陸阿哥像是有啥心事，整天愁眉不展。一問，小阿哥說：「我老額娘走了好久了，我得看看她老人家去呀！」小兩口一合計，把陸阿哥要看母親的事和郭合樂公母倆講了，老兩口子都誇他孝敬老人，該去看看。分手時陸阿哥說：「我頂多三個月就歸來！」他給菱角花留下一支很精緻的箭，深情地說：「拿著吧，看見這箭就當看見我啦。」

北雁南飛，轉眼秋風涼了，樹葉黃了，可是陸阿哥還沒歸來。菱角花倚著門前那棵大柳樹，淌著思念親人的淚水，天天朝遠處看。從太陽出來盼到夕陽四下，從月亮缺了，盼到月亮又圓，眼睛都快望穿了，也沒盼來陸阿哥的影兒。她要離家去尋夫，爹娘不放心。

有一天，她衝著花喜鵲自言自語：「花喜鵲，花喜鵲啊，你快四處去瞧瞧，幫我找回陸阿哥，我送你件新花襖！」爹娘看女兒想丈夫想得快瘋了，只好答應了女兒的要求，千叮嚀萬囑咐地讓她上路了。

菱角花帶上丈夫給她的那支箭，一直往北走。走啊走，也不知走了多久，見到一條白浪滔天的大江橫在面前，姑娘坐在江邊眼睛都哭紅了，也沒想出過江的辦法。這時，忽然一棵極大的倒木漂到她眼前，她仗著膽一跳，騎上倒木，順流而下，向對岸漂去。她沉了三次，嗆了好幾口水，可還是死死抱住倒木漂到了對岸。

這天，她來到一個很大很大的部落，見屯頭一個大木籠子裡關著一頭老鹿和一頭小鹿。菱角花看著眼熟，誰知那頭小鹿把頭伸出木籠外，淌著眼淚，用舌頭舔菱角花的手。菱角花心裡也像刀絞似的難受。於是，她去拜見這個部落的酋長，從頭上取下金銀首飾和手上的玉鐲，情願贖出那被關著的兩頭鹿。酋長見姑娘拿出這麼多值錢東西，樂樂呵呵地答應了，還招待了菱角花一頓豐盛的晚飯。

兩頭鹿被放出來了，那頭小鹿圍著菱角花繞三圈，點點頭，就跟母鹿往大山裡跑去。

菱角花又走了幾天，見一片樺樹林裡有一座小草房。房前站著個年輕人，她揉揉眼睛仔細一看，這不是我的陸阿哥嗎？她掏出貼身帶著的那支箭，一下撲到親人的懷裡。

　　月亮歪了，小兩口的體己話還沒嘮盡。陸阿哥告訴菱角花，他找到母親後，娘倆不幸被人抓走了，他娘倆是剛剛被人救出來的啊！

　　菱角花領著丈夫和婆婆歡天喜地地回到家，小兩口又恩恩愛愛地過了三年。

　　這天，陸阿哥的老母親病了。老人扯著陸阿哥和菱角花的手說：「孩子，我快不行了。你們快在山裡給我搭個熥子讓我在那養病吧！我臨死前要圖個清靜。」他們答應了老人的要求。陸阿哥來到熥子裡，寸步不離地侍奉老母親，菱角花每天給老人送三遍湯，送三遍飯。

　　這天傍晚，菱角花又送飯來，還沒等走進熥子，就聽見裡面嗚咽大哭的聲音，上前一看，差點沒嚇死，原來丈夫在哭一頭老母鹿呢！陸阿哥一回頭，見是菱角花，一驚，也現了鹿的原形。姑娘這時倒抽口涼氣，昏死過去。

　　陸阿哥不一會兒又恢復了人形，伏在妻子身上哭得死去活來。後來，他埋葬了母鹿，又從頭上扯下個茸嘟嘟，黑乎乎的東西給菱角花煎了一服起死回生的藥，給她灌下去。眼瞅著姑娘就甦醒過來，小陸阿哥含著淚水親親妻子的額角之後，又變成一頭小鹿向深山老林裡跑去。

　　菱角花回到家，想想這似夢非夢的一切，整天精神恍惚，茶飯不進。沒幾天，她生下個大白胖小子，那模樣和小陸阿哥一樣俊氣。等孩子滿月了，菱角花把孩子留給了爹娘。在一個連風夾雨的晚上，偷偷跑出家門，到大山裡找丈夫去了。

　　從此，再也沒人見姑娘回來，只在每年一開春，人們看到漫山遍野開滿了菱角花。

傅英仁（講述）

王樹本（蒐集整理）

白河與高山杜鵑

很早以前，長白山腳下，有個百十戶人家的小屯子。屯子裡，住著一個叫白河的小夥子。這個小夥子爹娘都去世了，就剩下他一個人。因為窮，二十歲了，還沒娶媳婦。白河住的那個屯子，就有一口井，井水不算太深，可是十分清涼，就是三伏天，把手伸進井口，涼氣都能透進骨髓。有人說，這口井通長白山，所以鄉親們都叫它「通天井」。

這一天，白河從地裡幹活回來，天已經黑了。走到家門口，只見籬笆院外躺著一個老頭，旁邊一個十八九歲的姑娘，正傷心地趴在老頭身邊哭呢。白河急忙上前去問：「你們是從哪裡來的呀？為什麼哭得這麼傷心哪？」這姑娘聽見有人問她，抬起頭來看了白河一眼，擦著眼淚說：「我們是逃荒的。這是我爹，路上得了病，已經兩天沒吃上一口飯了，我想要碗粥給爹喝，可一連走了幾家也沒要著。眼看爹爹的病越來越重，這可怎麼辦呢？」說著，哭得更厲害了。

白河聽了心裡也十分難過。天下窮人是一家呀，哪有見死不救的呢！他對姑娘說：「別哭了，快把老人家背到屋裡去吧！」說著，他一哈腰把老頭輕輕地扶起來，背到屋裡，放到炕上。隨後舀了半碗小米，熬了一碗稀粥，讓姑娘慢慢地給老頭喂了下去。不大一會兒，老頭甦醒過來了。姑娘高興地把剛才的事兒告訴了爹爹。老頭感激地對白河說：「多虧你救了我們爺倆啊！唉，咱窮人逃荒在外，也沒啥可報答的……」轉身對姑娘說：「秀女啊，你就替我給恩人磕個頭吧！」姑娘聽了，瞅瞅白河，臉蛋羞得通紅。白河說：「快別這樣，咱們都是窮苦人，你們有了難處，我哪能瞅著不管呢，可你們還打算上哪兒去呀？」

老頭嘆了口氣說：「唉，一無親，二無故，走哪算哪吧！」老頭這麼一說，秀女的眼圈兒又紅了。白河看到這種光景，打了一個咳聲，對老頭說：

「你老人家病的這樣，也走不了遠路，要是不嫌棄，你們爺倆就先住在我這兒吧！」老頭看白河這小夥子心眼兒挺好使，話說的很誠懇，就千恩萬謝地答應了。從此，白河把自己的鋪蓋搬到外間，每天早上出門種田澆地，秀女在家洗衣做飯，伺候爹爹。時間一長，白河和秀女也都熟了，倆人兄妹相稱，互相敬重。

　　不知不覺，一個月過去了。白河家裡收留這父女倆的事兒，傳到了本屯一個財主的耳朵裡。這個財主姓欒名財，生得尖嘴猴腮，心狠手辣。他聽說秀女長得天仙一般，就起了歹心，想把秀女弄到手。這一天，白河下地幹活，欒財就帶著一群家丁，如狼似虎地闖進白河家，說是下聘禮，硬逼老頭把秀女嫁給他。沒成想，被老頭和秀女痛罵一頓，攆了出去。欒財惱羞成怒，便張牙舞爪地指使家丁搶人。這時，正在地裡幹活的白河聽著信兒趕回家來，掄起扁擔一頓痛打。直打得欒財抱頭鼠竄，家丁東躲西藏。欒財鼻青臉腫地回到家，就打起鬼主意來了：他連夜派人把「通天井」轉圈兒砌上一道石牆，任誰也不讓進，並且揚言：「誰能讓白河把秀女送來，這井水就讓他管勁挑，要是不送來，全屯人就再也別想用這口井的水！」鄉親們聽了，恨得直咬牙，都說：「寧肯渴死，也不能幹那種傷天害理的事兒！」就這樣，轉眼工夫，幾天過去了，人們渴得嗓子冒了煙兒，地裡的小苗也旱得打了蔫兒。

　　再說秀女爹，自從財主來逼婚，心裡又氣又恨，再加上幾天沒喝上一口水，病得眼看就不行了。這天，他把白河和秀女叫到跟前，含著眼淚說：「我是個不中用的人啦！別的沒牽掛，就是秀女讓我放心不下呀！」接著有氣無力地對白河說：「小夥子，你要是不嫌棄她，趁著我還有這口氣，你們倆拜個天地，就成親吧！我死了也就算放心啦！」聽了老爹的話，秀女哭得淚人似的，白河心裡也像針扎一樣。他看秀女已經噙著淚水跪在老人身邊，也就隨著跪下拜了天地，又拜了這位老人，他倆就這樣成親了。

　　這位老人臨嚥氣之前，對女兒和姑爺說：「聽老輩人講，這長白山下壓著一個大湖，要是能打山頂掏個大洞，把湖水引出來，就再也不愁沒水吃啦！」

說完，長嘆一聲，就嚥了氣。白河和秀女痛哭了一場，鄉親們幫著，就把老漢埋在門前的山坡上了。

　　過了幾天，白河聽說鄉親們都要外出逃荒，他想起了秀女爹臨終前說的話，心一橫，要去開山。鄉親們勸他不要冒險，他搖搖頭說：「咱不能叫天災人禍嚇住，只要鄉親們信得過我，我就一定把水引出來！」大夥見他主意已定，只好分頭回家，把所有的碎鐵都收集起來，交給屯裡的一個老鐵匠，整整打了三天三夜，打出了一把鋒利的開山大鎬。姑娘、媳婦們上山扒回了樹皮，搓了三天三夜，搓出了一根五十丈長的大繩，一起交給了白河。秀女知道這一去不知要多長時間，就用鄉親們送來的米，磨成麵，架鍋炒熟，背在身上，決心和丈夫一起去開山。白河不忍心叫秀女跟著自己去受苦，秀女哭著對他說：「爹死了，你走了，撇下我一個人怎麼辦呢？我死也要和你死在一塊兒……」白河聽秀女這麼一說，又想到那個地主老財逼婚搶親的事兒，只好點頭答應了。第二天大清早，白河和秀女就上了路，鄉親們一直送出十里地。白河說：「鄉親們，我一定刨開長白山，把水引出來，大夥可千萬等著啊！」說完話，他倆告別了鄉親，順著山勢，整整爬了一天，不知攀上幾重峭壁，也不知翻過幾道山澗，歷盡千辛萬苦，終於爬上了長白山。他倆站在山頂朝下一看，只見四面都是光禿禿的石頭碴子，腳下，只有一鋪炕那麼大塊兒平坦地方。白河放下大繩，舉起開山鎬，朝著腳下的石頭就劈了起來，鎬頭落下去，就像快刀切豆腐，石頭全刨酥了。從此，白河每天掄著鎬頭刨個不停，鎬尖磨禿了，就在石頭上蹭蹭再刨；秀女把刨下來的石頭挑到旁邊，一堆一堆地堆起來，漸漸堆起了十六座山峰。九十九天過去了，帶來的炒麵也快吃光了，終於在長白山上刨出了一個大池子。這天，白河拚力掄起開山鎬，一鎬刨下去，只聽「呼通通」一陣山響，整個長白山都震動了。白河剛把鎬頭從石縫裡拔出來只見一股清水「呼」地湧出來，眼瞅著打著旋兒地往上漲，等白河和秀女跑到山頂峰上，再回頭一看，水已經漲滿了池子。那十六座山峰像一道城牆，把池水嚴嚴實實地圍住了。

秀女望著湛藍的池水，高興極了，可白河卻嘆起氣來。秀女驚異地問道：「水已經開出來了，你為啥還嘆氣呢？」白河愁眉不展地對秀女說：「走時我對鄉親們說，到了一百天，要是水流不到村子裡去，大家就各找活路，外出逃荒。這會兒，水雖然打出來了，可又叫十六座山峰給圍住了，要讓水淌下去，還得把山峰刨個豁口，只怕鄉親們等不到那個時候了！」說著，眼淚一串串地從臉上流下來。聽白河這麼一說，秀女心裡也很難過，她想起了鄉親們為了自己受到牽連，吃盡了苦頭，如今，眼看池水就要流下山了，鄉親們卻不知道這個喜信兒，又要拖兒帶女，背井離鄉了！想到這兒，她毅然地對白河說：「我今晚就連夜下山，回去告訴鄉親們別逃荒，順便再找點吃的帶回來，你可千萬等著我啊！」聽了秀女的話，白河不忍心叫她一個人星夜下山，又擔心回到村裡再鬧出事來。可是為了鄉親們，也只好這麼辦，就眼瞅著秀女一個人摸黑下了山。當他呼喚秀女不見回聲時，知道妻子已經走遠了，才又掄起大鎬刨起來。

　　秀女辭別了丈夫，摸黑下山，石頭絆腳，荊棘刺臉，不知摔了多少跟頭，摔倒爬起，渾身是傷，終於趕在天亮前回到了村子。她把長白山上開出水來的喜訊告訴大家，鄉親們一聽，都高興得流出了眼淚。不少要逃荒的人家，聽秀女這麼一說，又把捆綁好的破東爛西，重新抖落開來，不走了。大夥當天又湊了些乾糧，交給秀女，都勸她歇息兩天再走，可秀女心裡惦記白河，說啥也不肯，第二天一早就上路了。

　　再說那個姓欒的財主，聽說白河打通了長白山，急得抓耳撓腮。他想：怪不得「通天井」沒水了，原來是這麼回事兒呀！水都從天池冒出去了。這天池水要是淌下來，不但秀女到不了手，就連自己的地也沒人租種了，這不是人財兩空了嗎！想到這兒，他帶領家丁騎上馬，抄著小路直奔長白山跑去。到了山根底下，這個貪心歹毒的老財跳下馬，就跌跌撞撞地往山上爬去。老遠就聽到白河的開山鎬「叮噹」作響，他順著聲音爬上頂峰一看，只見白河腰繫大繩，懸在半空，正在刨那豁口上的一塊大石頭。欒財一看，眼都急紅了，他連忙爬

到懸崖邊，拔出刀子，朝著大繩就砍。白河正刨著，忽聽上面石頭亂響，抬頭一看，欒財已經把大繩砍斷了一多半，他想趕快爬上崖頂和這個壞傢伙搏鬥，已經來不及了。再看看那塊大石頭，眼看就要刨下來了，白河心想：把石頭刨掉，天池水就能流下山，山下幾百個屯子的鄉親們都能得救了，只要鄉親們能過上好日子，我白河死了，也心甘情願！想到這兒，他一手扒住石縫兒，一手掄起大鎬，用盡全身力氣，朝著豁口上的那塊大石頭拚命刨去，三鎬過後，只聽山崩地裂一聲響，大石頭「轟轟隆隆」滾下了石崖。立時，天池水像一匹滾了軸的白布，「唰」地流下了山。白河一點勁兒也沒有了，他回頭朝山下家鄉的方向望了一眼，手一鬆，就從懸崖上掉了下去。

欒財見天池水流了下去，氣得直跺腳，他搬起一塊大石頭，想把豁口填上，剛走了不遠，只見白河落下去的山谷裡，忽地湧起一團霧氣。這霧氣越升越高，越來越濃，漸漸地把整個山頭都遮住了，欒財在大霧裡，像個瞎驢轉磨道一樣，東摸西撞，一腳登了空，「撲通」一下子摔進了天池。

再說秀女，她心急如火地往回趕，當爬到半山腰的時候，就看見池水「嘩嘩」地淌下了山。她高興地大聲喊起來：「白河！白河！」可喊了半天，只聽山谷的回音，不聞白河答應，只見山頂上霧氣騰騰。她拚命爬上山頂，說也怪，那片霧氣立時就散了。她四面一看，哪還有白河的影子！懸崖上，只剩下半截大繩子在隨風飄蕩。秀女心一酸，眼淚「唰」地流下來。她一邊喊著「白河」，一邊順著天池水流的方嚮往下撞去，一直撞了很遠，也沒看見白河的影子。秀女急傻了，她呆呆地立在江邊，眼淚把腳下的泥土都潤濕了。幾天過去了。秀女終於倒在了江邊！不久，在她倒下的地方，長出了一片粉紅色的小花。鄉親們說，那片小花就是秀女的化身，都管她叫高山杜鵑。

天池水流下來，流成了幾條大江，長白山下方圓千百里的老百姓都得到了好處。鄉親們都深切懷念白河，為了紀念白河開山引水的功績，就把這條江叫「白河」，一直流傳到現在。

靈芝的傳說（之一）

　　早年的長白山裡，一色兒的大樹林子，十天八日走不到頭。住在那裡的人們，出入都挺不方便。平時穩穩當當地過日子，還說得過去，一旦有個病啊災啊，可就苦了這些老百姓了，上哪兒去請先生呢？到山外去請太遠，再說人家也不願來，動不動就把病耽誤了。長白山寒氣大，鬧病也是常事，大夥都為這事犯愁。

　　可就在長白山的一個小屯子裡，住著這麼一位老先生，祖傳的醫道，號得一手好脈，多年來風裡雨裡，專給窮人看病，不管在什麼時候，也不管有多遠，只要你招呼一聲，他都能跟你去。看完了病，也不計較價錢，碰上日子過得揭不開鍋的，乾脆算白看，還能幫你張羅點草藥。他身邊只有一個獨苗苗女兒，名叫靈芝，父女倆相依為命。靈芝姑娘小的時候，爹去給人看病，她也跟著，日子長了，也知道些脈相和藥性。老先生看她有心計，就盡心地教她。姑娘也真靈，一學就會。等到了十七八歲的時候，已經是一把成手了，有些連老先生也拿不準的脈相，她也能說得透。腦瓜聰明，模樣也出落得漂亮：一對水靈靈的大眼睛，一條又粗又黑的大辮子，一身紫紅色的褲褂，唱起歌來，連小鳥也聽呆了。這姑娘的心地也像老先生一樣善良，對待窮人就像自己的親人。鄉親們也看重她，老先生更把她當作心尖。

　　這山裡有個財主，一肚子壞水，仗著自己勢力大，狗腿子多，就橫行霸道，專打老百姓的主意，大夥兒都恨透了他，背地裡都管他叫「山中蛇」。

　　這一天，山中蛇帶著管家和幾個狗腿子下地收租子，走到一個地頭，忽聽一個姑娘在唱歌，唱得好聽極了。山中蛇豎起耳朵聽得入了神，走近一看，是一些老百姓幹累了活兒，坐在地頭歇氣，靈芝姑娘剛給幾個上歲數的拔完罐子，正給大夥兒唱歌解悶呢。山中蛇看見靈芝，蛇眼立時鼓得老大，看得呆住了，哈喇子淌出來都不知道，直到管家在後面捅捅他，他才醒過神兒來，就笑

嘻嘻地湊過去說：「是靈芝姑娘啊，我還當是天仙下凡了呢，真是幾年不見，就出息成這模樣，咋不上我家玩呢！」說著伸手摸摸靈芝的辮子。

靈芝一甩身，狠狠瞪了山中蛇一眼，站到爹的身後。老先生氣得一抖一抖地指著山中蛇說：「你當東家的，是規矩人，咋學起二流子樣來！該多不體面，不嫌丟人嗎！」

聽了這話，山中蛇黑下臉來，想對老先生發怒，但一看老先生瞪圓的眼，又看那些老百姓捏緊的拳頭，心裡發虛了，站在那裡說不出話來。看這勢頭，管家捅捅他後腰，遞遞眼色，山中蛇才擠出笑臉：「我是鬧著玩呢……都圍在這幹什麼，快幹活去吧，幹活去吧！」說完灰溜溜地走了。

半路上，管家故意對山中蛇說：「這丫頭雖說不太順勁兒，可挺出息，聽說比她爹還有兩下子，要是讓她來侍候東家，可再好沒有了。」

山中蛇聽了美得夠嗆，一尋思，又搖晃腦袋：「那老傢伙太礙眼了。」

管家的賊眼一骨碌：「這事好辦！」接著向山中蛇嘀咕了一陣。

這天剛摸黑，管家來到老先生家，假模假樣地對老先生說：「我有個親戚，在東邊的屯子裡住，捎信說病了，想接你去給扎咕扎咕。」

靈芝在一旁聽了，走過來對管家說：「天黑了，我爹歲數又大，不能去。」老先生也是不願意去。管家馬上裝出難受的樣子：「哎喲，老先生行行好吧，我那親戚病得不輕，要有個好歹，我咋對得起人家呀！」說著還揉揉眼睛。

老先生看管家這樣，心軟了，囑咐靈芝看好門，就跟著管家走了。

走著走著，天陰下來，藉著一個閃電，看見他們正走在一個山砬子上，下面沒底的深，管家趁老先生沒注意，一下子就把他推下去了。

靈芝正在家盼著爹，只見管家自己回來，單瞅不著爹，就著了急，忙問是咋回事，管家說：「你爹腿腳不好，自己不小心，掉山砬子底下去了。」

靈芝聽說爹摔死了，一下子就昏了過去，管家可高興了，忙跑去叫了幾個狗腿子，把靈芝抬走。

到了山中蛇家，靈芝醒過來，山中蛇假惺惺地對靈芝說：「你真是個苦命

人，你爹死了，你一個女孩家獨頂門戶不方便，就在俺這呆下吧，要吃有吃，要穿有穿，咋也比在你那窮家強，你好好侍候我，有的是福讓你享。」

聽了這話，靈芝才知道是咋回事，一股火上來，指著財主就罵：「你這長著人模樣的山牲口，想著法害死我爹，又來打我的主意，真瞎了狗眼，你尋思我稀罕享你家的福嗎？想得挺美！」這樣不絕口地罵著，把山中蛇氣壞了，就把靈芝鎖進柴屋，等慢慢地整治她。

靈芝一個人在柴屋裡，想著冤死的爹，想著自己眼下的處境，尋思不如也跟爹去了。可又一想，我死了不要緊，這仇誰給報呢？以後誰還給鄉親們看病呢？想著想著，眼淚就下來了，那個哭哇，一哭哭了幾個時辰，直哭得大風猛刮，飛沙走石，直哭得雷鳴電閃，地動山搖，突然一道閃電，山中蛇家的房子著了大火，火才大呢，燒了三天三夜，山中蛇家的人一個也沒跑出來。

鄉親們知道這事的時候，已經晚了，等火滅了，都含著淚到灰堆裡去找靈芝姑娘，可上哪去找呢！找來找去，在原來柴屋的地方，長出一個紫紅色的，像蘑菇還不是蘑菇的東西，鄉親們說，這可能是靈芝姑娘變的，怕它被踩巴壞了，就移到了山上黃花松林子裡。

打那以後，長白山裡就多了一種紫紅色的像蘑菇一樣的植物，誰要是有了病，用它泡酒喝，保險好得快，這東西也就成了長白山的一寶，人們都管它叫「靈芝」。

王德福（編）

周東虹（蒐集整理）

靈芝的傳說（之二）

很久以前，在長白山下有一個名叫龍頭的地方，住著兩戶人家，一家姓張，一家姓沈。兩家住在一塊，房連脊，院挨院，互幫互敬，和睦相處，親親熱熱地過日子，親如一家。張家有一子，取名鎖柱。沈家生個獨女，名叫靈芝。她比鎖柱小三天，是個溫順俊俏、武藝高強的姑娘，可稱是個高山俊鳥，林中的女俠。鎖柱十八歲那年春，雙方老人給他倆訂下婚事，選了良辰吉日，定下在五穀豐登的中秋節成婚配。

兩家都以種田為生。春天來，兩家人起早貪黑地開荒下種。只有病病歪歪的鎖柱媽在家，為兩家辦飯照看雞鴨鵝狗。穀雨那天，靈芝媽在山上幹活，聽見自家的雞「格格嗒、格格嗒」叫喚得最歡。心想，今天一定能多揀回一些雞蛋。晚上回家一看，雞窩連個蛋皮影子也沒有。打這以後，一連多少天，光聽雞叫，不見雞蛋。靈芝她媽起了疑心，就對靈芝她爹嘟囔開了，說是雞蛋讓鎖柱他媽偷吃了，氣勢洶洶地要去找她算賬。

路遙知馬力，日久見人心。靈芝她爹左思右想，覺得鎖柱他媽不是那樣的人。為了兩家的和睦和靈芝的婚事，橫扒拉豎擋著不讓靈芝她媽去。

靈芝她媽是個知情達理的人，遇事願意明打明來。鄰居之間有事相求，只要吱個聲，都是有求必應，沒有不行的。她對靈芝說：「你婆婆鬧病，吱個聲，別說吃雞蛋，就是把雞宰了吃，我甘心情願。給我暗虧吃，就是死了也不能算完！」

一天，靈芝和她爹下地去了，她媽氣哼哼地站在院子裡，對著鎖柱家大聲豪氣地罵開了：「不知是哪個饞嘴老婆，偷吃我的雞蛋！要是再偷，叫她得掐脖黃！不得好死……」

這地方就住他們兩家，再沒有別人，明擺著是罵鎖柱他媽。她沒偷吃沈家的雞蛋，心裡特別冤枉，躺在炕上氣得直哆嗦。鎖柱他媽是個剛強正直的婦道

人，就是餓死也不會偷別人東西。這一點，鎖柱和他爹心裡是十分有數的。沈家的雞蛋丟了，張家也覺得是個謎。鎖柱他媽連病帶氣，病一天比一天重，眼瞅活不成了。鎖柱看到他媽病成不省人事的樣，十分著急、傷心。打這以後，兩家為雞蛋這事鬧掰生了，互相不來往。鎖柱和靈芝各自都勸說不了自己的媽，十分難過。鎖柱橫下心，一定要想法子弄個水落石出。一天早晨，他吃完早飯，躲進門前草窠子裡，目不轉睛地盯在靈芝家的雞窩上。只見小雞下完蛋剛離開窩，順著後樹林子爬出一條大青蛇，把頭伸進雞窩裡，一張嘴，就把雞蛋給吞了。

這一切，鎖柱看得一清二楚。心裡罵道：「你這個畜生，是你害了我……」。他咬牙切齒，恨不能一下子把這條害人蟲剁成兩截，才解心頭恨。他一個箭步竄到院子裡拿起一把大斧朝大青蛇跑去。大青蛇吞完雞蛋，掉回頭，「嗖」的一聲鑽進樹林裡，草窠一分兩半，「刷刷刷」朝山上跑了。這條大青蛇有兩丈來長，就是兩個棒實小夥子，也不一定能朝活住的。看來和它硬打硬拚怕不中的。為了對付這個害人蟲，鎖柱他動了不少腦筋。最後，終於想出一個好法子。他把小石蛋裝進蛋殼，放進雞窩裡。鎖柱滿以為這一招一定能管用，沒成想，一點也不管用。第二天，第三天，第四天，大青蛇照樣來。它吃了石頭蛋怎麼沒死呢？鎖柱挺納悶。他想，無論如何也要想個絕招把這個害人蟲整死。實在沒有法子，豁出命來也要與大青蛇決一死戰。他一有閒空，就在磨石「哧啦、哧啦」磨大斧子。他細細地琢磨一下，不能冒蒙亂闖，應當沉住氣，細心地看出門道再下手。

一天頭晌，大青蛇吃完了假雞蛋，一溜煙就鑽進林子裡跑了。鎖柱手提大斧子，輕手躡腳地跟在後邊。大青蛇肚子裡石頭蛋子又沉又痛，實在走不動了。爬到一棵大樹上，盤哪、盤哪，想勒化肚子裡的石頭蛋子，不管怎麼勒，肚子裡的石頭是化不了的。大青蛇爬下大樹，拖著鼓鼓包包的肚子走了。最後，爬到龍頭砬子的半懸空，伸出舌須朝石縫一棵通紅通紅的玩意上舔了舔，不多不少就舔了一口，不到一個時辰，肚子裡的石頭蛋子全化了。

這個紅玩意似草非草，似蘑非蘑，日頭光一照金光四射，陰森森的老林子被它照得通亮。兩個大青蛇把它當成命根子，寸步不離地看守在那裡。

這一切，鎖柱看得一清二楚。他回家裡把經過一五一十地都對靈芝講了。他說，那個紅草可能是條寶物，若是能採來，一定能治好他媽的病，靈芝聽了十分歡喜。她對鎖柱說：「這下可好了，一來婆婆得救了，二來解開兩家的仇疙瘩。」但她想，弄回寶物是件不容易的事，非打死毒蛇不可，不然是不行的。

鎖柱給他媽治病心切，要自己單槍匹馬地帶上大斧子去砍死大青蛇，取回寶物，說明天大早就走。靈芝爭著要去。鎖柱說她是個女的身小力薄，弄不好會傷身喪命的，百般不讓她去。靈芝告訴他，她原來的老家是武術之鄉，從小她學了一身武藝，使刀舞劍樣樣都會，她去最合適不過了。她關切疼愛地對鎖柱說：「你是個獨根苗，去了若是有個好歹，斷了你家的香菸，無人傳宗接代，為了治好婆婆的病和兩家重新和好，我去就是死了也甘心！能取回寶物也是略表孝敬老人一份心意啊！」鎖柱搖搖頭，不答應。她生氣地說：「若是不讓我去，咱倆的婚事一刀兩斷！」

鎖柱流著眼淚，勉強答應了，要和她一塊去。靈芝如同上沙場一樣，穿上裹腿緊袖的武術衣裝，帶上兩口利劍，第二天一早由鎖柱領路進了山。翻山越嶺，走了一程又一程，快到龍頭砬子的時候，她對鎖柱說：「我上無兄下無弟，一旦讓大長蟲造害了，你要替我為二老行孝！」鎖柱淚汪汪地回答：「放心吧，你活著是張家的人，死了是……」鎖柱難過得泣不成聲了。他十分擔心，怕出了一差二錯，對不住老沈家。

倆人悲憤地來到石砬子下，只見一條大青蛇死死地盯著那棵紅草。靈芝給鎖柱找了個隱身之處以後，整整裝束，手提利劍，擺開了斬蛇的陣勢，蛇飛劍舞，劍飛蛇躍，不分上下。大青蛇，頭抬離地三尺，嘴張如血盆，直撲靈芝而來，靈芝雙腳一跺，輕如飛羽，騰空而起。來個鷂子翻身，竄到蛇的身後，剛想飛劍砍去，大青蛇捲起如同鐵棒般的大尾巴，朝靈芝腰間飛掃，靈芝手疾眼快，側身躲過。大青蛇的尾巴打在碗口粗的樹上，「啪」一聲，樹幹一分兩

截。躲在大樹後邊的鎖柱嚇呆了，猛醒過來，見陣勢不妙，怕靈芝吃虧，掄起大斧一個箭步衝上來，大青蛇朝他直衝而來，靈芝高喊：「快躲開！」話音剛落，大青蛇從一個半尺寬的樹空裡伸頭穿過追撲鎖柱。靈芝見時機已到，神速地拋出一口利劍，「唰」的一聲斜插到離地皮三寸高的樹空上。形成一個樹門刀梁，利劍緊緊刻在大青蛇脊背上，藉助大青蛇的衝勁，蛇身子一劃兩半，蛇血像噴雨，綠葉變成紅的了。大青蛇的腦袋剛碰到鎖柱的身子，就斷了氣。鎖柱由驚變喜，高興得不知所措，伸出雙手抱起靈芝，大聲高呼：「我的女俠！」靈芝催促鎖柱快放下她，快爬上石崖，取下紅草，拿回去給婆婆治病。鎖柱鬆開手，迅速來到石砬子跟前，卻無法攀登。靈芝蹲下，讓他踩著肩膀搭成人梯，鎖柱登上石崖，剛想去采紅草。第二條大青蛇回來了。它看另外一條蛇死了，它凶惡地朝靈芝撲來。靈芝只顧扶鎖柱上石崖，來不及拿放在地上的利劍，赤手空拳地和大青蛇廝打起來。

經過廝打，靈芝已經累得精疲力竭了，再加上手裡沒有擋硬家什，很難抵擋這條毒蛇了。當大青蛇朝她衝來，她只好用盡最後的力氣，兩手掐住大青蛇的七寸死死不放。大青蛇甩出尾巴，一下子把靈芝纏上了，當纏到心窩時，靈芝憋得嘴青臉紫，一口氣也喘不上來了。

當鎖柱跳下山崖，去助戰已來不及了。鎖柱從靈芝身上繞開死蛇，大聲呼喊著：「靈芝！靈芝！」只有喊聲，沒有靈芝回聲。山谷迴蕩著，靈芝與大青蛇同歸於盡了！鎖柱伏在靈芝遺體上放聲大哭，古樹、深山都在為之哀慟。

鎖柱背著靈芝的屍體，拿著紅草拖著深重的腳步，一步一步往家走。回到家裡，讓媽媽舔了紅草，勝過靈丹妙藥。不到一個時辰，鎖柱媽病消復壯，滿面紅光。鎖柱猛然想起，拿起紅草塞到靈芝嘴裡，守在身旁，等著起死回生。等呀，等呀，等了七天七夜，靈芝也沒活過來。只好同四位老人一起把靈芝埋在龍頭山下。

鎖柱為了懷念靈芝，把紅草寶物起名叫靈芝草。從此，紅草就叫靈芝草了。

甄殿義（蒐集整理）

靈芝的傳說（之三）

很早以前，有這麼一家，老大心眼多，老二有點傻。父母在的時候，都給他們成了親，父母死了，財產都被老大霸占去了。

起先他們還住在一個院裡，有一天，大嫂看見鍋台上有一條蛇，就喊老大來把蛇砍死。老大正要砍，被弟弟攔住了，弟弟說這是條受傷的蛇，放它一條活命吧，就叫媳婦給蛇的傷口撒了點兒鹽麵，包了包，纏了纏，用樹枝子挑著，放回山上去了。

後來，老二兩口子被攆出去了。兩個人沒法子，在山坡上壓了一間小房，對付著住下，老二就上山挖藥材了。老二在山裡轉悠了好幾天，啥也沒挖著，又累又餓，倚著大石頭睡著了。不知多大工夫，忽聽有人叫他，睜眼一看，是個穿黑衣，戴黑帽的小夥兒。

他勸老二：「天晚了，快往回走吧！」老二說：「沒吃沒喝回去也是死路一條，走不動了，就死到這兒啦。」黑小夥兒說：「那好辦，跟我來吧！」他們來到一個石崖邊上，往下一看，黑洞洞不見底。黑小夥兒說：「你跳下去吧！」老二說：「那不摔死了嗎？」黑小夥兒說：「你不是要死嗎？這麼死乾淨利索。」老二說：「可也是，好，那我就跳。」

黑小夥兒說：「閉上眼睛，我推你。」老二一閉眼，黑小夥兒在後面一推，「忽」一下子老二就摔下去了。落到底下覺得軟綿綿的，還站著呢。睜眼一看，黑小夥兒也下來了，四下看看，到處都是石頭，只在他腳跟前有一棵草。黑小夥兒又開口了：「你把這棵草挖回去吧，不用再愁吃愁喝了。」老二挖出那棵草就回家了。

到家和媳婦合計合計，第二天就進了城，找了一家大藥鋪去賣那棵草。藥鋪掌櫃連聲誇好，說這才是真正的靈芝草，是寶貝，叫他要價兒。那時候，買賣值錢的東西都論多少個金元寶，老二說：「要兩個！」掌櫃說：「太少，再

要！」老二說：「要二十個！」掌櫃的還說：「太少，再要！」老二狠了狠心說：「要二百吧！」掌櫃的說：「二百也不多。賬房，快給過數！」老二背起元寶回家了，兩口子又買房子又置地，小日子過得挺紅火。

老大兩口子聽到信兒，趕忙來打聽。老二一字不瞞，細說了一遍，老大兩口子立時起了壞心眼兒。他們就回家房前屋後到處找蛇，找了好多天，也沒見個蛇影兒。

一天早晨，看見障子上爬著一條白蛇，老大趕緊用柳條子給挑來，他媳婦忙著在蛇腦袋上砍了一刀。放下刀，又撒鹽麵兒，又用布包又用線纏，鼓搗完了才放蛇回山。

過了一個來月，老大也上山了，照老二說的，來到了那個石崖頂上，坐在那兒一邊哭一邊叨咕：「不想活了，沒吃沒穿，就要死到這兒了……」這時候，也過來一個人，穿一身白衣服，戴一頂白涼帽，白白淨淨的臉上一個大傷疤。他聽了老大一番述說之後，就說：「你閉上眼睛吧，我推你下去！」老大心想下去準能得一棵靈芝草，就閉上了眼睛。白臉小夥兒一推，他就下去了，也覺著腳下軟綿綿的。睜眼一看可嚇壞了，到處都是大蛇小蛇，黑蛇白蛇。

白臉兒小夥也下來了，說：「大夥兒都來吃他！他弟弟救了我哥哥黑蛇，得了好報，他禍害我，我要給他惡報。」蛇把老大團團圍住，不大工夫就吃得只剩下骨頭架子了。

楊樹欣（講述）

曾廣賢 （蒐集整理）

靈芝的傳說（之四）

早些年，關東的木蘭屯，有個出名的獵手，人們管他叫「神箭石武」。飛禽在天上飛著，看見石武的箭射來，嚇得骨酥肉麻，「吧噔」一聲就掉在地下，野獸聽到石武的弓弦響，四肢篩糠邁不動步。石武家中有個八十歲的老娘，娘兒倆過著半飢半飽的日子。石武嚴守著不打絕戶圍的山規：不射懷胎的山牲口，不捉抱窩的野鳥。

有一年，石武的老娘身患重病，沒錢抓藥。鄰居大叔說：「眼下是母鹿揣羔時節，打個鹿胎上集去賣，抓藥的錢就不用犯愁。」石武心裡犯嘀咕，為了救娘的命，也只有這條路可走。他長嘆一聲，下了狠心，一拍大腿，背弓插箭地進了圍場。

這天，石武在老林子裡，沿著蹄蹤尋找獵物，猛一抬頭，看見在山泉旁站著一隻梅花鹿，正在低頭喝泉水。圓圓鼓鼓的肚子，像牛腰那麼粗，是胎相顯懷。石武搭箭想射，又搖一搖頭，把弓箭放下了。一箭傷兩命，他不忍心下手。可是一想到老娘的病，他又咬牙端起棗木弓，拉緊雕翎箭。

這工夫，母鹿冷丁看見石武，前腿一彎，跪在了地上。石武又放下了手，這時猛聽南山坡上叫了兩聲，隨著叫聲，躥出兩隻鹿崽子，飛快地跑到石武面前跪下。他鼻子一陣陣焦酸，眼淚掉下來了。石武心想，娘把我養大，我得給她老人家治病啊。他又舉起了弓箭。梅花鹿母子三個，搶先迎擋著石武的箭頭，互相護持著。石武愣愣地看著，母鹿的頭，差一巴掌遠，就抵到箭頭上了。跪在地上的三隻鹿，都流著眼淚，石武摔下弓箭抱住母鹿的脖子，伸手摩挲著小鹿的頭，說：「你們娘兒仨，逃命去吧！」

石武說罷，拾起弓箭，回身下山。母鹿伸脖兒張嘴叼住石武的衣襟，不讓他走。鹿有啥事呢？石武心中納悶兒。

俗話說，人有人言，獸有獸語。母鹿叫了兩聲，兩隻鹿崽子叼著石武的左

右袖頭。母鹿望一望石武，在地面上跺跺前蹄子，石武就坐在山坡上。母鹿「呦呦」叫了三聲，舔舔石武的手，石武猜不透是什麼意思。母鹿像一陣風似的，奔老林子裡跑去了。

三個時辰過去了。母鹿回來了，它嘴裡叼著一株紫紅色閃亮光的靈芝草，遞到石武的手心裡。石武盯著這棵草，心裡暗想，聽老輩人說，這是含淚靈芝呀！

啥叫「含淚靈芝」？俗話說，「鹿有千年壽，患病啖靈芝。」活得年頭多的老鹿，當它知道自個兒病重的時候，就臥在靈芝跟前去落淚，血淚一滴滴淌在靈芝的蘑菇頂兒上。被鹿淚澆過的靈芝，生長得像紅葫蘆。有人採到手，輕輕地搖晃，能聽到「嘩啦嘩啦」的水聲。人們傳說，這是鹿留給人間起死回生的還魂草。

石武用手捧著含淚靈芝回到家，娘已經絕了脈，只是心口窩沒涼透，還有一絲氣兒。他一邊哭一邊拿針扎破含淚靈芝圓鼓鼓的蘑菇頂，從靈芝裡滴出了通紅的血汁，一滴一滴淌進了娘的嘴裡。約莫半袋煙的工夫，老太太「哎喲」一聲，甦醒過來了。

三天後，老太太就能自個兒拄著枴杖，到門口曬太陽了。

劉善慈（講述）

齊兆麟（蒐集整理）

靈芝的傳說（之五）

很久以前，長白山腳下的一個孤草棚裡，住著一個勤勞的小夥子。他雖說年齡僅二十四五歲，可是箭法十分高超，百發百中，連自逞凶猛的山中大王老虎，在他面前也驚慌失措，疲於奔命；連飛得高高的烏鴉，也難以逃過他那銳利的箭頭。

那年初秋的一天晚上，小夥子剛想躺下睡覺，忽聽得門外傳來「救命啊！」的女人呼救聲，彷彿是絕命前的哀叫聲。他吃了一驚，跑出門一看，只見一個披頭散髮的姑娘慌慌張張地朝他跑來。又見一個凶狠的大漢在她身後緊緊追趕。那大漢渾身黑得像一段被火燒焦的木頭，頭髮鬍鬚像一團亂草，細小的眼睛裡閃動著殘忍的凶光。手裡還握著賊亮的匕首。

小夥子一搭眼，就斷定那漢子不是個好東西。他把姑娘迅速讓在自己身後。那漢子氣喘吁吁地追到跟前，見有人攔路，就瞪起眼睛大聲怒吼起來：

「混蛋小子，她是我的妻子，關你什麼事？」

沒等大漢把話說完，那姑娘猛地叫了起來：

「不，不是的。它是黑龍妖怪，專門施弄小技，幹盡壞事，見女人就搶。」

小夥子聽了姑娘的話，立刻拉弓搭箭朝那傢伙的腦門射去。銳不可當的箭鋒不偏不倚，射個正中。

「嗚——哇！」

那傢伙一聲慘叫，栽倒在地。見黑龍妖已經斷氣，那姑娘對救命恩人千謝萬謝之後離去了。

就在這件事情發生後的第二天，長白山下起了空前的鵝毛大雪。大雪下了一天、二天、三天……一點沒有停止的跡象。堆滿了厚厚積雪的長白密林裡寸步難行。

這天晚上，滿面憂愁的小夥子朝門外看去，見有個人影一閃，連忙跑出去，卻不見動靜，而門前放著土豆和野菜。

　　「咦？這是誰放在這兒的呢？」

　　小夥子又驚又喜，朝四周察看了好一陣子，卻只見白茫茫一片雪的天地。

　　又過了一天，大雪依然紛紛揚揚。小夥子躲在門後，決心把事情弄個水落石出。過了一會兒，果然見一個女人像一陣風似的出現了，還背著一個沉重的布口袋。就在姑娘把布口袋裡的蔬菜倒在門口，轉身欲離去的一剎那間，小夥子猛地跳出來一把抓住姑娘的雙手。姑娘低下頭一聲不吱。小夥子用顫抖的聲音問道：

　　「你是誰？」

　　「你不認識我了嗎？」

　　姑娘的秀髮被汗水打濕了，恰似月光在蓮花池裡撒歡起舞，兩眼水汪汪的，閃動著聰敏的光芒，彷彿東天升起的啟明星；粉紅的兩頰宛如綻開的桃花；挺直的鼻樑下一張小嘴，像是用硃筆輕輕點了一下；潔白的牙齒如同是一排整整齊齊的白葫蘆種……哦，這不是前些日子救的那個姑娘嗎？原來就是她這幾天送來了糧食和蔬菜啊！

　　「上次太匆忙顧不上問，不知你多大歲數？家住哪裡？」

　　姑娘笑眯眯地答道：

　　「我今年二十一歲，獨自一人住在遠遠的長白山那面的山腳下，名叫靈芝。」

　　靈芝告訴小夥子，自己從小跟著父母離開骯髒動亂的塵世，住到深山裡。誰知父母先後去世，留下她孤身一人。她又告訴小夥子，今年秋天之所以大雪不停，是因為白龍妖為了給黑龍妖報仇雪恨，施展神通的結果。她想到小夥子可能會斷糧，才把自己家的糧食分了一半送來。小夥子聽了靈芝的身世，竟跟自己十分相像，非常驚奇。同時，他心裡十分感激靈芝姑娘的一片誠意。

　　「謝謝你。我永遠不會忘記你的大恩。不過，我先得找個機會除掉那個白

龍妖。」

「白龍的妖術勝過黑龍，而且不經常出來。要除掉它，看來還得過一段時間才行。」

「不管怎麼樣，我非要除掉它不可！」

小夥子和靈芝一直交談到深夜，心越貼越近。

第二年春天，金達萊花盛開的日子裡，小夥子和靈芝組成了幸福家庭，過上了夢一般甜蜜的生活。小兩口手腳勤快，心心相印，終日裡歡聲笑語不斷。

常言道，好事多磨。厄運正像影子似地緊隨在小兩口身後。

又過了一年的五月，小夥子突然患了一種不知名的疾病，臥床起不來了。靈芝不分晝夜地精心護理，並到各處去求來了一切好藥，可小夥子的病非但不見好，反而越加危重。丈夫的重病給靈芝的心頭籠上了一層濃濃的陰影。一天，她對丈夫說。

「郎君，你在家再堅持幾天，我得出趟遠門。」

小夥子聽了，雖然知道自己的妻子本領非凡，但對她獨自一人出遠門，還是極不放心：

「不行，無論如何不能去！」

「你不用為我擔心，用不了幾天我就能把藥找回來。」

說完，靈芝離家上路了。她離開家的第三天中午時分，渾身血跡斑斑地走進了院子。小夥子見狀，掙扎起身子迎出門去。

「哎呀，這是怎麼回事？」

靈芝流著眼淚，敘述道：

「離家以後我走了整整三天時間，走進了長白山深處。我突然發現在一條深溝的對面長著能治百病的名藥不老草。可是，溝深山險，極難渡過。我想了半天，決定躍身而過。誰知，白龍吐著長舌，擋住了我的去路。『臭丫頭，看你還往哪兒跑？我兄弟黑龍沒能滿足慾望，不幸喪生。我今天要報仇，要把你玩個痛快，哈哈哈……』說著，它朝我撲了過來。我掉頭就跑，可那傢伙緊追

不捨，非要把我抓住不可。我想，與其遭其凌辱，不如潔身自亡。於是，我一咬牙跳下了萬丈懸崖。我的郎君，你若是來救我，走出家門後徑直往東走，就能找到我沉睡的地方。」

說著說著，靈芝把臉埋在小夥子懷裡，悲痛地哭泣起來。

小夥子大吃一驚，睜眼醒來，原來是一場白日惡夢。

「哎呀，怎麼會這樣的惡夢呢？」

小夥子不知從哪兒來了一股力氣，猛地跳起身衝出家門，一個勁兒地朝東走去。他不知跑了多久，突然眼前出現一座高大的岩壁擋住去路。岩壁上佇立著兩棵紅松，岩壁前是一條深溝。

「哦，這裡大概就是靈芝告訴我的地方吧？」

小夥子好不容易下到溝底，「啊」地一聲慘叫，僵在那裡不動了。只見渾身是血的愛妻靈芝靜靜地躺在那裡。

「哎呀，靈芝全是為了我才出門找藥的呀！誰知她竟慘遭毒手，死於非命啊！」

小夥子抱住妻子的遺體，放聲痛哭起來。這時，不知從哪裡傳來一陣「哈哈哈」的狂笑聲。小夥子抬頭一看，在一棵千年老松上，一條披著一身白鱗的惡龍得意洋洋地盤坐著，發出一陣陣狂妄的笑聲。小夥子猛地挺起身子，彎弓搭箭朝白龍射去。

白龍豎起身上的鱗片，虛張聲勢地朝小夥子撲過來。小夥子的箭接連不斷地射進白龍的胸門和胸膛。白龍拚命掙扎，最終蔫癱在地，一命嗚呼。小夥子除掉白龍後的第二天，把妻子靈芝埋在一棵白樺樹底下。

第二年五月，在靈芝去世一週年的那天，小夥子上山去掃墓。「靈芝、靈芝。」小夥子哀痛地呼喚著妻子的名字，傷心痛哭，就在他似夢非夢的狀態中，見靈芝微笑著站在他面前拿出一塊手般大小的紅蘑菇。

「郎君，別傷心了，還是快把這個拿去，治癒你侵入骨髓的病！」

「啊，這是什麼？」

「這是我獻給郎君的能治百病的新藥。」

「啊，我的靈芝！」

小夥子感慨萬分地一把摟住靈芝。他突然打了個寒戰，驚醒一看，自己正摟住靈芝墳墓前冷冰冰的白樺樹。白樺樹上長滿了火焰般燃燒的紅蘑菇。

從那以後，長白山裡就出現了以靈芝命名的名貴新藥。

李文峰（講述）

李龍得（蒐集整理）

靰鞡草的傳說（之一）

關東山，三宗寶：人參、貂皮、靰鞡草。靰鞡草怎麼也是寶貝呢？因為它受過「皇封」。

清朝，寧古塔是東三省的封禁區，皇上每年在封凍後，就到封禁區打圍。

這年，皇上又帶著貝勒大臣和八旗兵，到寧古塔的雞林鳥喇山裡打圍。有一天，打到天晚，打了些獐麑野鹿，皇上挺高興。領著人馬正往回走，眼前突然躥出一隻小白兔，皇上一箭射去，沒射著，又連連射了幾箭也沒射著。小白兔在前面跑，皇上帶著人馬在後面追，追到一座山神廟前，小白兔不見了。這時候天也黑了，前不著村，後不著店，這些人只好在山神廟裡住下。

這山神廟只有一層正殿，皇上和大臣們睡在正殿裡，當兵的在院裡攏上幾堆火，在草甸子裡割些靰鞡草，鋪在地上打小宿。

半夜，皇上凍醒了。他腳上穿一雙氈「踏踏瑪」，因為白天打獵出腳汗，到這時腳凍得像貓咬似的，但是皇上還抹不開吵吵凍腳，就在大殿裡來回跺躂腳，正跺腳呢，就聽院裡「砰！砰！」有人捶東西，他偷偷溜到院裡一看，滿院子都是當兵的睡在靰鞡草上，睡得都挺香。他想：怪！我穿氈靴子還凍腳呢，這些當兵的就穿一雙牛皮靰鞡，怎麼不凍腳呢？他又順著「砰！砰！」的聲音走過去，走到牆角一看，餵馬的戈什哈正坐在地上捶靰鞡草呢。捶完揉巴揉巴續進靰鞡裡就穿上，又睡下了。皇上明白了：啊！這靰鞡草是寶貝呀！他偷著在當兵的身底下拽出兩把草也捶上了，捶完穿上，也覺著暖烘烘的。

第二天天亮，皇上問貝勒大臣：「關東山幾宗寶？」大臣說：「人參、貂皮、鹿茸角。」皇上說：「不對，關東山，三宗寶：人參、貂皮、靰鞡草。」

靰鞡草的傳說（之二）

　　很久很久以前，在長白山腳下住著一起從山東過來的兩戶人家：一家姓李，白髮老漢領著個皎皎美貌的姑娘；一家姓吳，雙目失明的老太太跟著個獨生的兒子。那姑娘叫李椿兒，溫柔，孝順。那小夥子叫吳拉，勤勞，勇敢。這兩家人家過來後，便在長白山腳下，松花江旁伐木建屋，把家安頓下來了。兩家中間雖然隔堵牆，但卻像一家人一樣親熱和氣。

　　白天，吳拉和老漢一起上山打獵，李椿兒和吳老太太在家裡燒火做飯。晚上，四口人便湊到一塊，圍著油燈閒嘮家常。每天都扯到很晚很晚，才各自回家睡覺。轉眼間，三年過去了，吳拉和椿兒成了小夥子和大姑娘，不知不覺，兩人關係也發生了變化。兩家老人一合計，就在這年秋天給孩子們把婚事辦了。

　　中間的那堵牆一拆，兩家真正成了一家人。吳拉通情達理，看李老漢年歲大了，腿腳不便，便不再讓他上山。椿兒更是能幹，炕上地下的活兒樣樣精通。小兩口勤勤懇懇，高高興興，侍候著兩位老人，小日子過得很紅火。

　　轉過年來，椿兒生了個白胖胖的大小子，小兩口心裡甜滋滋的不說，兩位老人也樂得沒法。這雖然是件喜事，但畢竟是添個人，多張嘴。為了讓一家人填飽肚子，吳拉每天不得不起更大的早上山，回來也是一天比一天晚了。這年冬天，天氣特別冷，雪下得又特別大，山上的野獸很少出來。吳拉有時跑一天，卻連一隻野兔也打不著，家裡眼看著要斷頓了，吳拉心裡十分著急。倒是椿兒總安慰他，勸他不要犯愁，天暖和了就好了。

　　這一年冬天像是特別的長，日子過了一天又一天，天氣不僅沒有暖和起來，反倒越來越冷了。一天，吳拉頂著呼呼的北風在山上追趕一頭野豬。那野豬非常狡猾，繞著山砬子拚命地跑著，吳拉在後邊緊追不放，一不小心，一條腿陷進了雪窠子裡，等拔出腿來時，野豬早已跑得無影無蹤。吳拉的一隻掐臉

棉鞋卻落到了雪窠子裡，找不到了。

　　晚上，當吳拉披著月光回到家後，椿兒看著他那隻凍得又紅又腫的腳，心裡像刀割的一樣。她趕緊捧起吳拉的腳放到自己懷裡，給他捂著，流著淚，翻出活計包，連夜給吳拉做鞋。可是，底子納好了，家裡卻一點棉花也沒有。椿兒背地裡偷著把自己的棉襖拆了，從袖口裡揪出棉花給吳拉絮到鞋裡。吳拉見了，說什麼也不讓，但又有什麼辦法呢？一家人都等著他揭鍋呢！他看著椿兒那雙穿著夾鞋片的腳，腳上橫七豎八地裂著許多口子，心裡別提有多難受啦。他有心想說椿兒，你也做雙棉鞋吧，可話到嘴邊又嚥了下去──讓她用什麼做呢？

　　「聽爹說長白山上長著一種草，用來打鞋倒是非常暖和呢！」椿兒一邊給吳拉試著鞋一面順口說道。

　　「什麼？」吳拉趕緊問李老漢，「爹，是真的嗎？」

　　「真的倒是真的。」李老漢磕了磕旱煙袋，重裝上袋煙一邊吸一邊說道，「你聽說過天池裡有個鯉魚精吧，這鯉魚精有個女兒住在天池邊的陸地上，這種草就是種在鯉魚公主的後花園裡的一種仙草，鯉魚公主特別喜愛這種水草，把它當命根兒，每天都派人在花園裡看著。單說這花園一般人就很難找到，何況就是找到了那個花園，也是取不來那仙草的。」

　　「只要它有，俺吳拉就是上刀山，下火海，也能把它弄來！」

　　椿兒生怕丈夫出事，忙勸說道：「為了兩雙鞋，跑那麼遠，擔那個風險幹啥！」

　　「咱山溝子裡好多獵戶都沒有棉鞋穿呢。再說如果能弄回點仙草的種子種上，不也解決了以後穿鞋的事了嗎？」

　　椿兒聽吳拉的話在理，也就不吱聲了。李老漢知道吳拉的脾氣：他要是認準了一條理，就是十掛牛車也休想把他拉回來。姑爺兒要去他卻真有些不放心，忙說：「要去，咱爺倆一起去！」

　　山裡人性子急，說走就走。第二天天一亮，椿兒用家裡僅有的一點棒子麵

蒸了幾個窩頭，給爺倆帶上，兩人便準備上路了。鄰居們聽說吳拉和李老漢要上長白山給大家弄仙草，也都紛紛趕來送行。

兩人辭別了眾鄉親，頂著冒煙雪，直奔松花江源頭，深一腳淺一腳地向長白山爬去。整整走了三天三夜，才爬到了長白頂。

山腳一尺風，山頭十丈雪。只見長白山上，冷風呼嘯，大雪漫卷，到處是白茫茫一片，哪裡有什麼鯉魚公主的漂亮花園？兩人在山上整整找了一天一夜，連一點蛛絲馬跡也沒有看到，手腳卻早已凍得像貓咬一般難受。偏偏翁婿倆帶來的幾個窩頭也吃光了，他們又冷又餓，又累又乏，竟倚在一塊石頭窩子裡睡著了。

不知過了多久，吳拉醒了過來，猛然間，他發現身邊的李老漢沒有了。他趕緊爬起來，在山上尋找，使足勁大聲地喊著，可是，除了高山傳回一陣陣空曠的回音之外，什麼也沒有。吳拉有些著急了，只覺得眼睛上像是生了一層翳霧，連跟前的東西都有些看不清了，但是他仍然不停腳地在山上轉著。走了好大一會兒，吳拉朦朦朧朧地看到前面有一隻五彩繽紛的大蝴蝶，在翩翩地飛舞著。他感到很奇怪，便循著那蝴蝶追了下去。說不上追了有多遠，忽然那蝴蝶閃過兩個石碴子空隙，不見了。他更加納悶，湊到石碴子跟前，手觸到石碴子剛要看個仔細，那兩座石碴子卻「嘩」地一下，向兩邊閃開了一道空隙，像兩座門椿子一樣立到了兩旁，中間出現了一條寬闊的通道。吳拉想也沒來得及想就邁進了「大門」，可是，他前腳剛一進來，只聽身後又是「嘩」的一聲，兩座石碴子又合到一起了。後路切斷了。吳拉不管這些，只顧向前走去，剛拐過一個山腳，便有一股撲鼻的香味迎面而來。這時，他的眼睛似乎也亮了許多。放眼望去，這裡卻別是一番世界：險山上掛著飛瀑，池水裡游著水鴛，奇花異草爭芳鬥妍，萬紫千紅熠熠生輝。吳拉心裡不由得一樂！這怕就是鯉魚公主的大花園了！他顧不得欣賞那些使人眼花繚亂的豔麗花朵，四處撒摸，尋找著椿兒說的那種水草。突然，他發現在左邊花池裡，無數朵姹紫嫣紅的鮮花簇擁著一池碧綠碧綠的水草，那水草葉莖細長，頂尖挑滿了綠褐色的花穗，微風拂來

輕輕起伏，宛如一池清澈的潮水隨波蕩漾。吳拉用手輕輕地握了握那柔軟的葉梗，頓覺手上熱乎乎的。他高興極了，剛要用手去拔，忽覺背後被人猛擊了一掌，回頭看時，兩個蝦米螃蟹樣的怪東西已站到他的身後，不由分說，扭住他的胳膊便走。吳拉想要掙脫，但他畢竟是一天多沒吃東西了，身子虛弱得很，哪裡是兩個怪物的對手，只得束手就擒。兩個怪物把他押到了一座宮殿上，對著殿上一個女子報導：「啟稟小姐，又抓住了一個偷拔仙草的賊人。」殿上，那小姐正倚著青藤絲椅，對鏡梳妝打扮，聽到稟告，連頭也沒回，生氣地說道：「今天賊人怎麼這麼多，給我拉下去砍頭！」接著又吩咐蝦兵蟹將，「對仙草要嚴加看管，仙草要丟了一棵，我就要你們的命！」

吳拉聽到這，心裡也明白了八九份，這女人一定是鯉魚精的女兒鯉魚小妹了。看來岳丈是被他們捉來了，只是死活還不知，倘若我再被他們殺了，誰還能往回弄仙草呢？這長白山不是白來了嗎？想到這，他衝著殿上喊道：「小姐，莫要飽漢不知餓漢飢，你們在這花天酒地，可山下的獵戶到現在連雙棉鞋都沒有！你要殺了俺，莫說鄉親們上山平了你的大花園！」

小姐聽到這洪亮的嗓音，不覺一驚，回頭一看，殿下站著的竟是一個漂亮的小夥子！只見他濃眉大眼，虎背熊腰，渾身上下透著一股智勇彪悍的氣質，心裡不由得有些歡喜。這鯉魚小姐年已十八，卻尚未擇偶，今天見到這樣俊有的小夥子，不由得暗下思忖，若是我能嫁給他……她真想下殿親手給小夥子鬆綁，但她畢竟還是個姑娘，怎能失此體面？只見她眉頭一皺，向蝦兵蟹將們吩咐道：「慢！這賊子不老實，先把他押到後宮的大牢去，明天加重懲治。」

吳拉聽了小姐的活，不由得有些糊塗了：方才還要砍我的頭，我說了句話，卻要加重懲治，難道這鯉魚宮裡還有比死更厲害的刑罰嗎？

吳拉被押到了後宮的一幢房子裡，蝦兵蟹將給他鬆了綁，便出去了。他定睛一看，呵！明亮的屋裡擺設著白玉椅、象牙床，器具上鑲嵌著金銀珠寶，顯得瑰麗堂皇，這哪裡是大牢，簡直像是天堂呢。吳拉越發有些納悶了。

正在這時，打門外走進來一位打扮得妖豔的老太婆。見到吳拉後，面帶笑

容，先自稱是小姐的奶娘，接著向吳拉吐露來意：她是給小姐來說媒的，並告訴吳拉，只要他同意這椿婚事，小姐便派人把仙草送下山去。吳拉聽罷，心裡不由得一驚。自己和岳丈一起上山，岳丈至今下落不明，家裡有賢妻老母和鄉親們等著自己回去，不知多麼著急呢！我怎能在這里納妾呢？他當下就拒絕了。

老太婆威脅道：「你要識些抬舉！小姐把這仙草看作命根一般，莫要說是偷，就是誰摸一摸，也要砍他的頭的。今天小姐已經吩咐砍了一個老漢的頭，如果不是小姐看中了你，怕你的腦袋也早就像那老漢一樣，搬了家呢！」

吳拉聽到這，心想那被殺的老漢一定是岳丈了，不由得一陣痛心。他火冒三丈，大聲罵道：「我吳拉就是死在長白山上，也不娶你們這些鯉魚王八精！」

老太婆見事難成，趕緊向小姐稟報。小姐聽罷，氣得緊咬牙齒，臉紅一陣白一陣的。她命令重新把吳拉綁起來，明天一早投到天池裡去。

這回，吳拉真的被投到大牢裡去了。晚上，他倚著地牢裡潮濕的牆壁，望著從石窗射進來的清淡月光，更加思念老母、妻子和鄉親們。他決心從這裡逃出去。

他把背上的繩子對著牆壁上的石頭磨呀，磨呀，一直磨到後半夜，繩子磨斷了。他攀著石壁慢慢爬到石窗上，縮緊腰身鑽了出來。

吳拉不敢怠慢，跑到後花園中，甩掉衣服，拔起了仙草。他拔呀拔，拔了好大的一捆，看看天也要亮了，他趕緊用繩子捆好，準備下山。可就在這時，他被鯉魚小姐發現了。吳拉扛起仙草便跑，鯉魚小姐命令蝦兵蟹將在後邊緊追。吳拉跑到石砬子跟前時，前面沒有路了。他想把這石砬子推開，卻怎麼也推不動。就在這時，蝦兵蟹將們趕到了，吳拉再次被抓住了。

鯉魚小姐望著她那被拔得亂七八糟的仙草池，傷心地大哭大叫，命令蝦兵蟹將馬上把吳拉砍了，把那些被拔掉的仙草重新栽上，並把吳拉的屍體埋到了仙草根上……

這仙草很快地又都活了，而且長得特別茂盛，鯉魚小姐對這池仙草看得更緊了。幾天以後，突然從這個仙草池飛出了一隻小鳥，它在仙草的花穗上跳來跳去，久久不願離去。第三天頭上，它叼著一個花穗開始向山下飛去。它沒有先落到長白山腳下，而是沿著松花江兩岸，把花穗撒到最遠的地方，然後再飛回山上。這樣，一天要飛十幾個來回。

冬去春來，秋至夏往，小鳥一直飛了將近一年，松花江兩岸幾乎撒滿了這種仙草的花穗。這年秋天，江兩岸長滿了綠茵茵的仙草。小鳥不再往山上飛了，它整天徘徊在長白山腳下，希望能夠找到它所熟悉的那個家。可是不知為什麼，它卻怎麼也找不到家了，只好沿著松花江兩岸尋找，並且不斷地叫著：「吳拉——吳拉，割了——割了——」意思是告訴母親、妻子和鄉親們，「我是吳拉，仙草長好了，快割吧！」

這年冬天，長白山腳下的獵人們都穿上了絮著仙草的棉鞋，上山打獵再也不愁沒鞋穿了。人們為紀念吳拉，就把這仙草起名，把那小鳥叫作烏拉鳥。

李文瑞（編）

靰鞡草的傳說（之三）

　　在長白山還荒無人煙的時候，不少人叫它關東山，生活在那裡的人基本全靠進山裡面拾掇點山貨出來換吃喝。

　　山腳下住著母子倆，這母子倆就這麼相依為命，湊合著過日子。進山去挖參一般要走很久，十天半個月那是肯定回不來的，老太太歲數大了，腿腳也不靈便了，眼神也不精神了，兒子擔心進山挖參老太太一個人不安全，也就只能在山裡打打柴，撿撿蘑菇，套個兔子這樣勉強度日。眼看快三十的人了，也沒個媳婦，窮啊，娶不起。

　　這一年從山東來了個後生，到關東山來找他爹來了，小夥子今年十八歲，濃眉大眼的很精神，典型的山東大漢，在他歲時，他爹來關東山挖參，那時候挖參賺錢呀，北方的窮人日子過不下去了，都願意進山裡來碰碰運氣，運氣好的碰到個極品人參，這輩子就不用愁了。

　　這後生十六歲時候，長的比他爹都高都壯了，可盼星星，盼月亮的，爹沒盼回來，娘也得病死了，家裡沒了親人，後生就出門找爹了。快十七歲的時候，身上背個布袋子，裝幾張大餅子，這就出門奔關東來了。走呀，走呀，十八歲，到了關東山，山前山後山裡山外，一溜的轉悠，見個人就問見過俺爹沒。

　　你爹啥樣誰能知道啊？當年挖參是個苦差事，很多人在山裡要麼凍死，要麼餓死，要麼就被山裡的野獸吃了，晃悠倆月下來小夥子也沒找到爹，就遇見了山腳下這母子倆，娘倆都很善良，看小夥子可憐就收留了他，這小夥子也勤快懂事，就認了老太太做乾娘，認了她兒子做乾哥哥，家裡多了個壯勞力，這從山裡收穫的東西也多了，從此娘三個日子過得也挺紅火。

　　又過了幾年，老太太病死了。哥倆這也沒什麼牽掛了，哥倆年齡也都不小了，這就進山挖參想賺錢娶個媳婦了。

哥倆七月的時候進了山，在這大山裡面轉悠來轉悠去，直到十月大雪都要封山了，挖參的人都下山回家了，這哥倆也沒開眼。這哥倆不甘心啊，從夏天轉悠到冬天，居然連個人參味都沒聞到，還等著挖了參娶媳婦呢！哥倆冒著滿天的風雪繼續往林子深處走，趕上這十冬臘月，大雪封山了，兩個人在山裡迷路了，轉悠來轉悠去一個月也沒出了林子。帶出來的乾糧眼看就要吃光了，身上本就不是很好的衣裳也都一縷一縷的了。這天晚上，哥倆在林子裡找了個避風的地方休息。弟弟年輕，心裡也沒什麼事，轉悠一天也累了，往那一躺就睡著了。哥哥躺在那心裡就開始嘀咕了：這鬼天氣一時半會也好不了，風也大雪也大，連堆火都點不著，肚子也是半飢半飽的餓了很多天，衣裳也破破爛爛的勉強遮個羞，禦寒功能是基本沒有了，用不到半夜，這倆人肯定得凍死了⋯⋯

　　想到這，哥哥看了看熟睡的弟弟，已經凍得縮成一團了，狠狠心，把身上的破棉襖破棉褲脫下來，穿在了弟弟身上，又把僅剩下的一點乾糧留在了弟弟身邊，再一看，弟弟腳上的靰鞡已經破得到處是洞了，可自己腳上早就沒鞋穿了，用兩塊破布裹著呢，哥哥從破洞裡看到弟弟的腳滿是凍瘡，紅一塊紫一塊的心疼啊，可自己再沒什麼東西能留給弟弟了。想了一下，就把自己的頭髮用刀割下來嚴嚴實實地襯在弟弟的破靰鞡裡。

　　就這樣，這個善良的小夥子為了弟弟能夠活命，自己凍死在了深山老林裡。第二天弟弟醒來，風雪也停了，身上暖烘烘的那叫一個舒坦啊，打天氣冷了就沒這麼暖和過，腳下面也暖乎乎的，一看身上穿著哥哥的棉衣，腳上纏著頭髮，再一扭頭，哥哥全身青紫在旁邊不動了，一下子全都明白了⋯⋯

　　弟弟心裡那個酸啊，抱著哥哥的屍體痛哭流涕，雙手就地扒開凍土，挖了個坑，把哥哥埋葬了，又把哥哥的頭髮在墳頭上埋了一綹，做了個記號。靠著哥哥的幫助，弟弟活著走出了林子。

　　第二年開春，弟弟不忘哥哥捨命相救的恩情，清明節還沒到就來上墳了，到地方一看，埋在墳頭上的頭髮不見了，墳頭上鬱鬱蔥蔥覆蓋了一片細絨絨的小草，像頭髮一樣。弟弟給哥哥的墳頭添了土，燒了香，磕了頭，對著墳頭就

跟哥哥開始聊天了：「哥哥呀，弟弟我靠著你捨命相救，終於活著出了林子，咱娘昨天我也過去看了，咱家的房子開春我也重新整修過了，您就放心吧。」說來也怪，就見墳頭上面的小草沒風卻自己來回搖擺，眼見著就越長越高了，弟弟看見了心裡一動，「哥哥呀，莫非你還怕我上山冷，讓我用這草暖腳麼？」小草啪嗒啪嗒點點頭。弟弟就割下了這細細長長的絨草，給哥哥又磕了三個頭，下山去了。

春去秋來，冬天又到了，弟弟把絨草墊在了靰鞡裡，腳往草上這麼一踩，嘿！就跟踩棉花上一樣，暖和和，軟乎乎，從腳下一直暖到心窩。

第二年春天，這關東山上上下下，都長出了這種細細高高，像頭髮一樣的細絨草，弟弟見了，就把哥哥的事情告訴了鄉親們，這些窮人們一傳十，十傳百，都用這種絨草襯在靰鞡裡面暖腳。從此，人們就管這草叫作靰鞡草，義兄捨命救義弟的故事也在人們口中流傳開了，並且把這靰鞡草算作關東三寶之一。

靰鞡草的傳說（之四）

　　從前，有個年輕人名叫賈海，到山裡去打獵。他爬過了許多山，穿過了許多林子，也沒遇上一個野獸。累得他實在拿不動腿兒了，剛想坐下歇歇，卻遇上了一個跌傷了腿的老太太。

　　賈海雖然很疲倦，但見老太太很可憐，就上前將她背起來，送她回家。老太太身體又胖又重，沒走多遠就累得賈海通身是汗，他每爬過一座山，翻過一道嶺，就問一聲：你老家在哪裡？老太太總是用手一指說：「在前邊。」爬過了九座大山，翻過了九道大嶺，賈海的鞋蹬飛了，腳也磨破了。最後走進一個山窪，好歹算到她家了。

　　他把老太太放到地上，一看老太太走起路來腿一點毛病也沒有，他很生氣。但是由於她是一位老人，不能指責她，賈海一句話也沒說，抬腿就往外走。可是老太太攔住了他，說他是個好心的年輕人，要好好的報答他。她找出了一雙鞋送給賈海，賈海一看是木頭底的，獵人不能穿，就謝絕了。老太太說：「那麼我就給你做一雙吧！」於是她就從圈裡抓來一隻小豬羔兒殺了，用這小豬皮給賈海做鞋。賈海的腳太大，老太太把小豬身上所有的皮都用上了，才勉強把這雙鞋湊合夠了。因此，這雙鞋就縫得皺巴巴的。老太太說：「這也不像雙鞋樣了，它是用豬皮做的，就叫『靰鞡』吧。」

　　靰鞡做成後，老太太拿來三樣東西，一堆蠶絲、一堆棉花、一團麻。讓他選一樣絮在靰鞡裡。他掂量了半天，一樣也沒拿。他說：「雪白的棉花和蠶絲，應留著做衣裳，麻能打繩索，這些東西墊腳實在可惜。絮靰鞡用把草就可以了。」

　　老太太點著頭說：「你不光是個好心腸的獵人，還是個十分儉樸的青年人。」接著，老太太用手一指說：「你往草甸子裡看。」

　　賈海抬頭一看，只見塔拉里出現了一撮撮馬尾兒似的細草。他去割來一

把，用棒子一捶，絮到靰鞡裡，跟棉花、蠶絲一樣柔軟。

老太太說：「應派個巴圖魯來保衛你這樣好心的獵人。」這時正好有個豺狗子從這路過，老太太問它：「你願意給這位獵人當衛士嗎？」豺狗子點點頭。她又說道：「如果在山林中你無法辨認這位好心的獵人的話，這雙靰鞡和裡邊的靰鞡草就是標記。從今以後，你就是林中的巴圖魯了，任何凶禽猛獸都應懼你一頭。」豺狗子又點了點頭，就跑到山上去了。

賣海穿上靰鞡，告別了老太太，走起路來特別輕快、暖和、不凍腳，過夜又放心。於是他把這一切告訴了所有的獵人。獵人們在林中打小宿的時候，先攏著一堆火，然後把靰鞡鞋脫下來，掏出靰鞡草放在身邊，就可以放心大膽地睡覺了。豺狗子一看靰鞡草，它就在四周澆上一泡尿，不論是猛獸還是凶禽，一聞到林中巴圖魯劃的圈，就躲到遠處去了，因而，靰鞡草也就成為獵人的寶貝了，被人們稱為關東的三寶之一。

後來賣海在林中碰到了一個腳穿木底鞋的放蠶姑娘，問起了這鞋的來歷。姑娘說這是背送一位摔斷了腿的老太太，那老太太送給她的。賣海一聽，就想，這老太太可能就是送給自己靰鞡鞋的那位老人，決定前去探望。姑娘也正放心不下老太太的腿，就同賣海一同去了。他倆來到山窪一看，不但沒有老太太，連房子也不見了。他倆正在發愣，就見遠處飛來一隻喜鵲，飛到他倆跟前，把一根羽毛翎扔到他倆面前，然後圍著他倆不停地叫著。他倆明白了，原來這位老太太是薩克薩媽媽。

賣海揀起了羽毛翎，姑娘紅著臉把頭歪了過來，他把羽毛翎插在了姑娘的頭上。他們就在這山屋裡成了親。男的打獵，女的放蠶，過起了幸福美滿的生活。

▌靰鞡草的傳說（之五）

　　早些年間，長白山下住著一個名叫喜子的苦孩子。喜子從小死了爹，他跟老娘相依為命過日子。他春天給財主種地，冬天上山砍柴，到頭來，還是吃不飽飯。這年冬天，家裡揭不開鍋，喜子只好穿著一件破袂襖，上山替財主砍柴。

　　山上的雪很深，喜子手腳凍得像貓咬一樣，他使勁地搓手。突然，前面不遠的地方金光閃閃，他跑到發光的地方一看，就是一堆草，再什麼也看不見。喜子用手拔這堆草，怎麼也拔不掉，就覺得手熱乎乎的。把腳放在草上，也不像貓咬似的了。天放黑了，喜子背著柴回家，一進門把這事對他娘說了，他娘說：「那一定是寶草。」娘倆帶著鍬鎬上山找。果然又見了金光。娘倆在草旁點上火照亮，開始挖起來，天亮的時候，總算把這堆寶草連根都挖了出來，娘倆回家把寶草栽到屋子裡。喜子媽用鐮刀把草割下來，墊在炕上，晚上睡覺熱乎乎的，早晨起來一看，真神了，割過的草茬上又長出了新草。喜子媽又把草割下來，墊在喜子的鞋裡，喜子的腳也不覺得冷了。

　　這件事被財主知道了，財主來到喜子家，看到寶草，就起了壞心，他領了一幫人來硬要把寶草搶走。喜子想了想，說：「在我挖寶的時候，來了一個白鬍子老頭，對我說，到了春天，讓我拿著寶草上山，他領我到一個要什麼有什麼的地方，等我上山回來，再把寶草給你。」財主一聽「要什麼有什麼」，忙說：「現在正好春天了，你現在就去吧。」喜子拿著寶草前面走，財主跟在後面，喜子把財主領進深山裡，財主平時哪走過這麼遠的路，不到一天，累得走不動了，喜子撇下了財主自己回家了。

　　喜子抱著寶草跑啊跑，這山栽一根，那山栽一根，也不知跑了多少山，直到把手裡的寶草栽完。後來，喜子栽過的山嶺中都長著這種草，這種草長成後，被風一吹，「呼啦呼啦」地響，窮人都叫它「呼啦草」。時間久了叫白了，

就成了「烏拉草」，這草就是現在的靰鞡草。

張敖成（講述）

馬德麗（蒐集整理）

含羞草的傳說

　　相傳很久以前，有姐妹倆，父母雙亡。姐姐叫韓秀，心靈手巧，在家紡線織布。妹妹叫韓松，壯實厚道，在外面種田打柴。姐妹倆互敬互愛相互體貼，艱難地度著日子。

　　時間一年年地過去了。姐姐想：妹妹天天在外面受累，歲數也不小了，該給她找個人家了，也免得繼續挨累了。妹妹卻想：姐姐歲數大，應該先給姐姐找個人家才是。

　　這天，韓松正在山上打柴，突然，一隻黃鶯在她對面的樹上叫道：「韓松，韓松，你注意聽，東山有個漢子叫柏青。他人品好，愛勞動，黃鶯提媒你應不應？」韓松聽了心想：要是真有這樣的好人，應該先給姐姐。韓松打完柴回到家裡，把黃鶯說媒的事告訴了姐姐。韓秀一聽不但不應，反而很生氣地說：「咱們姐妹倆從小沒爹娘，受窮吃苦，現在咱們長大了，模樣也不比別的姑娘差，找人家應挑個有錢有勢的，省著往後再受窮。」韓松聽了姐姐的話，滿心的熱火勁一下子全都涼了。

　　第二天一清早，韓松又來到山上打柴。打著打著，昨天給韓松說媒的那隻黃鶯又飛來了，重複著昨天說過的話。韓松聽著黃鶯那誠實的話語，想著姐姐那冰一樣的心，不由得點了點頭。黃鶯一看韓松點頭了，高興地張開雙翅往東山飛去了。過了好一會，黃鶯領來一位二十歲左右的漢子。這漢子身材魁梧，穿著樸素，臉膛黑紅，濃眉大眼。韓松一看真是從心眼裡樂意。倆人說著嘮著，機靈的黃鶯不知在什麼時候已飛走了。從此，每當韓松上山打柴，柏青都要趕來幫忙。時間一天天地過去了，韓松和柏青的感情一天天地加深了。

　　當韓秀知道妹妹不聽她的話，愛上了一個窮漢子時，就經常和她發脾氣、吵嘴，姐妹兩個原先的那股和氣勁不見了。沒過多久，韓松就和柏青成了親。兩人真心相愛，過著勤儉歡樂的日子。韓秀一個人孤孤單單在家，線也不想紡，布也不願織了。這一天，韓秀正在屋裡獨自愁悶，突然，從遠處傳來一陣

馬蹄聲。韓秀急忙走到門口推門一看，原來是一夥手持刀槍騎馬打獵的人，為首的是個騎棗紅馬的少爺，韓秀看罷心想：若是自己能嫁這樣一個人那就好了。就在韓秀出門張望的片刻，正好被那個少爺看見了。他用貪婪的眼光掃了韓秀一下，便領著嘍囉們打馬而回了。

第二天一早，一個媒婆就來給韓秀提媒，還帶來很多的好衣裳，說這是見面禮。韓秀聽說昨天騎棗紅馬的那個男人是縣城一個大財主家的少爺，就滿心高興地答應了。結婚那天，韓秀穿著綾羅綢緞，坐著美麗闊氣的花轎，吹吹打打進了財主家的門。過門後，生活確實不錯。山珍海味是家常菜，梳洗打扮有個丫鬟。這時，韓秀又想起妹妹當時不該不聽她的話，去跟著個窮漢子吃苦。誰知好景不長，財主家的少爺不知又從哪弄來一個比韓秀還漂亮的女人，從此，韓秀就被攆進一個破草房，當了侍女。

有一回，韓秀因為身上不舒服，早晨起來晚了一點，就被打得滿身是傷。她拖著沉重的步子回到了破草房，哭成了個淚人。這時，韓秀才想起當時自己不該不聽妹妹的話。

韓秀的哭聲引來了那隻黃鶯，它站在破草房對面的樹上，看著韓秀那可憐的樣子，痛苦地叫著。韓秀抬頭一看，見是一隻黃鶯，就哭著對它說：「黃鶯黃鶯，請你捎個信給韓松，我在這裡無法生活下去了，今晚我要連夜逃走，讓她到山上來接我。」黃鶯聽了點了點頭飛走了。

夜裡，韓秀偷著逃出財主家的大門，艱難地來到山上走啊走啊，山風送來了一陣男女說話聲。透過月光，韓秀看到妹妹和柏青手拉著手，肩並肩朝她走來。韓秀看著人家夫妻是那樣恩愛，再看看自己，覺得實在無臉去見妹妹，更無臉去見柏青，便用衣襟把臉一蒙，跳下了山崖。

韓松和柏青含著悲痛的淚水把姐姐埋了。第二年春天，韓秀的墳上長出了一棵又嬌又嫩的小草，以後每當韓松和柏青帶著孩子來給韓秀上墳的時候，這棵嬌嫩的小草總是含羞地低下頭。從此，人們就把這棵草取名為——含羞草（韓秀草）。

洪青山（講述）

還陽草的傳說

　　在長白山下有一個小村落，村裡有一家姓王的財主，雇了一個小半拉子，名叫小來寶。小來寶沒爹沒媽，才十來歲，就給財主家幹活。

　　這年夏天，小來寶給老財主放牛，天天頂著露水上山，天黑才回來，中午就帶兩個乾巴窩窩頭。

　　這一天，小來寶把牛趕進了一個溝膛子裡。晌午了，小來寶坐在樹蔭下，掏出一個窩頭啃起來。因為餓了，吃的倒也香甜。吃完了一個，剛想啃第二個窩頭，一抬頭，見一個年輕英俊的小夥子站在面前。小夥子瞅著小來寶手中剩下的那個窩頭說：「小兄弟，我一個人單棍撮放山，帶的吃喝光了，把你的乾糧給我點吃吧。」

　　小來寶吃一個窩頭哪能飽，可是他想，自己餓一頓半頓沒啥，這小夥子一個人在山上，可要餓壞了。他把剩下的這個窩頭送給小夥。小夥子接過窩頭，大口吃了起來，吃完了，說聲「謝謝」就走了。

　　第二天，小來寶又把牛趕到那個溝裡。晌午的時候，他剛吃完一個窩頭，這個小夥子又來了，又向他要窩頭吃。一連三天，都是吃完一個窩頭，說聲「謝謝」就走了。

　　第四天，還沒等小來寶吃飯，小夥子就來了，他笑呵呵地對小來寶說：「這幾天，光吃你的了，今天嘗嘗我的吧。」他說著，從肩上解下一個酒葫蘆，又打開一個布包，裡面是個泥罐，盛著菜。小來寶說不會喝酒，小夥子說：「這酒不醉人，只能長力氣，喝吧。」小來寶試著喝了一口，果然甜絲絲的，他又嘗了一口菜，真是清香爽口。兩個人一邊吃一邊嘮磕。小夥子也是個孤兒，同命相連，兩人越嘮越近乎，一商量，決定結為兄弟。他倆堆起了三堆土，拔了三根蒿子稈插上，磕了頭。小夥子為兄，小來寶為弟，兄弟倆十分親密。分手時，兩人約好，明天還到這個地方相見。晚飯的時候，小來寶說不

餓。財主婆挺奇怪，往常小半拉子總是幾口就把麵糊糊喝光，今天怎麼不餓呢？還滿面紅光的。一追問，小來寶就一五一十地全說了出來。財主婆把這事告訴了老頭子。老財主聽了，說：「那個小夥子準是個什麼精靈，他的酒和菜是仙物，吃了喝了準會長生不老的。」兩人想了半宿，想出了一個鬼主意。

第二天，小來寶又到和哥哥相會的地點去放牛。果然小夥子又來了，還是拿著酒和菜，兩人坐在草地上又吃喝起來。喝著喝著，忽然，小來寶抄起地上的鞭子，猛地打了一個響鞭兒，只見小夥子一個高躥起來，變成一隻金色的小梅花鹿。它瞅著小來寶，兩隻大眼睛水汪汪的，現出挺傷心的樣子。這時，小來寶方知是上了財主婆的當，後悔不該聽信財主婆的瞎話，打這一鞭子。他忙對小花鹿說：「大哥，別害怕，這全是老財主婆使的壞，她還讓我殺死你呢！」說著他從懷裡掏出來一把刀子，摔在地上說：「大哥，我小來寶絕不幹那種傷天害理的損事！」小花鹿聽了，使勁地點了點頭。這時，老財主猛地從林子裡鑽出來，小來寶大聲喊：「鹿大哥，快跑！」小梅花鹿跳起來用後腿一下就把老財主踢出老遠，然後，跑進林子裡。

老財主沒抓到梅花鹿，倒被踢個半死，氣得把小來寶打個死去活來，關在倉房裡不給他吃喝，要把小來寶活活折騰死。

小來寶被打得不省人事，在倉房裡躺了三天三夜。第四天一早，天剛濛濛亮，小來寶才醒過來，見鹿大哥嘴裡叼著一棵小草，不住地往他嘴邊送，小來寶一張嘴接過來那棵草嚼著嚼著，只覺得渾身長了力氣。小梅花鹿看小來寶醒過來了，就馱起他衝出財主大院，往長白山密林裡跑去了。

從那以後，人們就管這草叫還陽草。

李文瑞（編）

不老草的傳說（之一）

　　早些年，在長白山裡有個屯子。屯裡有個漂亮姑娘叫榮小丫。她十二歲的時候，爹爹給惡霸李壞水扛活，一次，扛二百斤的糧食袋子，累吐了血，沒錢醫治，不久就死去了。從此，小丫就與年老多病的娘過著貧苦的日子。

　　這一年，老娘得了胖腫病，渾身腫得發亮，眼看著就不行了，又請不起先生醫治。小丫是個勇敢的姑娘，她爬上高山，採回一背筐草藥給娘吃，病也見好。她整天整夜地守在娘的身邊，一天，她實在睏倦了，就打了個盹兒，恍恍忽忽地走進了樹林裡。忽然，一個美麗大姐姐出現在她面前，她頭上戴一頂高高的花冠，手裡拿著一棵草，草穗也和高粱穗一樣，她微笑著對小丫說：「小妹妹，你娘得的是胖腫病，把這不老草熬水給你娘喝病就會好了。」小丫趕緊向大姐道謝。臨分手時她又問大姐姓什麼。大姐姐微笑著告訴小丫：「我姓布，我家就在小天池邊上。」小丫高興地拿著草往家跑，剛到家門口，就見一隻斑斕猛虎，一口把草叼去了。小丫急得又喊又叫，出了一身冷汗，猛醒過來，原來是個夢。

　　第二天一大早，小丫托鄰居照看著娘，自個兒就進山了。她按照那大姐姐指點的路，走哇，走哇，走了三天三宿，猛然間，從林子裡躥出一條渾身花紋、碗口粗細的毒蛇，口裡吐著紅芯子向她撲來；又聽耳邊呼呼風響，躥出一隻牤牛大小的猛虎，向她撲來，她一心想給娘採不老草，也就豁出命來了。她舉起手中的拐棍，準備和大蛇、老虎搏鬥。這一來，虎和蛇反倒悄悄地走了。

　　小丫總算來到了小天池邊上。可不是，就在水邊上一片片頂著紅穗的草，和夢裡見到的一樣。她精心地拔了幾棵，用衣服裹了又裹包了又包，樂顛顛地回家了。她到家一看，娘已經只有出氣，沒有進氣了。她急忙用水把草熬好，把娘的牙撬開，灌了下去。

　　不一會兒的工夫，只聽娘肚子裡「咕嚕、咕嚕」地直響，又過了一會兒，

慢慢地睜開了眼睛。這藥真有神奇的功效，過了五六天，娘不但病好了，人也比從前年輕了許多。

轉過年，屯裡鬧瘟病，一屯子人都渾身水腫，病得起不來炕，小丫拿著草挨家挨戶地送，凡是吃了她送的藥的人，病都好了，人也年輕了。

沒有不透風的牆，這事被惡霸李壞水知道了，正趕上他老婆也鬧瘟病，再說，他連做夢都想長生不老啊！便領著人到小丫家要草。李壞水皮笑肉不笑地說：「小丫啊，把你的仙丹妙藥給我點兒吧！」

「哼！給你，你這個吃人肉、喝人血的壞傢伙，扔了我也不給你。」這傢伙急了眼，叫狗腿子把小丫抓走，綁在他家的馬棚裡，又把那不老草也搶來了。誰知，他把草給老婆吃了以後，老婆就嘴吐白沫子，直翻白眼，不多工夫就死了。這一下可把李壞水氣壞了。他把草全燒了還不算，還要處死小丫。鄉親們聽到這個消息後，想方設法把小丫救了出來，讓她快點逃走。她卻操起一把開山斧，非要和李壞水拼了不可，鄉親們好說歹說，才把她勸走了。

李壞水發現小丫逃跑了，就帶著狗腿子往山裡追去，李壞水追得緊，小丫跑得急，不知不覺又來到小天池邊上，一片大水擋住了小丫的去路，李壞水帶著狗腿子越來越近了，她想，寧可跳進池子裡，也不能讓他們抓住。

正在這時忽聽背後有人叫她：「小丫妹妹！小丫妹妹！」她四處尋找也不見人影。她想：「這空蕩蕩，連風都不透的深山老林裡，是誰叫我呢？」

「這回看你這野丫頭往哪跑！」李壞水領著狗腿子嚎叫著撲上來，她就要往水裡跳。

「小丫妹妹快來，小丫妹妹快來。」又是那人的聲音在招呼她。她回頭一看，哎呀！這不是那次在夢中見到的布姐姐嗎！這布姐姐一甩手，扔給她一頂帶紅籽的花冠，可一眨眼的工夫她又沒影了，只見在樹林子裡，一棵長得和高粱一樣大，綠桿、頭上戴著通紅的草籽的草，向她一個勁兒地點頭。小丫戴上花冠，立刻向這棵草跑去。立時，人不見了，卻又多出一棵同樣的草。

李壞水和他的狗腿子們一看小丫沒有了，便四處尋找。正在這時，那牤牛

一樣大的老虎和碗口粗細的毒蛇又一齊衝出來，把李壞水和他的狗腿子都嚇死了。

打那以後，屯子裡誰家有人得了胖腫病，就有兩個美麗俊俏的姑娘給送不老草。吃了它，人們不但病好了，連長相都年輕了。人們感謝這兩個姑娘，到處打聽她們的姓名，後來才知道，那個大姑娘叫布老草，小姑娘就是榮小丫，人們為了不忘記她們給大家的好處，給她倆起了個名叫「草叢蓉」。因這種草喜歡濕潤的土地，所以，它們祖祖輩輩定居在長白山裡的小天池邊上。它是稀有的藥材，治腎炎有良好的療效。據說，把它泡在酒裡還能使人年輕，所以，人們又管它叫「不老草」。

李文瑞（編）

不老草的傳說（之二）

　　那時候，長白山上有一個渤海國。國王夢想長生不老。有一大臣獻計說：「在白山老林裡，一定能有神草仙藥，可派人去找來吃上，能長生不老。」國王聽了十分高興，立即派人到處張貼榜文：誰要找到長生不老的藥，立即賞給一百兩金子。

　　也別說，過了不幾天，真有個人來揭了榜文。這個人是誰呢？是長白山裡一個放山的，名字叫王義。有一次，他在山裡得了病，躺在山窩棚裡直哼哼。虧得百草之王人參姑娘知道了，她用一種草，治好了王義的病。人參姑娘千叮嚀，萬囑咐，這是不老草，一定不要告訴別人，更不能告訴貪心的人。王義看到國王的榜文，想到那一百兩黃橙橙的金子，他就將人參姑娘的囑咐忘到了腦後。

　　國王看到有人揭榜，高興極了，賞給王義一匹好馬，叫他進山去尋找不老草。

　　王義興沖沖地騎著國王賞賜的快馬，進了深山老林。但大森林密密麻麻的，到什麼地方去找不老草呢？王義想了一想，心生一計。

　　他又躺進上次的窩棚，裝起病來。不久，人參姑娘真的又來了。看到人參姑娘，王義哼哼得更厲害了，人參姑娘看到王義叫喚成這個樣子，急忙說：「我給你弄不老草去。」

　　貪婪的王義按捺不住了，他從炕上跳下來說：「我跟你去！」看到原來哼哼得那麼厲害的王義，突然站了起來，人參姑娘吃了一驚。但善良的人參姑娘沒有多想，領著他來到家裡，拿出一棵不老草，正要交給王義，突然有人喊道：「不要給他，給我。」原來是國王。國王帶著衛士緊跟在王義的後邊。現在，他看到王義就要拿到不老草，一揮手，衛士放出一箭，射死了王義。

　　人參姑娘看到這裡，什麼都明白了。她拿著不老草，回頭就走。國王緊緊

在後面追趕，但怎麼也追不上。快到天池了，國王急了眼，命令衛士放箭，一支箭射到人參姑娘的手上，不老草掉在了地上，人參姑娘不見了。

國王正想去撿不老草，突然狂風大作，漫天飄起了大雪，轉眼之間，大雪封住了下山的道路。國王和他的衛士下不來長白山，連餓帶凍，死在了長白山上。而不老草，也就紮根在天池邊上了，其他地方，哪兒也沒有。

王德富（編）

嚴岐成（蒐集整理）

石茶的傳說

　　早年間，在長白山老林子裡，有個炮手姓王，靠打獵過日子。

　　這一年，山下村子裡來了一條大蟲，常上村子裡吃雞蛋，大家見了，誰也不敢動它。這大蟲有數丈長，碗口那麼粗，黑乎乎的，兩隻眼比兩隻火油燈還亮，兩條大冠子通紅通紅的，口一張就和小甕一樣大。

　　王炮手聽說這件事，決心下山為民除去這一害。他告訴村裡的人，家家都用木頭刻成和雞蛋一樣的圓球，放在雞窩裡。

　　這一天，天剛晌午，那大蟲又來了。它挨戶把雞窩裡的木頭雞蛋全吃完了，然後拖著笨重的身子往回爬。那大蟲每天吃完雞蛋一會兒就化了，這一回它吃完以後，覺得肚子裡非常難受，越爬身子越沉重。大蟲知道上當了，掉頭朝林子裡慢慢地爬去。躲在一邊的王炮手心裡想，我看你這禍害還有什麼本事。他提著槍悄悄跟在大蟲後面。

　　那大蟲費了好大的力氣，爬到了一塊有四間房子那麼大的石頭上。石頭上長滿了一些似草非草、似茶非茶的東西。那大蟲使出了全身勁，張著大口，一個勁吃著那些叫不上名的東西。吃著吃著，就看著那大蟲肚子鼓起的大包漸漸小了。過了一會兒，肚子的包全消下去了。王炮手見了，心裡暗暗奇怪。這時他見大蟲圍著石頭轉了兩個圈，要爬走，他怕這畜生又去禍害人，便瞄準打了一槍。不料，這一槍沒打中要害，大蟲忍著疼痛，昂著頭四下搜索，一下看見了王炮手。大蟲張著嘴，噴著芯子朝王炮手撲了過去。王炮手也來不及換藥了，一個高蹦在石頭上和大蟲拼了起來。大蟲張著大嘴，真想把王炮手一口吞進肚，王炮手把槍一扔，赤手和大蟲鬥起來。他一會跳在大蟲的頭上，一會又跳在大蟲的脊樑上。大蟲也一蹦一扭地想把他甩掉。大蟲受了傷，越撲棱勁越小了。王炮手也覺得有點累了。他一個高跳在大樹上，覺得身子被大蟲吸得直往下墜，只要一鬆手，就會掉進大蟲的嘴裡去。他用勁兒把住了樹杈，從腰裡

掏出匕首，一使勁兒投進大蟲的嘴裡，大蟲把嘴一閉，刀尖順著下巴露了出來。大蟲疼得在地上直滾，周圍的小樹都被抽打折了。它嘴裡往外吐血，不一會就不動了。王炮手這才鬆了口氣，跳下樹來，一屁股坐在大蟲的身上。

過了一袋煙的工夫，歇過乏來，他扒下了大蟲的皮，挖了大蟲的眼，便回到村裡，把經過告訴了鄉親。鄉親們聽說大蟲被打死了，高興極了，成群結隊地到山上來看，都稱讚王炮手為民除了一大害。後來人們把石頭上的草弄回去，誰若是肚子發脹，用它燒水喝，一會兒就好了。燒出的水顏色和茶葉色差不多。人們為了感謝王炮手，就叫那草為「石茶」，至今，人們還用它來治病呢。

張盛昌（蒐集整理）

▌關東煙的傳說

很久以前，在松花湖上游漂河北岸的一個小村子裡，住著一對十分要好的年輕人。男的叫董強，是個父母雙亡的孤兒。女的叫黃燕，她除了聰明美麗，還從小就跟父親學了一手採藥治病的好本事。黃燕的父母相繼去世以後，他倆也都長大了。表面上，雖然不再像小時候那樣無拘無束了，可在心裡頭卻更加知疼知熱，互相體貼了。村裡的人看著他倆，真是又高興、又羨慕，都說這真是天生的一對，地配的一雙。他倆也暗地裡合計好了，等秋收一過，就辦喜事。

就在這年春的一天早晨，黃燕又到山上採藥去了。那天，董強正忙著種地，天黑回家以後，才知道黃燕還沒回來，心裡不禁有些著急，連飯也沒顧得上吃，就向大頂子山跑去。等他來到平時接黃燕的地方，卻不見黃燕的影子。他就放開喉嚨喊起來：「黃燕──你在哪裡──」可是，除了山谷的回音，別的什麼也沒有。這時，村裡又來了幾個年輕人，打著松明火把，幫他一起找起來。一直找到半夜，也沒有找著黃燕。沒有辦法，大家好歹算把董強勸回了村子。

從第二天一早，董強一連找了三天，黃燕還是活不見人，死不見屍。到了第四天，他剛要出門再去找，從外邊進來一個老頭，他上下打量了一下董強，問：「你就是董強吧？」董強點了點頭，說：「大爺，你找我有事？」老頭看找對了，就一把抓住董強的手，難過地嘆了一口氣，才把始末緣由告訴了董強。

離董強住的村子三十里外，有個漂河口，是漂河流入松花江的地方，也是方圓百里最大的一個村子。村裡有一家財主，人稱李百萬。他依財仗勢，橫行鄉里，無惡不作。可是，他家祖上無德，只生了一個很不出彩的兒子，叫李貴。這傢伙聽人說黃燕聰明美麗，是個百里挑一的美人，就和李百萬說，非要

娶黃燕做第三房小老婆不可。李百萬讓手下人一打聽，知道黃燕已經有了婆家，再把黃燕的人品和自己的兒子一比較，不用別人說，自己也知道準成不了。可是李貴又作又鬧，尋死覓活的，說不把黃燕弄到手，就不活了。李百萬疼子心切，就答應了兒子的要求。他想派人去提親，又覺得肯定不行；他想硬搶，可黃燕在這一帶很有威望，弄不好就會惹惱了鄉親，要犯眾怒，怕鬧出事來。他眨巴眨巴眼睛，終於想出了一條詭計。

一天，派出打柴的人回來說，黃燕又上山採藥去了。李百萬忙派狗腿子李三，帶了兩個家奴，趕著大車到大頂子山下等候去了。晌午剛過，黃燕從山上下來了。李三趕緊迎了上去，說：「這位大姐，你就是黃燕姑娘吧？」黃燕一看不認識，就問：「你們是哪的？找我有什麼事？」李三說：「我們是下游漂河口的，姓李，我有個本家兄弟，昨天半夜得了病，現在昏迷不醒。聽人說黃燕姑娘是祖傳醫術，醫道高明，這才特地前來請你，麻煩姑娘無論如何去給看看病吧。」黃燕說：「去看病倒行。不過，我得先回村一趟，告訴家裡一聲。」李三忙說：「按理說你回去告訴一聲倒對，可是，我兄弟的病實在太重，常言說，救人如救火，你們行醫的人都知道，給重病人看病，差一個時辰，說不定病就耽誤了。黃姑娘，剛才我們到村裡接你的時候，這個事已經和你們家裡說了。一會兒，我再讓人到村裡去告訴一聲，咱們先走著，這樣就兩不誤了。」黃燕想了想，這樣的事，過去也常有過，剛要答應，忽然又說：「不行啊，我的藥箱還在家裡呢，還是得回去一趟。」李三一聽，也一下愣住了。可他眼睛一轉，說：「這不要緊，我們那有大藥鋪，只要你開方子就行。」黃燕說：「那也好，咱們走吧。」

車到漂河口，一進李百萬家大門，看那氣派，黃燕就知道不是一般的人家，就問：「這是誰家？」李三說：「大財主李百萬家呀！」黃燕聽罷，心不由得往下一沉，因為她從來不跟有錢的人家來往，也很少給這種人看過病。這時，李百萬也迎了出來。他一見黃燕，果然長得好看，就叫手下人趕快備飯。黃燕卻一擺手，說：「不必了，趕快看病，完了你們得送我回去。」李百萬一

聽，說：「那也好，李三，快把黃燕姑娘送到你兄弟屋去吧。」

黃燕被領到後邊一個很闊氣的屋子。剛一進屋，李貴就站起來，說：「黃姑娘來了，快請坐。」說著話，兩眼賊溜溜地緊著打量黃燕。黃燕一見，不由得皺了皺眉，問：「病人在哪？」李三忙說：「黃姑娘，這是我家少爺李貴，今天請你來，就是給他……」沒等李三說完，就被李貴喝住了：「多嘴，還不快去沏茶！」說著對李三使了個眼色。

李三走後，黃燕見李貴嘻皮笑臉的樣，就冷冷地問：「你有什麼病？快點說，完了我還得走呢。」李貴說：「忙什麼，你還沒給我看呢。」黃燕見他那個浪聲賤氣的樣子，心裡更加生氣，就又問道：「你到底有什麼病？」李貴嘿嘿一笑，擠眉弄眼地說：「相思病！」黃燕一聽，臉一下子就紅了，猛地往起一站，說：「我不會治這種病！」說著就往外走。李貴趕緊攔住，死皮賴臉地說：「黃姑娘，我這病還非你治不可，只要你答應我，這萬貫家財……」他剛說到這，黃燕掄起胳膊，「叭」地一個大嘴巴，把李貴打了個趔趄，回身就往外衝，可是，被等在門外的李三等人給堵住了。從此，黃燕就被看了起來。三天時間，李百萬想盡了辦法，軟欺硬逼，但是，黃燕誓死不從。昨晚，黃燕乘看守她的丫頭睡著的時候，跳牆跑了出來。可是，剛跑出來，就被李百萬的家奴發現了。黃燕看跑不了啦，就退到漂河邊上，喊了一聲「董強——」就跳進了漂河。

董強聽到這，只覺得腦袋「嗡」的一聲，就什麼也不知道了。等他醒過來，屋裡站滿了鄉親，他不由得放聲哭了起來，鄉親們也都陪著掉下了眼淚。董強止住了哭聲，伸手從牆上摘下刀，就往外衝。大夥兒一看，趕緊拽住了他。送信的老頭說：「你現在去不得呀，李百萬財大勢大，家裡養著十幾號打手，不光報不了仇，還要白白搭上一條命。常言說：君子報仇，十年不晚。我看你先忍下這口氣，不愁以後沒有報仇的機會。」鄉親們又勸了一陣，才算把他安穩住。

人們走後，董強就到漂河口去了，一連三天，也沒有找到黃燕的屍體。他

只好在漂河岸邊的山坡上，打了一個「框子」，挑了幾件黃燕平素喜愛的衣服和用物，埋了進去，就算是黃燕的墳了。一連幾天，董強不吃不喝，坐在墳前流淚，思念黃燕。一天傍晚，他在墳前哭累了，便不知不覺地伏在石頭上睡著了。忽然，傳來了一陣輕輕的腳步聲，董強抬頭一看，立刻驚呆了。原來，眼前站的正是他日思夜想的黃燕。他一把抓住黃燕的手，說：「這些天你到哪裡去了？把我找的好苦啊！」說著又掉下了眼淚。黃燕抽出手來，輕輕地給他擦著淚說：「董強哥，事情已經這樣了，你再哭我也不能活了。你要總這樣，把身子弄垮了，叫我在九泉之下，心裡也不安哪。」董強說：「你已經沒了，我自己活著也沒意思，就和你一起去吧。」黃燕忙說：「那可不行。你要是真想我，就聽我的話，將來咱們也許還有相見的時候。」董強說：「只要還能見面，我一定聽你的話。」黃燕說：「那就從現在起，你要好好地吃喝睡覺，把精神養足了，三天后，你到漂河上游的四方台去，那裡有一種小草，你把它挖回來，栽在地裡……」隨後，黃燕就把栽這種草的方法，詳詳細細地告訴了董強。然後說：「董強哥，去挖這種草，不光要吃千辛萬苦，弄不好還會有生命危險。」董強說：「只要將來還能見面，就是粉身碎骨，我也心甘情願！」黃燕一聽滿意地笑了。忽然，她用手往後一指，說：「你看誰來了！」董強忙一回頭，覺得黃燕用手一推他，「忽悠」一下，從夢中驚醒了。抬頭一看，只見滿天星斗，已經快到半夜了。回想剛才夢中的情景，一宗宗、一件件記得十分清楚。他心想：這是黃燕給我託夢來了，我一定按夢中說的去做。

三天后的一早，董強就到四方台去了。他爬了三道大嶺，過了六條深澗，又攀上了九座懸崖，最後，在四方台下，殺死了一條比盆口還粗的大蛇，才爬到了四方台上。只見在亂石中間，有一小塊土地，中間長著三棵小苗。他小心地連土一起，把三棵小苗全都挖出來，用衣服包好，背在身上，就下山回家了。

董強一到家，就在房前開出了一小塊地，把小苗栽到了地裡。從此，他就按黃燕在夢中說的，每天給小苗澆三瓢漂河水，七天上一次蘇油餅。小苗在董

強的精心蒔弄下，長的就像氣吹的似的。一對對油綠油綠的葉子，像蒲扇那麼大。以後，又長出了一串串粉紅色的喇叭花，結出了比小米粒還小的黑色種子。到了白露，董強把葉子割下來，用草繩拴著晾曬好了。晚上他拿過一個葉來，搓成碎末，裝在粗葦子管裡，用火點著，輕輕抽了一口，嘴裡立刻覺得有一股特殊的香味。他把煙又慢慢地吐出來，可是，等到煙散盡了，什麼也沒有看見。他急忙又抽了第二口，這回抽得猛了點，煙全咽到肚裡了，就覺著渾身一陣舒服，十分解乏。他又抽了第三口，隨著煙霧從嘴裡擴散出來，在董強的眼前，漸漸地顯出一個人影來，等看清了，正是黃燕。她眨動著一雙美麗的大眼睛，衝著董強微微地笑著。董強一看，真是又驚又喜，喊了一聲黃燕，就往前撲。這一撲不要緊，把眼前的煙霧都沖散了，黃燕也不見了。董強不由得愣住了。過了一會，他又點著了葦管，抽了一口，隨著煙霧的擴散，黃燕又在眼前出現了。

從此，每當董強思念黃燕的時候，就抽這種草，一抽，黃燕就從煙中出現。這件事被鄉親們知道以後，大家覺得又新鮮又奇怪，就管這種草叫相思草。後來，因為抽這種草能看見黃燕，大家乾脆就把這種草叫「黃燕」。以後叫白了，就叫成了「黃煙」。

因為這種煙產在蛟河縣境內的漂河沿岸，開始的時候，大家也管它叫漂河煙。後來，由於它色正、味純、不要火，受到了抽菸人的喜愛，甚至得到過清朝咸豐皇帝的加封，為此，種植面積越來越大，遍及了整個蛟河縣，這樣，「漂河煙」就又被叫成了「蛟河煙」。

王大信（講述）

孟慶華（蒐集整理）

長白山淫羊藿的傳說（之一）

相傳在長白山區有一壯年光棍漢，名叫魏武。父母早喪，靠給東家放羊維持生活。他每日早出晚歸，趕著四十餘隻羊往來近百里路，很是辛勞。

臨近知天命的年齡時，東家也是看他厚道肯幹，便將家中喪偶的女傭許配給他為妻。這魏武自然十分高興，放起羊來也格外有精神。

誰知由於他常年出入山林，坐倒木、臥草地，積下了難言的病症。而妻子正當壯年，精力旺盛，床笫之間，魏武常常落於下風，總是敗興。時間長了，媳婦難免要數落幾句：虧你名叫魏武，原來不過是銀樣鑞槍頭。這魏武被媳婦斥責也是羞愧難當，時常默默地唉聲嘆氣。

這一日，他坐在草地上看羊吃草，見羊群中的老公頭羊不斷地追逐母羊，心裡不由地想，這老羊也比我強啊！看著看著，他忽然想起了：這老公羊每當與母羊多次交配之後，總是離群到遠處吃一些草，而在回來之後又不斷地追母羊。這回他上心了，決心去看個究竟。

他尾隨老公羊，見它到林邊的灌木叢中去啃吃一種不知名的草。這種草葉青，狀如杏葉，一根上長著三枝九葉，高達一兩尺。吃了一陣，老公羊彷彿恢復了體力，又生龍活虎般地跑了回來。

這魏武也是經過世故的有心人，他採了一大捆回家，讓媳婦給他做菜、泡水地又吃又喝，漸漸地他感覺這種草很有作用，身體又恢復了原來的活力。他媳婦也自然獨自經常上山採集這種草給他補養。

一日，他媳婦回家悄悄地告訴魏武說，東家的老伴也經常抱怨東家不行事，魏武就讓媳婦也幫助東家老伴給東家吃這種草。日子一天天地過去，魏武也就把這件事情忘了。

忽然有一天，東家把魏武悄悄地叫到一邊問，你打哪知道有這種草的。魏武這才把事情一五一十地說給東家聽。此後，村上的人也漸漸地知道了這種草

的神奇效用。因它沒有名字，人們就叫它「三枝九葉草」。

這種草就是現在長白山區的珍稀藥用植物淫羊藿，魏武的發現還真給後人留下了一味很珍貴的滋補強壯藥材呢！

長白山淫羊藿的傳說（之二）

在長白山主峰西南麓的吉林省臨江市，流傳著一個美麗的傳說。相傳很久很久以前，天庭上有位看管百草園的花貓仙子，偷偷盜取了許多仙藥撒向人間，為人們解除疾病。不料玉皇大帝知道了此事，大發雷霆，派天兵天將捉拿花貓仙子。為躲避追捕，花貓仙子來到鴨綠江邊，在長白山臨江境內與青年馬林結成夫妻。當時，很多村民飽受嚴重的病痛折磨，仙子就用從天庭帶來的一種神奇的仙藥為他們治療，治癒了很多村民。可沒過多久，天兵天將們還是發現了仙子的下落。實在走投無路了，仙子將剩下的仙藥全部撒向長白山，最後被雷電擊中，香消玉殞於臨江貓耳山。

據說花貓仙子撒向長白山的仙藥後來生根發芽，長成了一尺來高的植物，莖頂呈明顯三分枝，每枝有九枚葉片，當地百姓稱其為三枝九葉草，現代中醫學稱其為淫羊藿。

王恩龍（蒐集整理）

狼毒的傳說

山參是百草之王，長白山一寶，和它住在一座山上的狼毒草非常眼氣。它想，論個頭，我比山參矮不了多少，論模樣，我結的籽比山參還好看，可自己卻一點兒也不出名。一天，它和鄰居川烏說：「咱們跟山參住一個山，可好名聲都讓它占去了，太不公平。得想法子壞壞它，出出這口氣。」川烏說：「山參的能耐確實比咱們大，還是別眼紅的好。」狼毒見川烏不跟它一個心眼兒，再也不理睬川烏了。

此後不久，來了一些挖參的人。奇怪的是，凡是挖到人參的人都突然死了。這時，狼毒來到山神面前，說：「山參毒死了挖參人，應該懲罰他們！」山神問：「有何為證？」狼毒把山神領到山前，果然看見幾具屍體。每個屍體的包包裡都包著山參，還有人參籽，山神見狀大怒，忙把山參王傳來訓話。山參王說：「我們人參是沒有毒的，要是吃多了只能口鼻流血，不會藥死。」山神說：「別強詞奪理了！免去王位，押到山後聽候發落！」

這回狼毒可樂壞了，從這座山跑到那座山，到處宣傳山參毒死人被免去王位的消息。川烏聽了後，一點也不相信，它來到山神面前，匯報狼毒早就嫉妒山參，想陷害山參的事兒。山神明查暗訪，終於弄明白了，原來是狼毒用自己的紅籽把挖參人給毒死的。不細看，真就分不清什麼是人參籽，什麼是狼毒籽。山神大怒，要根除這個有毒的禍害。山參王說：「留著他吧，說不定還有用呢！」山神還怕狼毒再用紅籽假裝人參籽毒人，便說：「看在山參王面上，留你一命。不過，再也不准同人參一塊紅籽，等到天河正南正北時再紅！」狼毒自然高興，可是不知什麼是天河。山神說：「等到晚上出星星時，你面朝南就可以看到了。」

此後，狼毒天天晚上面朝南瞅星星，巴望著天河正南正北。等到已是深秋的時候，總算盼到這一天，狼毒的籽果然紅了。可它覺得自己的名字太難聽，

要山神給它改名，山神說：「你天天晚上面南觀星，就叫『天南星』吧！」於是，狼毒就叫天南星了。別看它有毒，治療有些古怪病，還挺管用呢！

五味子的傳說

在長白山西南坡的楓葉嶺上，有個叫五家人的小村子，關於這個村名的由來，還有著一段傳說。

很早以前，五家人這個地方，曾經是個很富庶的地方。村裡住著幾十戶人家，上百口子人。他們以打獵挖參為生，也種些五穀雜糧，日子都過得安穩泰和。誰知，天有不測風雲，這一年秋天，正是棒槌紅鄧頭市的季節，村上開始流行一種病，得病的人上吐下瀉，渾身無力，眼看著紅鄧頭市過去了，可是村裡的人只能眼睜睜地乾瞅著。一家老小明年的嚼用已是沒著落了，明年還不得喝西北風。正當鄉親們無計可施的時候，村裡來了一位名叫武衛的大夫，他領著妻子和三個兒子起五更爬半夜，為村裡人治病，才使病人們的病情漸漸地好轉。可是武衛和媳婦卻因為整日的勞累，加上被病人傳染，不久兩口子便拋下三個孩子，相繼離開了人世。鄉親們幫著這三個孩子安葬了為救大夥兒而喪生的武衛夫婦。

由於武衛兩口子去世，藥品已經中斷。轉眼很多天過去了，村裡的病人又一天比一天多起來，哪天都得死幾口人。武家三兄弟見到這情景，決心繼承父志，為鄉親們治好這種病，給村上的人找一條生路。仨兄弟一合計，決定上山採藥。他們背著背筐，帶上乾糧，翻過九九八十一座山，蹚了七七四十九條河，不知走了多少路，再加上瞎蠓叮、小咬兒咬，真是受盡了千辛萬苦。走遍了楓葉嶺的溝溝岔岔，也沒有找到能治這種病的草藥。這天，兄弟三人連累帶餓，實在走不動了，便東倒西歪，一會兒便呼呼地睡著了。老三做了一個夢：夢見從樹林裡走出來一位大姑娘，綠褲紅襖，大辮子上紮著紅頭繩。她走上前來對他說：「你要給鄉鄰治病容易，只要用村子邊上三冬六夏的冰，熬煮長白山的紅仙果就行了。」老三從睡夢中醒來之後，才知道自己做了個夢，就把夢中情景向兩個哥哥學說了一遍。這時，日頭已經下山了，弟兄三人開始往回

走。走著，走著，老三忽然指著幾步外的地方喊：「哎，哥哥，快看這是什麼？」老大老二抬頭這麼一看，呵！只見一架架爬在樺樹的青藤上，掛滿了通紅通紅的果實，一嘟嚕一串地，啷噹在枝葉中間，「這大概就是夢裡頭所說的紅仙果吧！」兄弟三人趕緊上前各自摘了一串嘗嘗。一品味，又酸又甜，口水頓時流了下來。哥仨這時連累帶餓加上渴，顧不上能不能吃了，便狼吞虎嚥地吃起來了，只吃得哥仨牙都酸倒了。兄弟三人吃飽了又採了滿滿三背筐。紅仙果有了，就差三冬六夏的冰了，哥仨決定回去再想辦法。

本來這幾天老三也染上了病，兩個哥都害怕弟弟有個三長兩短的，勸老三不要背了，可是也不知怎麼回事，老三背起幾十斤重的背筐竟像沒病的人一樣了。

兄弟三人翻山越嶺，回到了村子後山坡上，幾天來的連累帶餓，這時三兄弟實在走不動了，便停下來想找點水喝。老三順著溝膛子走，突然發現了一條細細的小溪流，於是喊來兩個哥哥，弟兄三人飽飽地喝了個痛快，哪來的水呢？三兄弟順著小溪流往上走，來到一個山洞前，才知道水是從山洞裡淌出來的。老大對兩個弟弟說：「我先進去瞅瞅，你們給我看著，這裡莫不是野獸的窩？」說著便爬入洞內。一進洞，他只覺得涼森森的，走著走著，老大發現面前是一片雪白的冰。冰！老大被這冰提醒了，三冬六夏的冰就是這裡吧！於是他跟頭把式地鑽出洞來喊道：「冰，冰，這裡有冰！」

哥仨背著採來的紅仙果和砸下來的冰返回村裡，連夜熬製湯藥。他們點火的點火，劈柴的劈柴，看鍋的看鍋，天還沒亮，第一罐子的湯藥熬出來了。給村子裡的幾位病情比較重的人服下之後，說來也怪，幾天吃不下東西的病人直喊要東西吃；臥床不起的人一下子有了勁，連那些只剩下一口氣的重病人，也都好了起來。

武家三兄弟把怪病祛除了，救了全村人的命，大家商量去武家感謝三兄弟。當鄉親們來到武家推開房門時，驚呆了，武家三兄弟由於幾天幾夜過度的勞累，都早已閉上了眼睛，永遠不能睜開了。

為了感念武家三兄弟的救命之恩，全村人改為武姓，把三兄弟採回的紅仙果取名「武衛子」，並撒遍村子四周的溝溝岔岔。於是，就出現了「武家人」這村名和「武衛子」這種中藥。不知啥時候，「武家人」又被寫成了「五家人」，把「武衛子」寫成了「五味子」。至今，楓葉嶺一帶的山坡上，遍山長滿了鮮紅鮮紅的五味子。

岳恆緒（講述）

岳智良（蒐集整理）

關東三寶的傳說

關於關東三寶，這可有段傳說。

從前，玉女和金童都在天上侍奉阿波凱汗（滿族對老天爺的稱呼）。玉女姑娘不僅心地善良，辦事公道，而且如花似玉，美麗非凡。有許多天神在追求她，可是她只跟金童好。她跟金童形影不離，這就引起了一些天神的嫉妒，總在阿波凱汗面前說金童的壞話，想方設法攆走金童。阿波凱汗造世界時，把天下的寶物都藏在了關東，那裡正需要人去看守，於是就派金童到關東去護寶。玉女聽到了，又氣又恨。她跟金童說：「你沒有一點過錯，你今天的災難是由我帶來的，這些無恥的天神，為了使他們有機可乘，竟然使出這種卑劣的手段！我要與你分開了，請你不要過分傷心。我這樣做，不光是為了你，主要是為了打破那些傢伙的如意算盤。」

金童忙問：「你要做什麼？」「這你不必問了，凡事聽我處理就是了。」玉女說著就敲響了天鼓。天鼓一響，眾神歸位，阿波凱汗升堂後，問何人為何事擊天鼓。玉女上前下跪說：「我已對金童以身相許，發誓患難與共。現在金童患病在身，我願替他去關東護寶。」

沒等阿波凱汗發話，心存邪念的天神搶先出班奏本，說玉女去不得。玉女十分氣憤，回頭低聲說：「不要欺人太甚，若是惹惱了我，挑明真情，鬧得大家都沒趣兒。」一聽這話，那個天神乖乖地退了下去。玉女從腰中拔出神劍放在自己脖子上，說：「如果不讓我代替金童，我寧願就此自盡，以補償金童對我的情意。」阿波凱汗見她鐵心要去，就答應了她的要求。

玉女來到關東，站在最高的一座大山頂上一望，見各種寶物都巧妙地藏在這裡，地面長的，水裡游的，天上飛的，林中跑的，到處都是。關東真成了百寶囊。可是這裡的人們不認識這些寶物，守著這麼多寶，卻過著貧病交加的痛苦生活。心地善良的玉女哪能忍心呢，就回到天庭向阿波凱汗說明了關東人民

的疾苦。得到了阿波凱汗的允許後，她就告訴人們，人參是寶物，吃了就可以去病患，補身體。

到了寒冷的冬天，玉女看到關東人被凍得太可憐，就跑去徵得阿波凱汗的同意，把貂皮這一寶物指給了人們。她已經不知不覺的把關東父老裝進心裡了，時刻想念他們。不久，玉女看到有不少男人上山打獵時，把腳凍壞了，就又回到天宮請求，再把烏拉草賜給人們。這下阿波凱汗不高興了，說：「派你去關東是去護寶，可你，今天送一樣，明天送一樣，照這樣下去，幾天你不就把寶物全送光了嗎？再說，事可一、可二，哪有再三再四的道理？」玉女說．「既然用人參貂皮救濟了人們，可是沒有草，不能去打獵，不也得餓死嗎？救人要救活，這也是個道理呀。」阿波凱汗想了半天才說：「不管怎麼說，你應當知道你的職責是什麼。這樣吧，我答應你把草指給人們，不過，這可是最後一次了。已經賜給關東人三寶了，事不過三哪，不許再來求我了。」玉女感激地說：「謝謝阿波凱汗，保證再不來求了。」玉女以為，關東人民有了這三宗寶，應該不會再有難處了。可她一直沒見到婦女，感到很奇怪，就挨家挨戶地去看。見婦女都躺在炕上，一個個黃臉婆似的。一問原因，婦女說：「雖然有人參，貂皮，可是咱們女人，在這冰天雪地裡血脈不調，能活得了嗎？請問玉女，不知這關東有沒有補經血的寶物，求玉女為我們指明。」「有是有啊，可是天神不允許我再指給你們了。」婦女們聽了，有的落下眼淚，說這樣常年囚居在炕上，整天昏昏沉沉的遭活罪，還不如死了好。有的哀求玉女發發慈悲，為她們想想辦法。玉女懷著憐惜的心情，又一次回到天宮．可還沒等她開口，阿波凱汗就把她撐下了天庭。她犯愁了，怎麼辦呢？婦女們的苦臉愁容和悲切哀求，使她善良的心不得安寧。最後她心一橫，豁出去了，不顧天條，把能補經血的鹿茸指給了人們。

關東人民利用這些寶物，男的變得彪悍強壯，女的個個唇紅齒白，俊俏無比。他們一起打獵，採山，跳空齊（滿族舞蹈的一種），生活得十分快樂幸福，玉女見了非常高興。就在這時，突吉奴恩（雲彩妹妹）跑來告訴玉女，有

個天神告發了玉女，說她私自將寶物洩露給人間，阿波凱汗要前來查問。玉女鎮靜地說：「這不怪人告發，確實有這事兒。」雲妹妹問：「那怎麼辦呢？」「反正現在人間的疾苦解除了，我就任憑他們處置吧。」「那怎麼行呢？」雲妹妹焦急地說。「不行，也沒辦法可想。」雲妹妹漫天行走，見多識廣，她想了一下說：「這樣吧，你就裝作老糊塗了，任他怎麼問，你都裝傻賣聾，他也不能過分處置你。」「傻妹妹，你要知道，我是青春永在的仙女啊，怎麼會衰老呢？」「天神們誰也沒下凡到關東來過，這兒的風霜雨雪這麼厲害，神仙在這變不變老，誰知道哇。」「真像你說的那樣，裝聾賣傻，倒好辦，可我這青春容顏變得了嗎？」「這也好辦，向尼瑪麗格格（雪姐姐）用白雪壓頭，我用白雲給你遮面，就行了唄。」說辦就辦，很快雲妹妹就把玉女裝扮成鬢髮皆白的老奶奶了。她剛打扮完，阿波凱汗就來到了。玉女顫顫巍巍地坐在大山頂上，只對他點點頭，也沒到近前施禮。阿波凱汗質問玉女：「你向人間都洩露了什麼寶物？」「還是你允許的那三宗寶。」

「就那三宗嗎？」玉女點點頭。阿波凱汗叫來了男人和女人，當著玉女的面問：「玉女給你們指點了什麼寶物？」男人回答說，關東三宗寶，人參、貂皮、烏拉草；婦女回答說，人參、貂皮、鹿茸角。阿波凱汗問這是怎麼回事？玉女老聲慢氣地回答：「不是我說錯了，就是他們聽錯了。」然後她又自言自語：「咳，是人參、貂皮、烏拉草呢，還是人參、貂皮、鹿茸角呢？」男人證實說是烏拉草，女人證實說是鹿茸角（直到今天，對關東三寶的說法仍未統一）。

阿波凱汗一看玉女都老哆嗦了，他就趕回天宮，召集眾神，要重新派一位天神來護寶。天神們一聽說玉女下到關東就老得不成樣子，都怕這差事落到自己頭上，一個個心情十分緊張。金童聽說玉女已老態龍鍾了，心裡很難過，他跟阿波凱汗請求說：「玉女當初是替我下凡，現在她已衰老，我願意前去同她一起守護關東諸寶，保證萬無一失。」

聽了金童的話，諸神才鬆了一口氣，都順水人情地稱讚金童說得在理。得

到阿波凱汗的應允，金童下凡來到了玉女面前。仔細一端詳，玉女的容顏和當初一樣，他樂了！就一手去扯白雲面紗，一手去拂頭上的雪。玉女趕忙握住金童兩隻手說：「不要動，這樣既能避免那邪惡之神的嫉妒，又能跟關東父老生活在一起。」金童聽了高興地說：「你真行啊，能想出這樣巧妙的辦法。」「不，這是白雲妹妹的主意．我們能在此團聚，應當感謝她。」玉女說著，也讓金童頭頂白雪，面罩白雲，和她一起坐在這最高的山頂上，望著關東人民打獵、採山、跳空齊。這山頂由於他倆常在，就成了長白山。老遠望去，雪白一片，一年四季不變顏色。因此，這座大山也被人們稱作長白山神。人們為了報答玉女賜寶的恩德，每年都來拜祭長白山神，子孫後代接續不斷。

刺官棒的傳說

在長白山西坡有一種草，長得和人參相似，就是渾身長刺。當地人叫它刺官棒。

早些年，長白山來了個鎮守吏，說一不二，誰也不敢惹。每天吃的是山珍海味，這還不滿足，聽說長白山上有苗寶參，吃了長生不老，就年年逼老百姓上長白山去挖這苗寶參，挖不到就砍頭。

有個叫雙全的小夥子對鎮守吏說：「你不用逼鄉親們去，我一個人去。」鎮守吏一聽有人去，很高興地說：「白露這天交不來寶參，就得砍頭。」雙全答應了，腰裡別著把尖刀進長白山了。

在山裡，雙全渴了喝口山泉水，餓了吃口乾糧，正在這時，忽然，起了一陣狂風，把林子吹得嗚嗚直響，等風勢剛剛停住，就見一條好幾丈長的蛇向雙全撲來，雙全也顧不上害怕，猛一閃身，說話之間蛇已經到了他的眼前，他拔出尖刀向蛇刺去，就聽「撲哧」一聲，血噴出一尺多高，蛇帶著傷跑了。雙全踩著血溜子就追，追到一個大石砬子下，那條蛇臥到砬子上，石砬子尖上長著一苗大人參，頂著火紅的參籽，風一吹對著雙全直點頭。雙全心想，這多半就是鎮守吏要的寶參。這時，蛇伸出芯子去舔那棵參，眼看蛇的血快要止住了，雙全不知哪來的一股力氣，一縱身就跳上石砬子，拔出尖刀照準蛇就一下子，再一看蛇死了，參不見了，面前站著一位白鬍子老頭兒，笑眯眯地對雙全說：「小夥子，真得謝謝你啊，這條蛇足足纏了我五百多年了，現在你救了我，送你一苗參，拿回家去過日子吧。」聽了這話，雙全長出一口氣。白鬍子老頭兒一看雙全有心事，就問：「你有啥為難的事嗎？」雙全就把鎮守吏逼百姓挖寶參的事說了。雙全說：「要是鎮守吏得了寶參，百姓就沒了活路，只有除掉他，百姓才能有安穩的日子。」白鬍子老頭兒說：「治死狗官我倒有辦法，就怕你辦不到。」「我能辦到。」白鬍子老頭說：「你得變成一種草，永遠留在

長白山裡。」雙全把心一橫，為救百姓情願不出長白山。白鬍子老頭從身上脫下一件舊衣服遞給雙全說：「披上這件衣服，你就變成一苗大人參，讓百姓把它送給狗官就行了。」

雙全回到家裡，把這件事對大夥說了，大夥兒聽了心立刻「咯噔」一下，雖說能治死狗官，可雙全就沒命了。這時，午時已到，雙全拽過大布衫往身上一披，變成一苗大人參。

鄉親們把雙全變的人參送給鎮守吏，狗官不由分說，一把抓過來就是一口，這一咬不要緊，就聽「媽呀」一聲，像殺豬似的，原來人參長出了刺，把狗官給扎死了。

從那以後，長白山上就多了一種草，叫刺官棒。

梁　之（原文）

張志強（改寫）

穿山龍的傳說

從前，長白山裡百姓的日子過得可緊巴了。加上成年到輩在山裡轉悠抓撓，風吹雨淋、雪浸冰凍的，得腰疼病的海啦。得上這病才糟心呢，整日筋骨酸麻、行動艱難，沒法幹活。日子苦得更邪乎了。

得病就得扎咕啊。山裡小街只有一家父女倆開的小藥房。父親為人忠厚，按宗排行老二，鄉里鄉鄰的都尊稱他為「二先生」。姑娘從小登山爬砬子跟爹採藥，風裡雪裡跟爹行醫，山裡人都親暱地稱她「藥嫚」。父女倆給鄉親們治病，有錢糧就放下點，沒錢糧照樣看病給藥，從不計較，深得八方鄉里的尊重。

二先生越來越愁悶，因為得腰腿疼病的鄉親糊上了門，可又苦於找不到一味治療這病的有效藥。每日裡看到叫病折磨得痛苦不堪的鄉親，心裡堵得慌。

藥嫚知道老父的心事，又看到患病鄉親久治不癒的糟心勁，著實不忍，琢磨來琢磨去，只有找到一種治腰腿疼的有效草藥才能解憂。這天，她對老爹說：「爹，您在家守門治病，我去尋找新藥吧！」二先生上了歲數，難於再登山，想想別無他法，只好這麼辦了。

藥嫚知道近處山嶺的花花草草叫他父女倆嚐遍了，只有到人跡罕至的黑龍灣了。這黑龍灣山高林密，凶禽猛獸晝夜出沒，還傳說有條黑妖龍盤踞在灣中。人們懼怕這裡，連好獵手都沒有敢去的。

藥嫚不辭艱辛，爬嶺鑽林，小心地躲著凶禽猛獸，來到黑龍灣。她在灣邊搭個棚子住下，天一亮就背上背筐遍野找藥。幾天過去了，幾乎遍嚐這裡的花草枝蔓，憑她的藥性知識，看、聞、嚐、琢磨，她愁了，沒有一種能治腰腿疼病的。這天她又尋到天黑還是一無收穫，回到棚中煩悶地哼起小調：

採藥喲採到這黑龍灣，

藥嫂不懼艱險難，

只求尋得神藥草，

治病積善在人間！

　　唱著唱著，也困得禁不住了，躺倒在草鋪上睡了。她見打龍灣裡走出一位黑衣黑褲的小夥子朝棚子走來，邊走邊接著她哼的小調唱道：「為民尋藥到林莽，姑娘真有好心腸，小龍見情應相助，能為姑娘幫啥忙？」

　　藥嫂見小夥子近前來了，不禁一慌一躁，可又見他穩穩重重的，膽子又壯起來：「你是何人？入夜到此何幹？」

　　黑衣小夥子深施一禮：「我是一條有罪的小龍，三千年前，幼不知事，曾隨意發水淹沒過這一方的田園，坑害了眾多百姓，造下罪孽，被玉帝貶困在此灣中受罪。年長起來懂事了，看到黎民百姓過日子艱難，加上疾病纏身，更覺過去作踐百姓的罪不可恕。今見姑娘不懼艱險，為除黎民疾患隻身進密林，很想幫姑娘的忙，以贖前罪！」

　　藥嫂被黑衣小龍的坦誠打動了，便把尋找治腰腿疼草藥的事說了。黑衣小龍沉思了一會兒對姑娘說：「這忙我能幫上。待會兒你聽到什麼響動可不要出棚子。等到天明你看到像我鱗片葉子樣的藤蔓就挖根莖吧。為了採挖方便，我會拱遍坡坡嶺嶺，讓得病用此藥的人隨處可挖。用我的身子解民苦痛！」說完，一晃，變作黑龍，鱗片閃閃，圍棚騰轉兩圈，扭頭朝灣邊的天柱峰飛去！

　　藥嫂一激靈醒來，雖然還記得小黑龍不讓她出棚的囑咐，可她放心不下還是急忙趕出棚外。這時，只見電閃雷鳴，大雨中一條黑龍揚虬騰軀，一次又一次地朝天柱峰撞去！鱗甲四下橫飛，震得山林嗚嗚驚鳴！一會兒工夫，黑龍脫盡鱗片，沒有鱗甲的身軀鮮血淋漓，搖搖晃晃地栽進灣中。

　　雷停雨止了，林中又恢復了夜暗。藥嫂難過起來。這時候什麼也看不著，只好回到棚中等天明尋找小黑龍捐軀變化的草藥。

　　天一放亮，藥嫂一骨碌爬起跑出草棚，四下裡尋找，果見在棚邊的樹幹和

高草稈上都新長出一種爬藤，葉子很像龍鱗。她用藥鋤挖出根莖，啊，這根莖就像小黑龍的身軀，藥嫚忍不住又落下淚來。她想到小黑龍的囑託，強忍住淚，拚命地挖呀挖，挖了滿滿一背筐下山了。

藥嫚回到家裡，把前後經過向父親和鄉親們一說，父親和鄉親們都難過了，齊向黑龍灣方向跪拜下去。

二先生用這味藥為君，配上幾味別樣藥為臣，治療腰腿疼病立見功效。得這病的鄉親又能幹活掙飯吃了。

村裡人看到這種藥用的根莖像龍也像龍骨，串根生長，隨處可挖，便管它叫「穿山龍」，也有叫「穿龍骨」的。鄉親們不忘小黑龍的獻身恩德，合夥到黑龍灣建了座「黑龍神廟」紀念小黑龍。

王樹修（講述）

王希傑（蒐集整理）

黑木耳的傳說（之一）

　　黑木耳口感細嫩，風味特殊，是一種營養豐富的著名食用菌。它的別名很多，因生長於腐木之上，其形似人的耳朵，故名木耳；又似蛾蝶玉立，又名木蛾；因它的味道有如雞肉鮮美，故亦名樹雞、木機。關於黑木耳名字的由來，民間流傳著一個唯美的傳說。

　　相傳，在偏遠的鄉村中，有好多的原始的森林，因為這個地方地廣人稀，又加上村中的年輕人都到傳說中的大部落去尋找夢想，所以這個村中越來越靜寂，越來越原始，這個村莊也越來越小。

　　在年復一年雨水的滋潤中，這片原始森林中滋生出一叢茂盛的黑木耳，在黑木耳不遠的地方長出一朵鮮紅無比的花，黑木耳蜷縮在腐朽的木頭上，懶洋洋地享受著陽光。一日又一日，鮮花也在年復一年地盛開、枯萎。

　　一天這兩鄰居講起了心裡話。鮮花說，我這麼漂亮怎麼會和你一起呢？不過你放心，總有一天我會被人帶回家。

　　黑木耳靜靜地對鮮花說，你天生麗質，在這裡的陽光更適合你的發展。外面或許沒有這裡的水分充足，外面的土壤或許沒有這麼肥沃。

　　鮮花的心早已飛出森林之外，不再理會黑木耳。而黑木耳明白，濕潤的環境和腐朽的木頭才是自己生長繁衍壯大的根基。黑木耳僥倖地長成了一大片，而鮮花卻日益憔悴、一枝獨秀。黑木耳明白鮮花的期盼與痛苦，便告訴鮮花，我一定想辦法把進山的人吸引到這裡來，鮮花蒼白地笑了，她知道或許過不了幾個春天自己將不再盛開。黑木耳伸長耳朵聽著進山的聲音，並讓自己的子孫向著路邊生長。終於在一個陽光明媚的上午，一對進山旅遊的情侶被旺盛的黑木耳吸引了，「啊，這黑東西真可愛，長得像你的耳朵！」「哈哈，那就叫它黑木耳吧！」在嬉戲聲中，小情侶走向了鮮花。鮮花被捧到了女孩面前，「啊，好臭哦！」鮮花被扔在了黑木耳身邊。鮮花瞬間枯萎了。等待了億萬年

才發現原來自己是臭的，黑木耳沒看見鮮花的一滴眼淚。在後來的春天裡，黑木耳再也沒有鮮花的陪伴了。

　　一棵希望被採摘的心被拋棄後，鮮花的精神崩潰了，即使為了見到採摘者已經等待了萬年，但在被拋棄後就連萬分之一秒都不想再活。黑木耳擁著鮮花直到她風化成為自己身上的一部分。

　　黑木耳依然伸長耳朵，在歲月的河畔等待，或許在等待早點聽到採摘者的聲音，或許在時刻準備著，一聽到採摘者的聲音就馬上枯萎。

　　山川不語腹藏碧玉，黑木耳不語卻伸長了等待的耳朵。活著，不能預知未來，等待是一種必然。

　　黑木耳色澤黑褐，質地柔軟，味道鮮美，營養豐富，可素可葷。它是著名的山珍，可食、可藥、可補，中國老百姓餐桌上久食不厭，有「素中之葷」之美譽，世界上被稱之為「中餐中的黑色瑰寶」。它不但為中國菜餚大添風采，而且能養血駐顏，令人肌膚紅潤，容光煥發，並有防治缺鐵性貧血及其他藥用功效。

王恩龍（蒐集整理）

黑木耳的傳說（之二）

相傳，很早很早以前，長白山裡有一個小村莊，住著一戶姓王的人家，老頭兒名叫王五，上山採藥打獵，老伴兒在家蒔弄房前屋後的一點兒薄拉地。老兩口兒只有一個女兒，一家三口人，靠山吃山，日子過得倒也很快活。

這姑娘越長越漂亮，老兩口兒想給如花似玉的女兒找個好婆家，天有不測風雲，就在女兒十七歲那年，王五不知得了什麼病，躺在炕上不吃不喝不動彈，到處求醫討藥，咋也治不好他的病。姑娘眼看著爹爹的身子一天天地瘦弱下去，心裡很是難過。

這一天，王五掙扎著對姑娘說，要想治好我的病，就得用長白山頂上的千年靈芝，可惜你是個女孩兒呀！

姑娘一聽千年靈芝能治好爹的病，就偷偷地帶著小花狗上山了。她自己也不知道在山上走了多長時間，走呀走，在一棵大松樹下，找到了千年靈芝，她剛想上去採，一看，在靈芝旁邊還臥著一隻老虎。為了治好爹爹的病，她什麼也不怕了，悄悄地從後邊撲過去，將靈芝採了下來。就在這時，老虎張開血盆大口，向她猛撲過來，她急忙將靈芝扔進狗嘴裡，小花狗叼著靈芝跑下了山。

再說王五老兩口兒見女兒沒了，急得不知如何是好，就在這時，只見小花狗叼著靈芝「呼哧呼哧」地跑了回來。老伴兒急忙把靈芝煎好給老頭兒服下，老頭兒翻了幾下身子，病立時就好了。

老兩口兒急忙跑到山上去找姑娘，小花狗在前面引路。他們來到採靈芝的地方一看，哪裡有姑娘的影子，只見地上有一攤血跡，還有兩隻耳朵。老兩口哭著，把姑娘的兩隻耳朵撿回家去，放在柞木墩上。誰知過了一天，柞木墩上長滿了耳朵。摘下來放在別的木墩上，也是一樣，一長一大片，人們就把這東西叫作「黑木耳」。

馮永太（講述）

焦明福（蒐集整理）

白山狗寶的傳說

　　長白山有一種草藥，叫桔梗，可當地人卻叫它是「狗寶」，還有段故事哩！

　　那是早些年的事兒啦晴，有一個獵人餵養了一條大黃狗，幫助他打獵。誰知有一次在長白山裡打獵，獵人突然得咳嗽病一口氣沒上來死了。黃狗非常難過，用嘴巴子拱土把主人埋葬了。此後黃狗不吃不喝，整天圍著主人的墳轉圈子。幾天過去了，黃狗越來越瘦，連站都站不起來了。一隻紫貂看見了，就弄來好吃的餵狗。狗吃了紫貂送來的食物，只是搖搖尾巴，什麼話也不說，還是趴在那兒不動。紫貂就天天來餵牠。時間長了，狐狸知道了這事兒，它跑來看熱鬧，見狗半死不活地趴在那兒，說：「你以前的威風哪去了？嗯？」黃狗並不理睬它，像傻了一樣。狐狸突然心裡一動：聽說「牛黃」、「狗寶」都是難得的寶貝。長狗寶的狗都瘦，瘦死之前從嘴裡吐出一個硬塊，就是狗寶。莫不是這條狗長了狗寶？想到這兒，狐狸也假惺惺地來餵狗，可是黃狗就是不吃狐狸給的東西。狐狸氣得罵了一聲就走了。雖然走了，還是天天偷偷跑來看，生怕狗寶讓別人弄去。

　　沒多久，黃狗長狗寶的事兒，讓狽知道了。狽想來看看，可它前腿太短，走道費勁，就趴在狼後腚上，和狼一起來看黃狗。它們好容易找到黃狗，見狐狸也在跟前，就很不高興。

　　黃狗見狼和狽也來了，想同它們拚命，可是半點兒力氣也沒有了，一著急，吐出一口鮮血，接著又吐出一個硬塊，便死了。狐狸眼尖，一下子把硬塊搶到手。可狼和狽把它圍住了，想跑是不可能了。狐狸氣得把硬塊丟在地上，接著撒上一泡尿，頓時臊氣熏天。狼和狽火了，向狐狸撲來，狐狸顧不得狗寶了，掉頭就跑。狼和狽追出挺遠，狐狸跑沒影了，它倆才回來。可是，哪有狗寶的影子？黃狗也被土埋了起來。它倆找了半天沒找到，只好氣哼哼地溜走

了。原來，紫貂早就躲在一邊，看見它們爭搶狗寶。等狼、狽去追狐狸，它就趕緊來把狗寶埋在地裡了，又把黃狗埋了起來。

　　過了些日子，紫貂來找狗寶，狗寶沒有了，那地方卻長出了一棵草，這就是桔梗。直到現在，桔梗根還有一種像狐狸臊似的難聞的味。不過，止咳祛痰倒挺管用呢！

王德富（蒐集整理）

蕁麻的傳說

很早很早的時候，在長白山下的一個小屯子裡住著一家姓王的，丈夫積勞成疾，過早去世，剩下孤兒寡母兩個人。兒子名叫王小。媽媽整天給財主李疤眼兒漿洗衣裳，換碗飯吃。王小一年小兩年大，轉眼到了懂事的年齡。他不讓老娘給人幹活兒了，自個兒去給李疤眼兒放豬，頂個小半拉子，掙點兒糧，娘兒倆對付著活。

街坊住著一個老張頭兒，為人正直善良，眼瞅著王家過得很難，就背地幫著幹點活兒。

有一天，王小放豬回來，正碰上李疤眼兒從王家大門走出來。李疤眼兒斜眼看著王小，「嘿嘿」一聲冷笑，一閃身溜了。

他娘正臉朝炕裡用袖口擦眼抹淚呢，見王小回來了，就問：「兒呀，你咋回來這麼早？」王小說：「娘，今天我是在北大窪放的，豬吃飽了，我就趕了回來。剛才李疤眼兒來幹什麼？」娘上言不搭下語地說：「來，來要債。」王小說：「娘，你別太傷心了，再過幾年，我長大了，那債就能還上。」娘聽了，哭得更厲害了。

轉眼半年有餘，王小娘整天悶悶不樂，人漸漸瘦了，一個人背著兒子唉聲嘆氣，掉眼淚，王小覺得奇怪，有一天問娘：「娘，你要是哪不舒服就吱聲，咱手裡沒錢，借也得給你請郎中。你要是有個三長兩短的，我可怎麼活呀！」娘摸著王小的頭說：「兒呀，娘沒病，我要是有不行的那天，你可得記著是誰逼得咱家破人亡呀！」王小點著頭說：「娘，我記著哪。」第二天，王小放豬回來，見娘不在屋，就房前屋後找，仍不見娘的蹤影。去鄰居張老頭兒家問，張老頭兒說：「剛才你娘是來過，她說，等你回來就不要去找她了，她去親戚家。我問去哪個親戚家，她沒吱聲就走了。」王小眉頭一皺，說：「我也沒聽說有什麼親戚家呀，能上哪去呢？」張老頭兒又說：「沒有親戚？呀！她來時

臉色不對，是不是出了什麼事？」

經張老頭兒這麼一提醒，倆人都著急了，他們走東鄰串西舍地到處找開了。當找到西崗時，看見王小娘在一棵老歪脖兒柳樹上上吊了。從樹上卸下來，已經沒有一點兒氣兒了，王小見狀，撲上去就哭。

在人們給王小娘淨身穿衣服時，發現王小娘懷了身孕。人們七嘴八舌地說開了：「這寡婦到底沒守住，失了貞節，這是沒臉見人了……」「這肯定是和那老張頭兒不清白。」

王小聽了這些埋汰娘的話，氣得臉色通紅，他怒氣衝衝地去找老張頭兒。老張頭兒正在張羅給王小娘做棺材，見王小一臉怒氣就迎了出來，王小兜頭就是一句：「是你害死了我娘，我要你償命！」老張頭兒愣住了，經別人一說，他才明白是怎麼一回事，就說：「你還記得李疤眼兒去你家要賬的事吧？你娘當時找我，讓我往後多照顧你。我說，你可尋不得短見呀，孩子沒爹再沒了娘，那日子可怎麼過呀，你就忍心兩眼一閉就走了嗎？唉，誰知……」王小聽了，再一想，對，李疤眼兒來要債，娘總是躲著掉眼淚。他提著放豬鞭就直奔李疤眼兒家，老張頭兒攔也攔不住。

到了李疤眼兒家，王小喊道：「老東西，還我的娘！」掄起鞭子就抽，李疤眼兒一愣神兒的工夫，右邊那隻疤瘌眼兒被抽冒了，疼得他「嗷嗷」直叫，抱著腦袋喊：「來人呀，小豬倌反了！來人……」打手們聽到喊聲，直撲過來。一個孩子哪能敵過這幫豺狼，一頓棍棒拳腳，王小被活活打死，他們把王小扔到了後山溝裡。

老張頭兒趕到後山溝不見王小的屍首，只見地上有一攤烏黑的血。老張頭兒坐在地頭兒傷心地哭了。

老張頭兒正哭到傷心處，李疤眼兒摀著受傷的眼睛來到了後溝。他是想看看王小到底死沒死，怕活過來再來報仇。剛走到那攤血跟前，猛地從地下鑽出一叢叢青草來，那草渾身長刺，把李疤眼兒蜇得「嗷嗷」叫，一下子就坐在地上。這一坐不要緊，李疤眼兒的屁股、大腿被蜇個遍，疼得他連滾帶爬地跑了

回去。

　　老張頭兒心裡說，王小有靈呀！說著用手就去摸那青草，這一摸不要緊，又把他的手給蜇了。老張頭兒以為王小還記恨著他，就哭喪著臉說：「王小王小別蜇我。」說著又去摸，怪的呢，這青草就不蜇他了。他抈了一把，打起草繩，又筋道又結實。

　　後來，人們見這種草蜇人，又能打草繩，就管它叫「蜇麻」。

王春榮（講述）

紀連生（蒐集整理）

布襪菜的傳說

每年春天，長白山到處都是蕨菜、布襪菜等野菜，一片蔥綠，茁壯茂盛。關於布襪菜的由來，流傳著這樣一個故事。

很久很久以前，長白山群山中間有一個村子。村子裡住著一個容貌出眾、心靈手巧的姑娘，名叫琅子。她從小失去父母，孤零零地獨自居住。

就在琅子十九歲那年的春天，村子裡來了個年過五旬的老和尚。作為和尚，應該是替萬民求佛，為著生降福。誰知這個老和尚卻是個好色之徒。他在村裡東遊西逛，正好走到琅子家門前。老和尚一見琅子那嬌豔的容貌，頓時目瞪口呆，骨軟筋酥，再也邁不開腿了。

「哎呀，世上竟有如此嬌好的女子！我要是不能把這樣的女子誘騙到手，還算什麼大丈夫！」

和尚根本不顧自己的身分，坐思臥想，如何把琅子騙到手裡一洩獸慾。終於在一個皎皎的月夜裡，老和尚神不知鬼不覺地溜進琅子的家中，他厚顏無恥地對琅子說：

「琅子，我也知道深夜找上門來不甚有禮，但我還是來了。」琅子舉止端莊地說：「高貴無比的大師父，您怎麼跑到我這個孤獨卑賤的姑娘家來了呢？」

「琅子，我早就想與你結成良緣。千萬別再讓我痛苦憂愁啦！」

聽了老和尚一派胡言，琅子大吃一驚，她哪裡會想到這個老和尚竟會如此荒唐無稽。

「您對我這個卑賤的女子如此看重，真叫我感激不盡。不過，我年齡尚小，師父又是高貴的救世主，您欲和我結緣的話，說得實在是太不恰當了。」

「琅子，眼下正是無人知曉的深夜，還是別拒絕我這番熾熱的請求吧。」

說著，老和尚按捺不住地動手動腳起來。琅子躲無處躲，喊又無人能聽

見。琅子家恰似萬里滄海中的一星孤島，難道說眼睜睜地任其凌辱嗎！

「來呀，快來呀！」

老和尚越逼越近，這時，琅子的腦海裡突然閃過一個念頭。「師父，您非要與我這個卑賤無知的女子結緣的真情，使我十分惶恐。您假如能滿足我一個懇願，那我就真心答應您的要求。」

「你有什麼願望？」

「請您替我蓋一座小巧雅緻的寺院……」

「哦，蓋寺院幹什麼？」

「那我不就能成為一個終身陪伴師父，共享歡樂的尼姑了嗎？」

老和尚露出了色迷迷的微笑。「呵呵呵，這想法不錯！就這麼辦！你是說在這個大師父手下當個尼姑，一輩子侍奉我嘍？呵呵呵……我就給你蓋個寺院。」

第二天，老和尚開始蓋寺院。他動員了許多壯丁，奠基砌石、壘磚上瓦……開工不到一個月，寺院蓋完了。那天夜裡，老和尚發了瘋似的跑到琅子家裡。

「好了，琅子，寺院蓋好了。快去看看吧！」

說著，老和尚迫不及待地抓住琅子的雙手。剛欲出門，只聽得「轟隆隆」一聲響，那座寺院頓時倒塌了。

「啊，這是怎麼回事？！」

老和尚只覺得眼前一陣發黑。琅子冷冷笑著說：

「哼，在蓋侍奉佛祖的寺院時，本應該一心想著佛祖，而您卻時刻不忘女色，地基如何能打牢，房柱如何能豎正！」

「啊？這可怎麼是好呢？」

「我說大師父，您要是真心想得到我，就把寺院重蓋。不過，我懇求您在蓋寺院期間，一定要丟開雜念和慾望，一心以佛祖為重才是。」

滿腦色慾的老和尚，只得重蓋寺院。一個月以後，寺院又竣工了。那天晚

上老和尚又慾火焚身地跑到琅子家裡。誰知他剛撲向琅子欲行非禮時，那座寺院又轟隆一聲倒塌了。

「啊呀，這老佛爺也太不夠意思了！」

「師父，一切都有天意，誰敢違抗呀？」

按道理說，這時，老和尚應該清醒，痛改前非，但是，色膽包天的老和尚不但不悔過自新，反而獸性大發，不顧一切地朝琅子撲了過去。早有準備的琅子一閃身跑出門外。老和尚忙伸手去抓，僅抓住琅子的兩隻腳。琅子一掙身，只有兩隻布襪子落在老和尚手裡。

老和尚扔掉布襪又追上去抓琅子的腳。如前一樣，落在他手裡的仍是兩隻布襪子。老和尚惱羞成怒，連抓數十次，可數十次抓在手裡的依然是兩隻布襪子。老和尚還是窮追不捨。琅子也已經筋疲力盡，再也跑不動了。布襪子被抓掉，又穿上另一雙，如此數十次，現在連一雙布襪也沒有了，只能光著兩隻腳。最後，琅子到底被老和尚抓住了。

「哈哈，看你能逃出我的手心！」

說時遲那時快，琅子猛然抱住老和尚，朝千丈懸崖滾下去。

「啊……」

就在跌落懸崖的一剎那間，貪色的老和尚才從迷夢中驚醒。然而，為時已晚，妄圖凌辱純潔少女的好色之徒最終逃脫不了天意的嚴懲。

長白山的山山嶺嶺埋下了琅子那純潔的布襪，在埋有布襪的地方長出了青青的野菜，後人把這種野菜叫作「布襪菜」。

崔國鉉（講述）

李龍得（蒐集整理）

天麻的傳說

頭道松花江上游，有片降煙起霧的老林子，裡邊有二九一十八架砬腿子，一模一樣，方圓好幾百里。放山人管那兒叫十八砬砬拐，是個迷魂陣，一般的都不敢進去。那些人參精看砬砬拐裡安全保險，就成戶成戶地往那兒搬，一個拐裡住一戶，一共住了十八戶。

常了，人參精也交朋友，串門子，還拜姐妹結兄弟呢，後來也有求婚娶親的。

第二拐裡住著娘倆，老太太是刺參，個頭不大，滿臉乾巴褶子，脾氣也怪。兒子四品葉，長得精精神神，心眼也好。刺參愛喝山芍藥花的花露水，四品葉就得起大早，背個樺皮筒兒，四處去弄。

這天，四品葉來到第五拐裡，那芍藥花才多呢，一片連一片。他剛想去收花露水，從花中間站起個大姑娘。四品葉認得，這是人參姑娘，梳著兩根小辮兒，是二甲子，辮子上沒有又紅又亮的珠子，那是她的年頭還少，不能結出寶參籽兒。

兩個見了面，說了幾句家常話。二甲子幫四品葉弄花露水，不一會兒就把樺皮筒弄滿了。二甲子問：「四哥哥，明個還來嗎？」四品葉說：「來，二妹妹還來幫忙嗎？」二甲子點點頭。就這麼，四品葉天天來，跟二甲子說話嘮嗑，二甲子幫他弄花露水。一來二去，兩個就好上了。有一天，四品葉小聲地說：「二妹妹，給我當媳婦行不行？」二甲子羞紅了臉，低個頭說：「你不嫌我年頭還少，道行還淺，配不上你？」四品葉說：「配得上，配得上！」二甲子見四品葉說的是真心話，就說：「回去請媒人吧。我沒爹沒媽，住在叔叔家，媒人一提准行。」

誰知四品葉跟他媽一說，刺參炸了：「怎麼能找個二甲子？我這輩是五品葉，你這輩也是四品葉，咱們是老山參大棒槌，算是高門檻兒！二甲子是小參

貨嫩秧子，門不當，戶不對，不行！」四品葉怎麼央求也不中，最後說出二甲子會蒔弄芍藥花，能叫刺參天天喝上花露水，再加上四品葉要死要活的，沒辦法才點了頭。四品葉樂得一蹦八個高兒，找人參鳥去提親，果真一提就妥了。

迎親那天，雖說不怎麼熱鬧，可也挺有意思的。四品葉請來了梅花鹿，二甲子坐在鹿身上，兩手把著鹿角，前邊四個人參娃娃打著大紅燈籠，再前邊是一對領道的人參鳥。後邊還跟了一大幫，松鼠甩著大尾巴直翻觔斗，叩木關子敲著梆子，飛禽唧唧喳喳地唱，走獸撲撲騰騰地跳，把二甲子送四品葉家去了。

小兩口那還用說，恩恩愛愛。刺參越看越來氣，天天喝花露水也不消氣，就想方設法兒折騰二甲子。

「二甲子，你年頭少，道行淺，別給我們顯眼丟人！到田頭地裡去曬曬，能長道行。」

二甲子不敢不去，站到日頭地裡。那三伏天的日頭像火盆，曬得二甲子滿臉是汗，連頭也抬不起來了，巴達巴達直掉眼淚兒。四品葉心疼得沒法兒，也跟著掉眼淚兒。後來冷丁想起來，有棵樹遮一遮有多好啊！他急忙砍了些樹枝子，在二甲子身邊插上，擋了日頭光。二甲子高興地說：「這下子好了，曬不死了。」

刺參一看沒曬咋的，又想出一招兒，指著塊水甸子，說：「二甲子，小嫩貨，到水裡泡泡，把你那身土腥氣泡掉，能長道行。」

二甲子不敢不去，站到塔頭甸子裡。那水沒腳脖子，一會兒就泡得渾身發腫，一點勁兒也沒有，又巴達巴達掉眼淚。四品葉心疼得沒法兒，也跟著掉眼淚。他冷丁想起來，把水引開不就行了嗎？找來家什，挑了幾條溝，用挖出的土培了個高台兒，讓二甲子站在台上，水從溝裡流走了。二甲子高興地說：「這回好了，泡不死了。」

刺參一看，二甲子沒曬死又沒泡死，更來氣了，想了三天三夜，這天颳大風下大雨，刺參樂了，叫過二甲子：「小秧子，去，叫雨沖沖，叫風吹吹，能

長道行。」

二甲子不敢不去，到了外面，雨澆得她渾身發抖，風吹得她歪歪斜斜，巴達巴達直掉眼淚兒。四品葉心疼得沒法兒，也跟著掉眼淚兒。他冷丁想起來，有個棚子遮擋遮擋不就好了嗎？他砍下樹，扒了皮，立了四個柱子，前高後低，上邊苦上樹皮，又擋風又遮雨。二甲子站在棚裡，高興地說：「這回好了，又死不了啦。」

刺參又在想招兒，她老媽捎信叫她去，她臨走對二甲子說：「我去一百天，等回來你要是結不出寶參籽兒，就把你送給放山的。叫人家挖了去，煮著吃了。」說完就走了。

二甲子結不出寶參籽兒，再過一百天怎麼行？愁得小兩口直哭。這天，二甲子看見，他們掉過眼淚的地方，長出一種草，挺粗一個枝兒，有二三尺高，黃乎乎的，叫風一吹，慢慢地搖晃著。二甲子忙叫四品葉來看，四品葉也不認得，就說：「這是新玩意，你給起個名兒吧。」二甲子想了想說：「看，它是個獨枝兒，亂搖晃，就叫獨搖草吧。」四品葉扒開土一看，下邊結著個圓蛋，像土豆似的，就說：「叫山土豆也行。」

日子一天天過去了，刺參回來了，小兩口一天比一天急，急得沒招就掉眼淚兒。說也怪，眼淚掉在土裡，幾天就長出了獨搖草。這些日子他們的眼淚也不知流了多少，反正林子的獨搖草成片了。

這天，二甲子的叔叔從這兒路過，看到遍地都是獨搖草，大吃一驚：「怎麼，你們哭了？哭了多少場？」二甲子搖搖頭。叔叔說：「別瞞我了，人參落淚才能長這種呢。」二甲子沒辦法，把刺參怎麼折騰她的事兒說了一遍。叔叔說：刺參不是四品葉的親媽，她作惡作到頭了，叫放山人挖出土了，拿到營口去賣了。」

從此，小兩口和和美美地過上日子了。留下了一地獨搖草。後來不知是哪個草藥先生，給起了名叫天麻。在撫松、長白一帶，還有管它叫山土豆的，集安那邊還有叫它獨搖草的。

這就是棒槌落淚出天麻的故事。

衣同奎（講述）

趙　赴（蒐集整理）

「小紅燈」引路找貝母

　　早些年，長白山老林子裡人煙少，要是得了病就難辦了。找不到先生看病不說，抓服藥也得跑出去個百八十里的，只好靠偏方治病。一到冬天，大雪一下就沒腰深，林子裡格外的冷，山牲口都不大敢出來，夜裡凍得大楊樹咯巴咯巴地裂了。颳起老北風更要命，直往嗓子裡灌，一會兒就渾身透涼。山裡人，冬天也得出去幹活呀，年輕人還抗勁兒，上了點歲數的人就不行了，一聲接一聲地咳嗽，嗓子裡吱吱啦啦直「拉風匣」，厲害的還直門兒喘。俗語說「得病如山倒，去病如抽絲」，再好的藥也就是頂一陣兒。可把山裡人弄苦了，咳嗽重了，喘大發了，就怨天道冷，罵那老北風。

　　林子裡有個叫一面坡的屯堡，百十戶人家，哪家都有咳嗽喘的。這一年，搬來個姓申的，是個五十多歲的光棍老頭，會看個頭疼腦熱的。山裡頭來了個會治病的，可把大夥樂壞了，給他騰了座小房，這個送米，那個送菜，不求別的，讓他想個方兒，把這咳嗽病給治了。申先生見大夥咳嗽得可憐，就滿山遍野地去找藥材，回來做了不少藥，有研成麵的，有熬成膏的，有泡成水的，吃了，喝了，倒是輕了點兒，過幾天又犯了，那個申先生愁得沒有法兒。

　　申先生尋思，病能得就能治，「一物降一物，滷水點豆腐。」只是還沒找到透簧的藥。他就四處訪聽，聽一個打圍的老頭說，大山裡頭有個仙人嶺，嶺上淨是好藥材，備不住能有治這種病的。

　　申先生收拾點吃的，就找仙人嶺去了，爬山過河，吃盡了辛苦，可算找到了。要說草藥真也不少，一腳就能踩倒三棵四棵的，可就是沒有能治咳嗽病的。挑了幾樣拿回來，一試巴，不靈驗。

　　申先生不服勁兒，還是工夫沒用到啊，再找！大夥見申先生又要進山找藥，就說：「算了吧，這種病不好治。」還有的說：「你一個人進山，出個好歹可咋辦哪！」申先生說：「我這回進山，沒有個准地方，反正找不到藥材不

回來！」他說的這麼死，誰也勸不了，只好幫他收拾東西。有人說：「要是日子多了不回來，咱們得去找，可他沒個准地方，上哪兒去找呢？」有人說：「叫申先生在路上留下些記號。」申先生明白大夥的心思，再說有個記號，等自己往回走時也好找道兒，就說：「這麼的吧，找幾張紅紙，給我剪些小燈籠，我走一段貼一張，走一段掛一張。」大夥一聽，這個辦法中，掏弄了幾張紅紙，剪了一大杳子紅燈籠，申先生包了包，揣在懷裡。

大夥給他做了好吃的，送到屯外，囑咐他快去快回，找不到藥材不要緊。申先生給大夥深深地作了一個揖，轉過身去，大步流星地走了。大夥一直望不見影了，才回去，有幾個老太太還掉了眼淚。

一轉眼就是三個月，申先生還沒回來，屯裡的人都急了，挑了幾個身強力壯、識山性、認識道眼的人去找。他們找了一山又一山，第三天才看見一個小紅燈籠。

「找到了！找到了！」

大夥跑過去一看，小紅燈籠不是紙剪的，是地上長出的一棵草，草枝上開著一朵紅燈籠花。這種草，過去山裡沒有，誰也沒見過。有人說挖出來看看。挖這麼棵草不費勁兒，原來底下有個銅錢大小的東西，圓圓扁扁，白白的，像個大算盤珠子。

他們又往前找，又遇到了一些。遠看是紅紙剪的小燈籠，到了跟前，就是開著紅燈籠花的草了。一直找了半個來月，吃的不多了，這才回村來。

大夥尋思，這種草誰也沒見過，備不住跟申先生有點關係。就試著用那草根的圓蛋蛋治咳嗽病，治一個好一個！

大夥就進山找這種藥，先是遠處有，後來近處也有了，越來越多了，就連幾百里地以外也有了。大夥有了這種藥，樂得直念叨申先生，可是申先生不知上哪去了。這種藥材，就是貝母，怎麼起了這麼個名呢？這就不知道了。

趙寶巨（講述）

趙　赴（蒐集整理）

山芍藥的傳說

許多年以前，長白山裡有個三姓屯，就三戶人家，一家姓趙，一家姓劉，一家姓張。老趙家有個兒子叫林生，老劉家有個姑娘叫參花，老張家有個姑娘叫香鷹。三個人自小一塊兒長大，又都是同歲。到十九歲這年，參花想和林生好，香鷹也想和林生好。可是香鷹長得沒有參花高，也沒有參花好看，心裡常常嫉恨參花。

有一天，香鷹聽說天池附近有棵最高的美人松，美人松下長著一棵千年大山參，如果能吃上這棵參的一個人參果，就能變得又高又美。她讓父親張老漢領著去找。張老漢就這麼個獨生女，沒法子，便帶上乾糧，領著女兒去尋找。

爺倆在老林子裡轉了好多天，終於發現了那棵美人松，樹下果然有一棵大山參，頂著通紅的人參果，直閃金光。香鷹高興極了，上前就要摘人參果。張老漢說：「別忙，先禱告禱告。」於是跪在地上說：「參王，參王，請賜給我們一個人參果吧！」又對女兒說：「摘一個就行，這樣的老人參恐怕已經成精，參果吃多了未必好。」香鷹答應一聲，摘下一個吃了。可還覺得不夠勁兒，又跪在地上說：「參王，參王，再給我一個吧。」說完，又摘一個吃了。張老漢沒有阻攔得了，只好領著女兒往回走。香鷹一邊走，一邊覺得渾身骨節直響，時候不大，個子長得比爹還高，香鷹別提有多樂了！誰知，個子還是一勁兒長，爹只到她腳脖那塊兒了。香鷹害怕起來，這不成怪物了嗎？張老漢也嚇傻了眼，說：「讓你只要一個人參果吃，你偏要吃兩個，這下怎麼辦？」香鷹走到小河邊一照，自己的臉也變成了醜八怪。心想：完了！林生說啥也不能要我了，這可怎麼好？我少要一個人參果就好了。香鷹越想越傷心，一頭栽到河裡，就沒起來。接著從河裡飛出來一隻小鳥，在張老漢的頭上邊飛邊叫：「少要一個，少要一個。」過了一會兒，這隻鳥落在張老漢腳下死去。張老漢哭了一陣子，把這只小鳥埋了。第二年，這個地方長出一棵像人參似的草，不

僅葉子差不多，連籽也像人參果。張老漢就把這件事向老趙家、老劉家說了。他們聽了以後，想管這棵草叫「香鷹」，又怕張老漢傷心，於是就叫「少要一個」。可是又覺得麻煩，就叫「少要」草。後來，叫成了芍藥。這種山芍藥草，結籽的時候，離遠處看，還真像人參呢。有人說，那是香鷹想騙林生和參花，讓他們把自己當作人參挖回去。不知是不是這麼回事兒。不過，山芍藥現在也是一種草藥了。

筱　富（蒐集整理）

寒蔥的傳說

伊通縣南有座山叫「寒蔥頂子」，山上長著一種植物叫「寒蔥」。聽老輩子人說，當初寒蔥還是給皇上主獻的貢品呢。

那時候，伊通一帶是皇家的圍場，老百姓都叫「口味山」。皇上想吃什麼了，就到口味山去打獵。有一年，康熙皇帝帶著一夥兒人，個個長弓短劍，進了口味山。正是數九寒天，眼瞅著一隻中了箭的梅花鹿越溪過澗，逃進山裡去了。康熙這伙兒人連追帶攆，鹿攆沒影兒了，這時就見雪窩子里長出一片綠來，足有兩鋪炕那麼大。那綠東西，密密麻麻的，細一瞅，每棵上都長著像芭蕉那樣的葉子，挺像大蔥的，梃兒上還頂著一嘟嚕一嘟嚕的籽粒，跟大腦瓜一樣，挖出來一看，那蔥白比家蔥還長，放進嘴裡嘗嘗，比大蔥還辣，還鮮嫩。康熙挺高興，就叫帶一把回京城，交給御膳房。御膳房做出菜來端給康熙吃，康熙挺愛吃的，吃了上頓還想下頓，挺對口味兒。他就給這種長在背陰坡喜濕耐寒的植物起名叫「寒蔥」，無冬歷夏，都讓伊通州衛進獻。冬天還好說，一到夏天寒蔥就打綹發蔫，要換馬又換人，從驛道上三天才能送進京城。累得人流鼻涕馬流汗不說，那寒蔥也不新鮮了，吃得康熙直慪鼻子。

說來也巧，這年夏天，採蔥人不小心把寒蔥掉在了山腳下的登桿河裡。採蔥人把蔥從河裡撈出來，水湯湯的，沒法拿，就用樺樹皮包裹好，送往京城。寒蔥送到京城，還原般原樣，新鮮翠綠的，把康熙樂得夠嗆。

打那以後，人們採下寒蔥就在登桿河裡沖啊洗啊，沖好了，洗透了，再用樺樹皮包好，送到京城。果然那寒蔥不蔫巴枯乾，也不腐爛了。

老百姓也開始吃起寒蔥來，寒蔥能去風寒，活筋骨，健脾胃。寒蔥可生吃，也可熟食，當地老百姓就熬湯吃，炒著吃，蘸醬吃。從此，寒蔥就在長白山裡出了名，長白山裡有些地名像寒蔥溝、寒蔥嶺，就是這麼來的。

老侯頭（講述）

施立學（蒐集整理）

植物・樹木

美人松的傳說（之一）

在長白山的山腳下，松花江上游的大林子裡，生長著一種松樹，這種松樹亭亭玉立，多姿多彩，像個活潑美麗的姑娘，人們都管這種松樹叫美人松。

這美人松，人人見了都喜愛。很早就有些外場人想把她挪出長白山，栽到自己的家鄉去。可是從古至今誰也挪不走她，你別看這美人松生得身材苗條，細皮嫩肉，可性情真夠倔強的。她熱愛長白山和松花江，誰想把她挪走也辦不到。即或有人硬性把她挪走了，到哪也栽不活。

美人松為啥硬是不出這長白山呢？這話說起來就長了，據說這美人松真是一位美人變的哩！

也說不準是多少年以前的事了，山東省的東海岸有個王各莊，王各莊上住著一位王木匠。王木匠有個兒子，長得濃眉大眼虎虎實實的挺招人喜愛。窮人的孩子立世早哇，王木匠的兒子剛長到十五歲，就練出兩手好把式。一手是木匠活幹得出奇的好，二是水性好得出奇。他做木匠活就不用鐯刨，單憑一把斧子砍，要光就光，要方就方，要圓就不扁。人們稱讚他是神斧，就都叫他王砍。這王砍不只是斧子砍的好，他的水性也夠一說的。不管在多深的水裡，也不管有多大的浪頭，他就像在旱地上一樣。

王砍娘在王砍五歲那年就去世了，王砍的爹爹王木匠出了一輩子苦大力，受了一輩子疾苦，不到六十歲的人就佝僂氣喘幹不動活了。挨到寒冬臘月，一病不起，扔下小王砍一個人，一命嗚呼離開了人世。王砍只得自己挑一擔木匠家什，沿著東海岸的莊子，走東串西，幹百家活，吃百家飯。

王砍自五六歲的時候，就有個癖好，每天都得到海裡游耍一陣子。他一鑽進海裡，就像雀兒出籠，魚兒得水，歡喜得神魂顛倒，如痴如醉。如今儘管他自己獨頂門戶在外幹活，但不管活計多忙多累，他每天也得插空到海裡去一趟。就是寒冬臘月天，他也把襖褲一扒，撲通跳進水裡，像條大白魚，哧溜

溜，一會兒就游出去老遠老遠的。

　　有一天，王砍正游得快活，忽然間海面上起了漫天大霧。王砍想要往迴游，可怎麼也辨認不出哪邊是岸了。正在他著急的時候，冷不丁發現前面站著一位姑娘。只見她如花似玉，就像人們傳說的仙女一樣美。那姑娘微笑著向王砍躬身施了一禮，說：「王砍哥哥，你別著急，讓俺送你上岸去。」她說完，就伸手過來拉王砍。王砍只覺得身不由己，忽忽悠悠地往前走，不大工夫就到了岸上。他好生納悶，正要問那姑娘是什麼人，姑娘又向他躬身施禮說：「王砍哥哥，你不認識俺吧，俺可早就認識你。這些年俺天天到這裡玩耍，天天都見到你呢。俺想往後天天陪你在水上玩耍，不知你樂意不樂意？」「俺往後能天天見到你？」姑娘說：「天天能看到俺，你樂意不？」王砍說：「大姐你是仙子般的人，待俺又這麼好，俺怎麼不樂意，俺樂意著哩！可俺不知大姐你姓甚名誰，家住哪裡。」姑娘說：「俺家就在這東海裡，龍王爺就是俺的爹，俺在姐妹中排行老九，你以後就叫俺龍九妹吧。」王砍一聽說眼前的姑娘是東海龍王爺的女兒，心中好生驚奇。他定了定神兒，說：「往後俺天天到這裡游耍，俺願天天見到你龍九妹。」龍九妹笑了：「那可敢情好，俺天天陪你王砍哥游耍一陣子。」說完，一恍惚，就不見了，海上的霧也轉眼間散了。

　　自此以後，王砍每天到海上游耍時，龍九妹就駕著霧來陪他。就這樣，一晃就過了一年多。有一天，兩人又見了面，龍九妹對王砍說：「王砍哥呀，俺早就想跟你到岸上去過人間生活，可是俺爹、俺叔、俺哥都不同意。他們在這岸邊部下了蝦兵蟹將。俺要上岸，他們就把俺抓住送到宮裡押起來，不准俺再出來見你了。這些日子俺心中好不煩悶！還是俺娘疼俺，她怕俺憋悶壞了身子，就告訴俺一個法子。」王砍忙問：「什麼法子？」龍九妹說：「她告訴俺一條路。那是一條從東海底通往關東長白山的路。長白山尖上有個天池，龍宮通天池的那段路沒有防守的。我順著這條路偷偷地去天池，咱們去那裡會面，俺就可以跟你到人間生活，白頭到老了。」王砍聽龍九妹這麼一說，哪有不喜之理呀！龍九妹見王砍滿臉歡喜，就說道：「從這山東到關東長白山，幾千里

路途，還得翻山過水，哥哥免不了要吃很多人間辛苦的。」王砍說：「莫說吃些辛苦，就是剜掉俺身上二斤肉，俺也情願著哩！」龍九妹說：「這事宜早不宜遲。你要在明年的二月初二日以前趕到天池。我今年已經十五歲了，過了明年二月初二日，就到了出嫁的年紀。那天，我到天池去找你。」王砍說：「妹妹放心，明年二月初二那天我一准在天池接你。」龍九妹說：「哥哥一路上要多保重。」王砍說：「妹妹也要多保重。」兩人就這樣戀戀不捨地分了手。

王砍回到家中，仔細一算計，到明年二月初二，還有不到五個月的時間了，不能耽擱，得立即起身，第二天一早他就起程奔關東去了。

一路上，他白天兼程趕路，夜晚給人家做點木匠活掙口飯吃。過了山海關，已入冬天時節，越往北走越冷，各種辛苦自不必說。二月初一這天，他準時趕到長白山天池邊，他在池邊上等了一夜。二月初二的頭响，他站在天池邊上，兩眼直直瞅著天池水。當太陽升起一竿子多高的時候，只見池中心先是咕嘟咕嘟冒了一陣氣泡，接著就生起一團雲霧，霧團漸漸地向王砍這邊靠近。王砍影影綽綽地看見龍九妹在雲霧間向他招手。他歡喜得蹦跳起來，大聲呼喊著：「龍九妹！龍九妹！」龍九妹笑眯眯地來到王砍跟前，向王砍伸過手來，說：「哥哥還不拽俺一把。」王砍伸手一拽，龍九妹跳上岸來，兩人那個樂勁就別提了。

他們在天池下邊一個向陽的地方蓋了房子、安了家，小兩口你恩我愛。王砍還是走東串西幹他的木匠活，龍九妹在家料理家務，小日子越過越好，鄉鄰們無不稱讚他倆是天生的一對。

王砍看到山下頭的黎民百姓種地需要水，可是眼睜睜瞅著天池裡那麼多水就是用不上。王砍回到家中跟龍九妹商量要把天池水引到山下去。他們倆在天池邊上選好了一個地方，王砍就揮起他的斧子砍起來了。斧子砍鈍了，九妹就給他磨。砍呀砍呀，磨呀磨呀，整整砍了四九三十六天，硬把池邊的岩石砍了個大豁口。天池水順著豁口淌出來了，曲曲彎彎，一下子淌了幾千里，這就是松花江。

有了這天池水，山下的萬頃良田禾苗旺盛，五穀豐登，黎民百姓過上了好日子，大夥都樂壞了。

　　誰知道好景不長。有一年，田裡的莊稼苗正需要水的時候，松花江卻突然乾涸了。土地乾旱，禾苗打蔫，眼瞅著年成就要完了。這下子可把大夥急傻了。這是咋回事呢？王砍和龍九妹來到天池邊上一看，唉，不好了！池邊的豁口被岩石堵上了，池裡的水也不像以前那樣清明瓦亮，變得渾漿漿，黑乎乎了。王砍一看這情景，立時氣得火冒三丈，從腰中拔出斧子，衝著堵住豁口的岩石，鐺鐺的砍了起來。他這一砍不要緊，只聽池中「嘭」的一聲巨響升起一團煙霧，煙霧中一條黑龍，張著血盆大口向王砍撲來。王砍急忙向砬子頂上一閃，那黑龍撲了個空。黑龍沒有撲倒王砍，氣得嗷嗷直叫，在池中耍起威風來，它由北竄到西，把天池攪得黑浪翻滾，飛沙走石，天昏地暗。

　　這一切龍九妹看得很清楚，她告訴王砍，這條黑龍是東海龍王的侄兒，自幼不行正事。他常跑到各地興妖作怪，禍害黎民百姓。有一年他跑到黃河胡作亂鬧使黃河水冒了槽，改了道，淹了無數村鎮和農田。龍王一氣之下，給他吃了一服藥，使他再也不會變人，再也不會說話。幸虧大夥求情，才留了他一條性命。如今他仍惡習不改，又跑到這裡來作踐百姓。王砍說：「咱們一定要除掉這個惡貨，不能讓他獨霸了天池水。」龍九妹說：「這黑龍凶猛異常，要除掉他可不容易，得萬分小心才是。」龍九妹說罷，站到岸邊向池中喊道：「黑龍，你好可惡，為何不聽父王的教訓，又到這裡作踐人！」黑龍聽到喊聲，向龍九妹看了看，先是一愣，接著便「嗷」的一聲，張開血盆大口向龍九妹撲來。王砍看到這情景，不由分說，舉起斧子，撲通一聲跳進水裡，與黑龍搏鬥起來，只鬥得波浪滔天，山搖地動。一氣兒鬥到天黑沒分勝負。王砍見天色已晚，瞅個機會，跳上岸來。

　　龍九妹安置王砍在一塊岩石上歇息著，把家中帶來的乾糧一塊一塊遞給王砍吃，又去給王砍打來山泉水喝。龍九妹說：「我頭上別著一根定海針，要不黑龍早讓天池水冒槽了。」龍九妹還告訴王砍，明天再跟黑龍搏鬥時餓了就上

岸來吃飯，渴了就上岸來喝水，王砍一一答應著。王砍說：「俺誓死也要戰勝惡龍。」龍九妹贊成，兩人歇息了一夜。

第二天天剛亮王砍就去與黑龍搏鬥，他餓了就上岸來吃乾糧，渴了就上岸來喝山泉水，整整搏鬥了一天，仍是不分高低。

到了第三天，王砍又與黑龍拚鬥起來。他瞅準個機會，向黑龍猛地砍了一斧子。只見黑龍渾身一打哆嗦，鮮血流了出來。不一會兒工夫，整個天池水都變成紅的了。黑龍疼痛難忍，漸漸地支不住了。王砍飛身一躍，騎到黑龍的背上。他一斧接一斧地猛砍起來，疼得黑龍沒個好腔地嗷嗷直叫。怕黑龍不死，王砍一斧接一斧地砍個不停，就連龍九妹在岸上召喚他都沒聽見。

山不搖了，地不動了，水面平靜下來，黑龍被王砍砍死了。王砍來到岸上時，已經累得筋疲力盡。他多麼想躺在岩石上歇息一會兒呀，可是他已感覺到，一旦躺下，就怕一時半晌起不來。他想到山下萬頃良田的秧苗枯萎，父老鄉親們心如火燎一樣焦急，一時半晌也不能耽誤。他喝了幾口龍九妹遞給他的山泉水，咬了咬牙，舉起龍九妹給他磨好的一把斧子，照準豁口處的岩石，猛砍起來。「鐺——鐺——」洪亮清脆的聲音，響徹陡壁深谷，傳向九霄雲外。一口氣砍了七七四十九下。只聽山崩地裂一聲巨響，豁口砍開了！「嘩——」，天池水順著豁口向山崖下流去，一瀉千里，奔騰向前。乾涸的松花江又有水了，千萬畝良田有救啦！王砍高興得眼淚都流出來了。他想跳起來振臂高呼，可是他沒有跳得起來，只覺得胸口一熱，噴出一口鮮血，一下子昏倒在地。龍九妹撲過去，抱住王砍，王砍已經不省人事了。

龍九妹哭得死去活來，邊哭邊呼喚：「王砍哥，你醒醒呀，你醒醒呀！」過了好一陣子，王砍慢慢睜開眼睛，瞅瞅龍九妹，說：「龍九妹，咱們回家吧。」龍九妹說：「好，好，咱們這就回家。」王砍又昏了過去。龍九妹背著王砍，吃力地向家走去，走一會兒歇一會兒，走著走著，天色晚了，龍九妹也累得筋疲力盡，實在走不動了，就把王砍放到一塊平板石上，她坐在王砍的身旁歇息。這時，天上升起一輪明月。龍九妹輕輕地呼喚著王砍，王砍慢慢睜開

雙眼，瞅瞅天上的明月，說：「龍九妹，咱們像那月亮多好哇，每到十五就團圓了。」龍九妹說：「咱們這不也團圓嗎？」王砍眼裡閃著淚花說：「龍九妹呀，我怕是不行了，我死後，你還是回龍宮去吧。以後每到十五月亮圓的時候，你就到這天池來一趟，讓我看看你。」龍九妹聽到這裡，就像萬箭穿心一樣難受。她緊緊地抱著王砍的脖子，把臉貼到王砍的臉上，泣不成聲地說：「王砍哥，你不能走，你可不能扔下我就走哇！」王砍說：「我死了你就把我埋在這裡吧，我要永遠留在這裡，我要永遠待在這長白山上。」龍九妹說：「我也要永遠留在這裡，永遠留在這守著你！」王砍的臉上露出了微笑，慢慢地合上了眼睛。痴痴站在王砍哥身旁，站了一天又一天，一月又一月，一年又一年。就這樣，她變成了一株惹人喜愛的美人松。

李文瑞

美人松的傳說（之二）

美人松是一種風姿優美迷人的松樹，是長白山林的佼佼者，當地流傳著一個關于美人松的故事。

很久很久以前，整個長白山才有幾十戶人家，而且都不在一塊兒住。每個屯子近的相隔幾里，遠的有幾十里。有的屯子才二三戶人家，五六戶人家就算是大屯子了。單說松山屯有個叫松女的小姑娘，七歲時爹娘上麻達山沒回來，她成了孤兒。幸虧鄰居老張頭收留了她，以爺孫相稱，在一起過日子。

老張頭會打獵。那時沒有槍，打獵用陷阱，還有閻王碓、搗磯等工具。松女就跟著張爺爺學打獵、學放山、學爬樹，鍛鍊得比男孩子還勇敢。

轉眼松女十九歲了，已經長成個非常俊美的大姑娘。張爺爺也八十多歲了，打獵、挖參的活幹不動了，全指著松女一個人。臘月的一天，松女進山溜麅子套，忽然，聽到不遠處有響動，循聲一瞅，嚇得頭皮發炸：原來是一個人和黑熊在「支黃瓜架」呢！松女撿起一根木棒，「邦邦」地使勁敲樹幹。黑熊一愣，不僅沒害怕，反而向松女奔來，松女沒有發慌，她拐著彎跑，把黑熊引進一個搗磯，橫木突然落下來，把熊砸死了。這時那個同熊摔跤的人跑過來，說：「多虧你救了我，大姐。」松女從來沒聽人管她叫姐姐，所以倒不好意思起來。

這個小夥子叫袁陽，住在三十多里外的前山。今天和同屯子的甄友一塊兒來逮蹲倉的熊，沒堵住洞口，黑熊從樹洞裡鑽出來，甄友嚇得拎著斧子跑了。袁陽沒跑成，只得空著手和熊搏鬥起來。要不是遇到松女，真就危險了。

從此，松女和袁陽就認識了，兩家雖然離得遠，還是經常來往。轉過年來，春暖花開的時候，在雙方老人的撮合下，訂了婚。

誰知好景不長，不知從哪來了一夥強盜，碰到一家搶一家。誰家有個女人，更逃不出他們的手心，隔三差五地就來搶一回，鬧得家家不安。

一天，松女急急忙忙往袁陽的屯子走去，想看看未婚夫的家遭沒遭劫。沒等進屯子，迎面碰見了甄友。松女認識他，問道：「甄大哥，山賊去沒去你們屯子？袁陽家怎麼樣？」甄友嘆口氣說：「別提了，我說了你可別難過，袁陽被山賊抓走了！」松女一聽，差點驚昏過去，忙問：「真的？」甄友說：「我騙你幹嗎？實不相瞞，袁陽被弄到老林子裡害死了。」松女「啊」了一聲，就什麼也不知道了。過了一會兒，她睜開眼，見自己躺在甄友的懷裡，立刻掙紮著站了起米。甄友卻拉著松女的手說：「你長得太美了，嫁給我吧！反正袁陽也死了。」松女照他的胸脯子狠擂了一拳，趔趔巴巴地往袁陽家跑去。沒等進院，就聽袁陽娘在屋裡哭。她陪著哭了一宿，第二天才回家。

　　松女快到家的時候，忽然聽見爺爺的叫罵聲。她緊走了幾步，透過樹空，看見爺爺被扒光了衣服，綁在院子裡的松樹上，身上黑壓壓的落滿了一層小咬。甄友也在那兒，正跟幾個賊眉鼠眼的傢伙在一旁取樂呢！松女兩眼都要噴出火來，大喊一聲衝進院子，去給爺爺鬆綁。松女爺爺厲聲說：「你這不是來送死嗎？還不快跑！快！」松女一邊罵著強盜，一邊解繩，半點害怕的樣子都沒有。山賊頭命令道：「還愣著幹什麼？給我把那俊妞拽過來，飽飽眼福！」於是，甄友跟一個山賊就硬把松女拖了進來。山賊頭說：「美人，今晚陪陪我們幾個弟兄怎樣？」松女說：「你先把我爺爺放開！」山賊頭一聽，忙讓嘍囉們給老頭鬆綁，又給穿上衣服。松女把爺爺扶進屋裡。山賊頭跟在後說說：「這回該陪我們了吧？」松女冷冷地問：「你們到底是幹什麼的？」山賊頭說：「我們這些人都是犯了人命官司，才躲到這深山老林的。想在你們家借住幾天，你那爺爺就是不肯。」松女又問：「前山屯子的袁陽是你們抓去的？」「是啊！那小子打死了我們一個弟兄，長了兔子腿，跑了。不過，我們有幾個弟兄撐去了。」聽了這話，松女說：「你們不是讓我陪你們嗎？走吧！」松女看了爺爺一眼，轉身就走。爺爺在屋裡拚命地喊，松女頭也不回。甄友和山賊像蒼蠅似的跟在後邊。

　　約莫走了五六里路，山賊頭沉不住氣了，喊道：「站住！我們跟你來鑽林

子溜腿來了？」松女說：「前邊有個地熗子，我們到那去吧！」山賊頭樂不得地答應了，剛走了不幾步，一下子絆倒了，接著「咚」的一聲，掉下來一根粗木頭，把山賊頭砸死了。甄友緊跟在後邊，差點兒刮著邊，嚇出一身冷汗，「媽呀！這是絆上搗磯了！」這時松女撒腿就跑。山賊們慌了，拚命追趕，眼看要追上了，松女「蹭蹭蹭」地爬上了一棵紅松樹，這是她打松子練出來的本事。山賊們這回樂了，圍著這棵樹坐在地上喘粗氣。突然，一個山賊「啊」了一聲，腦袋冒出了血。眾盜一愣的工夫，甄友又挨了一下，原來是松女往下扔松塔打的。

過了一會兒，甄友突然喊道：「不好！松女跑了！」原來松女趁山賊們躲避松塔的混亂工夫，跳到另一棵樹上，連著越過了幾棵樹，悄悄溜下來。但沒跑幾步就被甄友看見了。松女跑到一個閻王碓跟前（這是她和爺爺搭的，準備逮熊的），坐在樹杈子上不走了。這時有兩個傢伙攆來了。一個說：「哎呀姑奶奶，別跑了，跑到天池我們也不放過你！」另一個說：「這是誰用木頭搭的棚子？就像老天給我們準備的洞房似的。哈哈！」接著兩個山賊把松女拽進閻王碓裡。松女大聲說：「鬆開手，我自己來。」山盜們剛一鬆手，松女把棚子上邊吊著的筐子往下一拽，一個箭步跳出去。接著「轟隆」一聲響，棚上的橫木全砸下來，兩個傢伙還不知咋回事兒呢，就見了閻王。松女剛想喘口氣，甄友和兩個山賊也轉到這兒來。松女又往山上跑，跑了一陣子，只聽嘩嘩水響聲，可就是不見河。原來這是一條稀奇的暗河，也叫獵物河，梯子河。上邊僅兩三步寬，水也挺淺，可就是兩岸的石壁又陡又深，掉下去就沒個活。松女猛然看見一隻靴鞋，挺像未婚夫袁陽的，見物如見人，心中一陣悲痛，她差點昏倒。

三個傢伙攆到跟前，都累得上氣不接下氣了。松女順手撿起一根木棒，用力一掄，打倒一個，然後跳到獵物河對岸。一個山賊也跟著跳，勁兒小了點兒，掉進河底。就剩下甄友了，站在那傻了眼。松女又跳回來，把那個受傷的山賊掀進河裡，然後一步步向甄友逼去。甄友說：「松女，原諒我這一回吧，

咱們倆要鬥起來說不上誰死誰活。還是你嫁給我吧！」松女並不答話，飛起一腳，踢在甄友的小肚子上。甄友倒退了兩步，一個餓狗撲食，把松女壓在身下。松女心一橫，用力一翻身，同甄友一快滾進獵物河底。

不知過了多久，松女才知道身上疼，睜開眼一看，四周黑洞洞的，啥也看不清。熬到天亮，她才看清甄友已摔死了，自己也渾身是血。她扶著石壁站了起來，剛走不幾步，突然看見袁陽躺在這裡，雙手還被綁著，已經死了。在袁陽身邊還有兩具屍首。松女放聲痛哭。過了好一陣子，她站起來，用樹葉子蓋好未婚夫的屍體。然後順著河底走一陣、爬一陣地往回去。等走出獵物河，來到白河岸邊，她昏過去了。恰在這時來了幾個尋找松女和袁陽的鄉親，看見了松女，把她弄醒。松女問道：「我爺爺怎麼樣了？」鄉親們說：「他挺好，正在家等你回去呢。」松女說：「那些強盜都死了，咱們該過太平日子了。可我怕是不行了⋯⋯」話沒說完，松女嚥下最後一口氣。鄉親們一邊哭著一邊就地把松女埋葬了。

第二年，松女的墳頭長出一棵非常漂亮的樹，紅彤彤的樹幹，彎曲著的枝，以前誰也沒見過這種樹。都說是美麗的松女變的，就起名叫美人松了。直到現在，美人松只是長白山的白河附近才有。

王德富（編）

珠　元（蒐集整理）

美人松的傳說（之三）

　　長白山天池，像一面碧玉磨成的鏡子，映照著藍天、白雲和池邊的山峰。在這海拔幾千米高的山頂，怎麼會有這麼多的水，這水又是從哪裡來的呢？這還得從頭說起。

　　相傳，當年王母娘娘用金簪在天上劃了一道天河，把牛郎和織女給分開了以後，這滔滔的天河卻流到了地上。頓時，人間的百姓，被這從天而降的大水淹得哭天喊地。這情景叫天上的一個仙女看到了，她也是天上的一名織女。她很同情人間的百姓，她集合了一些姐妹，偷偷飛到了人間，她們壘了一個很大很高的水池，讓天河的水流進去，她們又挖了三條河，通向大海，好讓天池裡水滿了以後流進海裡，不再淹沒房屋和良田。這就是現在的鴨綠江、圖們江和松花江。

　　織女為老百姓消災謀利的事，讓王母娘娘知道了，惹怒了王母娘娘，她非常生氣，說：「這些死丫頭，總是往凡間跑，不給我好好織布，既然她們愛下去，就讓她們永遠在下面，不要再回來了！永遠地待在那個臭水池邊受苦吧。」就這樣，仙女們就被留在了長白山的水池邊。天長日久，她們變成了一棵棵樹，那就是現在的美人松，那個大水池就是現在的天池。

欒永吉（講述）

鄒霽雯（蒐集整理）

美人松的傳說（之四）

　　相傳，很久很久以前，長白山上遍地都是珍寶。可是這座寶山被一條惡龍霸占著。山上的寶物再多，山下的百姓也沒有一個人敢靠近的，人們只能守著滿山的寶貝過窮日子。

　　有一年，不知打哪兒搬來了這麼兩口子，男的叫春哥，女的叫秋妹，他們聽說這件事以後，氣得夠嗆。兩人一合計，決心非整治整治這條惡龍不可，也好為這裡的百姓闖出一條上山採寶的路。他們在山根壓了兩間地熁子住了下來，接著就開始進山採寶了。這下可氣壞了那條惡龍，它趴在天池裡，把頭搭在天池邊上，看著春哥秋妹走上山，它先是一動不動，然後猛地甩起了尾巴，只聽「轟」的一聲巨響，就遮天蓋地颳起了一陣大風，接著飛沙走石和瓢潑大雨就一齊下來了。正在登山的春哥秋妹還沒弄清是咋回事，就被掀到山下去了。兩個人都被摔得鼻青臉腫，那惡龍在上面看了哈哈大笑，衝著山下大叫：「這回該知道我的厲害了吧？快滾回去，以後不許你們再上山！」

　　春哥和秋妹聽了不由得怒斥惡龍：「這山上的寶物是屬於大家的。你休想獨占，你如果再不讓百姓上山採寶，繼續為非作歹，我們堅決不輕饒你！」

　　惡龍聽了又是一陣狂笑，說：「好哇，有本事你們就上來吧！」

　　這回春哥秋妹預先做了準備，他們每人帶了一根鐵釬和一跟粗繩子，他們爬上山後，先把鐵釬釘在地上，再把繩子一頭拴在鐵釬上，一頭繫在腰間，然後開始採寶，那惡龍見了，照舊又甩起了尾巴。可一陣飛沙走石、狂風暴雨後，春哥和秋妹卻紋絲未動。惡龍一見這招不靈，便張開了大嘴「呼」地噴出一個火球來，那火球直奔春哥秋妹而來，把整座山都映紅了，春哥秋妹腰裡的繩子一下子就給燒斷了，他們急忙滾到山下才沒被燒死。

　　這一下惡龍更得意了，衝著山下大叫：「怎麼樣，還上不上？」

　　「上！」春哥秋妹一齊回答。惡龍又是一陣開心的狂笑，說：「好，你們

有能耐就來吧，我等著你們！」

春哥和秋妹回去想了好多天，終於想出了對付惡龍的辦法，他們有了上兩回的經驗，又特意用虎骨做了一張硬弓，用野豬牙磨成箭頭，帶上繩子鐵釺開始上山。惡龍見他們來了，又用先前的辦法對付他們，它照舊是先一甩尾巴，掀起了一陣飛沙走石，下了一陣瓢潑大雨。春哥秋妹靠著鐵釺和繩子，紋絲沒動。惡龍一見這招不靈，便又張開了大嘴，可還沒等它把火吐出來，只聽「嗖」的一聲，春哥手裡的箭早放了出去，那支箭飛射在惡龍的嗓子眼兒。狂妄的惡龍一點也沒防備，疼得它猛地掀起了尾巴，亂甩了起來。這一甩不要緊，滿山的寶物到處亂飛，有好多好多都被掀進了地裡。連天池也被打破了一個豁口，天池水就「嘩」地流了下來。那惡龍恨透了春哥秋妹，颶風不頂用，火又吐不出來，就順著天池水猛的衝了下來，想把春哥秋妹壓死。春哥看得真切，一把推開了秋妹，自己卻被惡龍死死地抓住了。他和惡龍攪在一起，他們打啊、滾啊，真是難解難分，最後一起掉進了萬丈深淵！

春哥流了好多好多的血，那血順著地縫一直流進地下，把那些埋在地下的寶物都染紅了。樹葉綠了又黃，黃了又綠，多少年過去了，漸漸變成了黑色，後來就變成了煤，成了地下的「烏金」。而那條惡龍呢，掉進地下還不死心，吐不出火來就往外噴毒氣，那毒氣噴到寶物上很快就散到各處，變成了人人憎恨的毒瓦斯。

再說秋妹看到丈夫和惡龍一齊滾進了萬丈深淵，埋進地下，急得團團轉。她站在白山下哭啊，哭啊，也不知哭了多長時間，眼淚也哭乾了，可她還是不肯離去。天長日久，她感到好像在那紮了根，身子也在不斷長高，後來她變成了一棵姿態優美的美人松，直到現在她還守護在丈夫的身邊──長白山腳下。

吳升友（講述）

莫炳生（蒐集整理）

岳樺樹的傳說

在長白山海拔兩千米以上的峰巔上面，長著一群體矮腰彎的岳樺樹。這裡一年四季有半年以上的時間是被冰雪覆蓋著，氣候嚴寒，土地飢貧。只有岳樺樹孤獨、倔強地慘的生活在這裡，痛苦難言。

岳樺樹原來可不是這副尊容，它高大挺拔，枝繁葉茂，偉岸多姿，嬌中見秀，秀中顯美，所以人們把它視為風景樹。這麼好的樹，當然得帝王占有了。所以它很早很早以前，是長在天上，天帝用它來點綴宮廷御花園，天帝一有時間就到御花園欣賞它，把它視為珍寶一般。那它又怎樣到了長白山，又怎樣變成現在這其貌不揚的樣子呢？說來話就長了。

烏鴉原以為自己很美麗，一身烏黑秀麗、樸實無華，以此為榮，倨傲自大。那天，鳥王召集群臣集會，大家指著它，背後叫它黑老鴰。它聽後，再看看別的鳥：孔雀花枝招展，天鵝亭亭玉立，百靈華麗多彩，鸚鵡小巧玲瓏。它到池邊水裡一照，自己確實黑得嚇人。更使它忍受不了的是大家把它當成不祥之物，都說：「烏鴉叫，災難到。」這叫它怎能活下去呢，思來想去，就大哭起來。這時，麻雀到池邊喝水，見狀忙問：「烏鴉大哥，好好的你哭啥？」烏鴉說：「小弟弟，別提了，你看我長的這個樣子，實在難為情，不如一死了事。」麻雀忙勸說：「別、別、別的呀，你不要難過嗎，咱們生就這個樣子，都是天帝安排的，你不會到天帝那裡去，說些好話讓他給你換一身漂亮的服裝，光哭有啥用？」烏鴉一想，對呀，我何不去求見天帝，讓他賜給我一套美麗的服裝呢？說了聲：「謝謝小弟弟指點，我這就去。」說罷就向天上飛去。它穿雲駕霧，就到了天上。它來到天帝面前，慌忙跪倒，口稱烏鴉叩見天帝。天帝道：「烏鴉你到天庭何事？」烏鴉說：「啟稟天帝，你看別的鳥都是那樣美麗動人，唯獨我這個黑樣子，實在可憐，請你發發慈悲，給我換一套美麗的服裝吧。」天帝說：「我答應你的要求，不過你得經過一番努力，等待時機。」

烏鴉問：「天帝，我得怎樣努力，怎樣等待時機？」天帝說：「這要看你的運氣了，在你來的時候，只要碰見我睡著了，你就時來運轉了，你的願望就能實現，先回去吧。」烏鴉又問：「我何時再來？」天帝說：「隨便。」烏鴉高高興興回到地上，見到麻雀就把它怎樣飛上天，怎樣見到天帝，天帝又是怎樣答應了它，述說一番，那自豪的神態，就像它真的換上了美麗的服裝一樣。

第二天，一大早它又飛上了天，可天帝正醒著，正和眾臣議論大事呢。烏鴉想我來的可能早了，就飛回地上。

第三天的中午它又飛上了天，一看天帝正醒著，在和娘娘聊天呢，就飛回地上，它想晚上你總該睡覺吧。

第四天晚上，它急急忙忙飛上了天，一看天帝還是沒睡，和娘娘嬪妃們看戲呢。烏鴉又改到半夜飛上天，天帝還是醒著。從這以後，烏鴉不斷更換時間，差不多十二個時辰全都試過，可每次到天上，天帝都是醒著。

這天，它又遇上了天帝醒著，就落在天宮御花園的一棵岳樺樹上，大哭起來，自語道：「看來我的運氣真不好，怪不得人家說我是喪門星呢，天帝他根本就不會睡覺的。」「不對，你說錯了。」岳樺樹張口說話了。烏鴉一聽是岳樺樹跟他說話，就問：「你咋知道？」「我當然知道了，只是你不曉得罷了。」岳樺樹說。烏鴉說：「岳樺樹大伯，那你一定知道天帝什麼時候睡覺了，你能不能告訴我呢？」

烏鴉天天飛來飛去，吃盡了艱辛，岳樺樹很同情它，就想幫助它。岳樺樹說：「我幫助你可以，不過你千萬別說是我告訴你的，否則，天帝知道了是我告訴你的，我會受到懲罰的。」烏鴉說：「你好心好意告訴我，我有了美麗的服裝，對你報答還報答不過來呢，怎麼會害你呢，你就一百個一千個放心好了。」

岳樺樹說：「那麼我告訴你，只要天上、空中、地下一片迷迷濛濛的時候，天帝就睡了。」「那得什麼時候啊？」烏鴉問。

岳樺樹告訴它：「你見到地上大霧瀰漫什麼也看不清的時候，天帝就會睡

著。」

「多謝指點，多謝指點。」烏鴉說罷飛回地上。

它等啊等，等了一天又一天，等了一月又一月，正在它認為沒希望的時候，大地上起了濃霧，朦朦朧朧，把什麼都遮住了，咫尺不見人。烏鴉趕緊向天上飛去。天帝果然在呼呼地睡大覺呢。烏鴉高興極了。它忙上前跪倒，呼叫：「天帝醒來，天帝醒來。」天帝被吵醒，好覺沒睡成，很不高興，一看是烏鴉，大吃一驚問道：「烏鴉，我問你，是誰告訴你我在這個時候睡覺？」「沒……沒……沒誰告訴我，是我自己碰上了。」烏鴉膽怯地回答。天帝怒視著烏鴉，一拍桌子：「快說，到底是誰告訴你，快說！」「沒誰，沒誰。」烏鴉不想說。天帝說：「你要知道，欺騙我就是欺君哪，不說出來就宰了你。要是告訴了我，說明你忠於我，不但不宰你，我一高興還可以獎給你一套美麗的服裝。」

烏鴉想了一下利弊關係，就如實地說：「是岳樺樹告訴我的。」「原來是它，這該死的東西，它敢洩露天機，簡直是無法無天。」天帝發火了，接著下令，將岳樺樹逐出天門，發配到人間，岳樺樹就落到長白山上。天帝還下令風公雪婆往長白山上降大雪，颳大風，用大雪凍用冷風吹，還令太陽公不給他足夠陽光，令土地不給他養分，非得教訓教訓岳樺樹不可。一句話就遭此磨難，所以岳樺樹就成了今天這個樣子。你說是不是自己多嘴多舌找的，而烏鴉它出賣朋友，還是現在這個煩人的樣子，這是罪有應得。

王恩龍（蒐集整理）

白山樺的傳說

　　長白山有三種樺樹：岳樺、楓樺和白樺，傳說這三種樺樹和老罕王有點兒瓜葛呢。

　　說這話也有許多年了，老罕王年輕時在長白山遭了難，幸虧被一白衣少年男子搭救。幾年後老罕王登基坐殿了，一次領著文武大臣到長白山視察，看見一棵雪白的樹，長得又高又直，冷丁想起救過他的白衣少年，可是忘了少年的姓氏，只是記得他住在楓林村，叫什麼「華」。老罕王對著這棵樹說：「你使我想起了救命恩人，如果你沒有名字，就叫白樺吧，我封你為樹中之王。」然後又命令一個大臣一定找到楓林村，把救命恩人領到皇宮受賞。

　　這個大臣爬山越嶺，不少日子才打聽著找到楓林村。這個村裡有三個名字叫「華」的人，封華、岳華和白華。岳華是個十七八歲的姑娘，自然不會是那救命恩人。封華雖是個二十多歲的男子，但到山裡挖參去了，不在家。大臣只好先把白華找來詢問搭救罕王之事。白華先是一愣，忽然想起來頭幾年聽封華說過，救過一個山外人。轉念一想，反正封華不在家，於是說自己曾救過一個山外人，八成是罕王。大臣很高興，帶著白華走了。

　　岳華是封華的未婚妻，當封華放山回村時，她告訴了未婚夫，說白華救過罕王，被大臣領走受皇賞去了。封華先是一愣，接著說：「八成是弄錯了。我十七歲那年救過一個叫小罕子的人，聽說現在當了皇帝。」岳華一聽，說：「白華在村裡是出名的二賴子，準是冒你名去領賞去了。不如你去皇宮把事情說明，不能讓他占便宜。」封華說：「我不圖受皇賞，倒想去賣山參時順路去看看罕王。」

　　第二天，封華上了路。賣完人參以後，來到皇宮外，對衛兵說要見罕王。衛兵不讓進，封華只得說當年自己救過罕王的命。護兵哪裡肯信，前些日子白華來受了賞，還做了小官，眼前這位準是冒名的。正在爭執不下，白華同幾個

護兵來了，看見封華，嚇了一跳！立時一使眼色，命令兵丁把封華打得皮開肉綻，然後趕出城。白華又派兩名護兵暗中跟著，準備在沒人時殺掉他。走了些日子，進了老林子，封華看見道邊一棵白樺樹，頓時勾起了傷心事兒，自己怎麼有臉回去見爹娘和岳華呢？他自言自語地把受冤枉的話都說了出來，便一頭撞死了。兩個護兵聽得清清楚楚，嘆了口氣，把封華就地埋了。

白華聽說封華死了，很高興。他想：一不做，二不休，乾脆把岳華弄來做個小老婆吧。白華以前就看上了岳華，只是岳華和封華從小就定了親，他才沒了轍，於是派心腹把岳華騙來。岳華見到白華知道受了騙，立時氣得昏了過去。被派去殺封華的兩個護兵中，有一個心眼挺好，告訴岳華，封華被毒打又撞死的實情，並幫助岳華逃走了。

岳華不知走了多少日子，找到了封華的墳，只見墳頭長出一棵大樹，渾身爆皮。看到這棵樹，就像看見了未婚夫，那爆裂的樹皮就像封華被打得皮開肉綻的樣子，岳華傷心地大哭起來。過了一會兒，忽然聽見有響動，原來是白華派兵來抓岳華。岳華想撞死在封華的墳前，又一想是自己讓他去皇宮才招來殺身之禍的，覺得沒有臉和封華在一起，便發瘋般往長白山裡跑。等跑到離天池瀑布不遠的時候，摔倒在一塊石頭旁，再也沒起來。以後這地方長出一片小樹，非常好看，人們就叫它岳樺。

再說白樺冒名受賞的事兒被罕王知道了，他犯了欺君之罪，被判了死刑。行刑的官兵把白華押到封華墳前，綁在一棵白樺樹上，砍了頭。白華的血濺在白樺樹身上，從此白樺樹幹上就一個黑點一個黑點的了。

白華死了以後，長白山的老百姓就恨白樺樹了。一是「同名」，二是沾上了白華的血。人們見到白樺樹就扒它的皮。可是扒了白皮還有黑皮，樹照樣活。老百姓說：「白樺樹扒皮不死，是因為沾上了白華的血，也變得沒臉沒皮了。」還有的說：「白樺樹皮能做靰鞡穿，是因為白華臉皮厚呀！」

後來，老百姓雖然不恨白樺樹了，但白樺再也不是樹中之王了。封華墳頭長出的大樹，老百姓就管它叫「封華樹」，現在人們又把它寫成是「楓樺」。

王恩龍（蒐集整理）

柞樹的傳說

這還是長白山剛有人家的時候，有這麼一家姓劉的，老太太、兒子、兒媳和老姑娘四口人在一起過日子。兒子常年在外放山、打獵不大在家，婆婆和小姑子總看媳婦不順眼，動不動就找茬罵一頓。媳婦惠賢仗著脾氣好，好賴能將就。小姑子巧蓮隔三差五在婆婆面前捏鹹鹽，因為巧蓮從小就笨拙，幹啥不像啥，惠賢嫁到劉家後，心靈手巧，什麼都會幹，巧蓮就眼氣。一天，婆婆對兒媳說：「惠賢，家裡蓆子破了，你割點葦子編領炕蓆吧。」

惠賢說：「媽，咱這長白山也沒有能編炕蓆的蘆葦呀？」婆婆火了，說：「死心眼兒！活人還能叫尿憋死？你不好割樹條子編！」惠賢知道這是婆婆有意難為她，沒法子，拿著鐮刀上山了。巧蓮想看看嫂子怎樣用樹條子編蓆，也跟著上了山。

惠賢進山後，挑軟乎條子割了兩大捆，又把樹條子刮成薄片片，編出了一張非常漂亮的蓆子。巧蓮眼珠一轉，和嫂子說：「好嫂子，你就和咱媽說這蓆子是我編的，要不都說我拙，以後怎麼辦？」惠賢明白，她是怕落個拙名不好找婆家，就答應了。

回到家以後，巧蓮一進門就告訴媽說，這是她編的炕蓆。惠賢只得隨和著說，是巧蓮編的。巧蓮媽開始不信，聽了惠賢也這麼說，立時高興了，說：「沒尋思我老姑娘還有這麼兩下子。」誇獎完了巧蓮，又把兒媳數落了一頓，惠賢說：「媽，我日後好好和妹妹學著編。」巧蓮說：「媽，算了，算了，嫂子幫我割了那麼多條子呢，光我自個一天也編不完呀！」聽了巧蓮這話，婆婆不吭聲了。

時間不長，巧蓮會用樹條子編炕蓆的事兒十里八村的都知道了，鄰村的張家大參戶託人來給兒子提親，巧蓮見張家小夥子長得好，又有錢，光人參就一百多丈，樂不得的答應了。可是巧蓮有個心病，總怕嫂子把她的底給揭出來，

又在媽面前說了她不少壞話，老太太就把惠賢給攆回娘家了。這回巧蓮放了心，挑了日子嫁到了張家。

巧蓮的丈夫和公公割回幾捆樹條子，讓巧蓮編炕席。這一來巧蓮傻了眼，她哪會編呀！巧蓮看著地上的樹條子直髮呆，婆婆問：「怎麼，這條子不好？」這句話提醒了巧蓮，說：「媽，這條子是不太好，回頭我自個上山去割。」晚上，巧蓮怎麼也睡不著，她在想明天這一關怎麼過，想著想著，有了主意。

第二天一早，巧蓮拿著鐮刀，跑到十五里外她嫂子的娘家，找到了嫂子惠賢，說：「嫂子，你幫幫小妹的忙吧，我婆婆叫我編炕席，我哪能編好啊？」惠賢被婆婆攆回娘家正窩火，就說：「我多少日子沒編了，手生了。」巧蓮說：「好嫂子，以前都是小妹不好，只要你幫我編蓆子，我回去和媽說，保證抬著轎來接你回去。」惠賢架不住幾句好話，就答應了，和她一起上山割了樹條子，編了一領蓆子。天快黑的時候，巧蓮扛著蓆子回了家。婆婆、公公和丈夫從來沒見過編得這麼好的炕席，都樂得夠嗆。公公說：「巧蓮，你在山上編得勁嗎？還是在家編吧！」巧蓮連忙說：「不用，不用，還是在山上編好。」公公又說：「也好，那明個我們幫你割條子，你就光管編吧！」巧蓮又忙說：「不用、不用，我自個割條子就行。」巧蓮的丈夫看媳婦這個樣，覺得有點怪。第二天，就悄悄跟在她身後上了山，這一來全看明白了，原來是惠賢幫她編的！回家後，巧蓮丈夫把看見的事兒告訴爹娘。老爹氣得鬍子直抖，娘氣得非要休了她不可。

晚上，巧蓮又扛著一領席回來了，一進屋放下蓆子說：「媽，爹，我回來了！」婆婆沒吭聲，公公悶聲悶氣地說：「看見了！」就再也不答話了，丈夫連理也不理她，巧蓮心裡直納悶兒。這時婆婆說：「巧蓮，明天在家編吧，我得跟你學學手藝呀！」巧蓮一驚，想說不行吧，一看全家人臉都陰了天，只得答應了。

晚上，不管巧蓮怎麼問，丈夫就是不說實情，巧蓮心想，壞了！八成是他們知道了這不是我編的，這可怎麼辦？

天亮以後，巧蓮說了聲割條子回來編，就上了山，坐在山岡的樹墩上犯了愁。愁啊愁，一口氣沒上來，坐在那嚥了氣。巧蓮的丈夫、公公躲在樹林裡一看巧蓮不行了，著了慌，忙跑過來，想把她抬回去。可怎麼也抬不動，原來她腳下生了根，變成了一棵樹。

　　從此，長白山多了一種樹，當地人管它叫「拙」樹，意思是笨拙的巧蓮變成的樹。後來叫白了，成了「柞」樹，就是現在，柞樹也愛在山樑上生長呢！

王德富（蒐集整理）

女兒木的傳說

女兒木是一種木質細膩、堅硬的稀有珍貴樹種，據說唯長白山有，不知真假。我不妨把女兒木的傳說，講給您聽聽。

那是努爾哈赤登基坐殿時發生的故事，老罕王的兒子皇太極為了討好罕王，到處蒐羅古董珍品，獻給父王。這一天，他的一個衛兵買來一個木雕香爐，非常精緻好看。皇太極連忙問哪買的，什麼人賣的。衛兵說，是一個十分俊秀的村姑和老頭賣的。

皇太極說：「你趕緊去把他們找來，我要當面見見。」等衛兵到市上一看，村姑和老頭都沒有了。皇太極很失望，他發了一個告示，重金收購木雕工藝品。

告示發出不久，陸陸續續有來賣木雕製品的，可沒有一件能趕上那件香爐的。皇太極很生氣，下令把賣這些木雕製品的，抓起來，罰他們做苦役，誰要知道那女子的下落，便將誰釋放回去。

一來二去的，這事兒傳到長白山腳下的松花屯兒，屯兒裡有個叫女妮兒的姑娘聽到這件事兒，吃了一驚，為啥？她就是那賣香爐的村姑。女妮對爹說，「爹，咱賣木雕香爐，賣出禍事了，皇太極抓了不少木刻匠，非讓他們找著咱不可，還要買咱刻的香爐。你說咋好哇？」女妮兒爹姓張，人稱張刻匠，前幾年在關裡過不下去了，領著獨生女兒闖了關東，他會木刻的手藝，女兒也跟著學會了，爺倆刻了一些仕女、香爐等物，沒成想賣出麻煩事來了。這時張刻匠說：「咱能有啥法兒？聽天由命吧！」女妮兒說：「皇太極不就是想買咱刻的香爐嗎？咱多刻些拿去就是。」父親說：「誰知他們安的什麼心啊，還是不去為好。」女妮兒是個軟心腸，說：「那麼些鄉親們為了咱賣香爐的事被抓起來，我們要不去，他們上哪去找咱呀？賣了香爐，那些人自然會被放出來，我再回來，豈不兩全其美嗎？」張刻匠覺得女兒說得在理兒，就答應同女兒一塊

去，可女妮兒偏要自個兒去，讓父親在家一邊看家守門，一邊雕刻香爐仕女。張刻匠依依不捨地把女兒送上了路。女妮兒走了幾日，趕到皇宮，獻上木刻香爐，皇太極大喜。香爐刻得漂亮，女妮兒長得更漂亮。他立時要把女妮兒留在皇宮，侍候他。女妮兒哪裡肯依？她一心想把被抓的人放出來，好回家侍奉老父親，便一口回絕了。皇太極大怒，說：「好吧，你不是要想把抓的人都救出去嗎？可以！有一個條件：你刻一件東西，只能救出一個人去。我一共抓了九十九個人，那麼請你刻吧！」女妮兒知道這是皇太極特意為難她，可也沒別的辦法，她咬了咬嘴唇答應了。

女妮兒起早貪黑，七天刻了十件香爐，心想，這回可以救出十個人了。可誰知，皇太極傳下命令：不准刻重樣的！女妮兒氣得大哭一場。第二天，女妮兒又不聲不響地刻了起來，什麼仕女、神像、花鳥魚蟲，件件不重複，越刻越難刻。好容易盼到只剩下一個人沒救出了，女妮兒鬆了口氣。她用盡全身的本事，刻了一件香爐，交上了，就等著皇太極下命令放她回家。等了三天不見音信，女妮兒急了，催問因由，一侍女告訴她說：「皇太極說了，要麼你留下來將那最後一個人替出；要麼你自己找一種誰也沒見過的好樹木刻一個八尺高的寶塔，才能放你回去。你自己看著辦吧！」女妮兒沒想到皇太極能這樣蠻不講理，她想了想說：「我回長白山去找好木頭，然後刻寶塔。」皇太極派了一夥衛兵，護著女妮兒進了長白山。

女妮兒路過家門，見了父親，爺倆抱頭痛哭。一個護兵說：「好了！皇太極就給三天期限找樹，你還是趕快去吧！」張刻匠說：「我去替女兒找。」又一個衛兵說：「歇著你的吧，老頭兒找不找的都一個味！」張刻匠沒管那一套，同女兒一起進了山。什麼黃楊木、水桃、梨木、美人松、岳樺……差不多把長白山的樹找遍了。也沒有合適的，不管你找什麼樹，衛兵看也不看，就搖頭說不行。轉眼過了三天，衛兵要把女妮兒帶走，對張刻匠說：「你多咱找到好木頭了，再來換你的女兒吧！」女妮兒被帶走了，走了不遠，她猛然撞在一棵梨樹上，倒下了。

再說張刻匠，見女兒被帶走了，他瘋了似的到處找好木頭，一心想把女兒換回來。他不吃不喝，在老林子裡找啊，找啊，一下子看見一棵樹。以前從來沒見過，他高興極了！這就是一棵誰也沒見過的好木頭。他從樹身子撫摸到樹根，忽然，看見樹根下有女人的衣服，他把樹葉扒拉掉。看清了，原來是她女兒的屍首！樹根就是從她女兒身上長出來的，張刻匠悲痛得昏了過去。

　　從那以後，人們就把這種樹叫「女妮兒木」，時間長了，叫順了嘴，就成了「女兒木」了。

袁　毅　王德富（編）

樺樹和杜鵑的傳說

在長白山的半山腰上，長著一種古怪樺樹：樹幹彎曲幾乎貼到了地皮，樹枝也曲曲折折，互相交織在一起。樹幹的根部還被一種名叫「長白杜鵑」的野草緊緊地摟抱著。這種樺樹為什麼彎著腰？它為什麼又被長白杜鵑緊抱不放？這裡有一段令人心酸的故事。

很久很久以前，長白山腳下有一個村莊，那裡住有一位以狩獵為生的姓白的老人，他很早失去了老伴，不久，又先後失去了兒子和兒媳，膝下只有一個剛生下不幾個月的小孫女，名叫雪花。老人把她看作掌上明珠，經常到左鄰右舍給她討奶吃。在爺爺的精心撫養下，雪花一天天長大了。每當老人打獵歸來，累得腰疼腿酸，可是只要見到孫女就樂得他渾身有一股使不完的勁，忘掉了一天的勞累和飢餓。

時間像流水，不知不覺，雪花已長成大姑娘，出落得像雪中的一朵梅花似的。

這個村裡的大財主家有個浪蕩公子，是個貪心不足的大色鬼，身邊攔著九個小老婆還嫌不夠，總想霸占人家的閨女。雪花的玉容，一傳十，十傳百，傳到了這個色鬼的耳中。狗頭上攔不住骨頭，那個浪蕩公子聽說雪花長得那麼美，心裡還有個不癢？他在雪花身上打起了鬼主意。

有一天，雪花的爺爺進深山打獵去了，浪蕩公子趕緊叫來自己的心腹二東家的老太婆，講了自己的心病。

第二天，這刁老太婆就來到雪花家，花言巧語地說道：「雪花呀，這回你爺爺到深山打獵，還不得兩個月後才回來？你一個女孩子家怎能獨守這個空屋子？俺家主人憐你的處境，說要多付給你工錢，叫你過去跟我住在一塊幹些零活，你看好不好？」

蒙在鼓裡的雪花信以為真，暗自想：年邁的爺爺吃了多少苦，才把我拉扯

這麼大？如果我去掙回來一點錢，能幫上爺爺一把，也是孫兒孝敬爺爺的道理。想到這兒，雪花答應了。

第二天，雪花走進了財主家的大門，刁老太婆見雪花已上了圈套，滿臉堆著奸笑把雪花接進屋裡隨便交代了一下活計。頭一個月，他們大發假慈悲，不僅發給很多工錢，還賞給她一身漂亮的衣裳。第二個月，他們就動真的了。那老太婆來到雪花的房間笑嘻嘻地說：

「雪花呀，你幹的活不比別人多，可拿到的工錢比別人多，又白送給你一套衣裳，你想過這是誰的恩德沒有？」

「我知道，這都是您的恩德，不知該怎樣謝謝您才好。」

「廢話，我也是指著人家過日子的人，哪裡還有本事照顧你？我告訴你吧，這一切全都是小少爺的恩德嘞。」

「啊？你說什麼？」雪花聽了，不免有些驚慌。

刁老太婆一看雪花發慌，馬上哄道：

「小少爺這麼做，不是為別的，就是特別相中了你幹活麻利，品行又端正。他現在很想見見你，你跟我去一趟吧。」

老太婆邊說邊催促雪花快跟她走，雪花到底是聽人使喚的人，只好跟著她去。

雪花到浪蕩公子的屋裡一看，炕上放著一張大桌子，桌上擺滿了山珍海味，桌腿都要壓斷了。那色鬼一見雪花如花似玉，便如痴如醉地張著大嘴傻笑著。過了老半天，他才笑嘻嘻地湊到雪花跟前，說：

「雪花，這些日子你為我家吃了不少苦，今天我特意請你。沒有別的意思，只是想跟你嘮嘮，喏，這些都是專為你準備的，請吧！」

「多謝少爺的厚意，可我已吃過飯了。」雪花邊說邊往門外退。

那浪蕩公子說盡黃河只為水，豈容這個快到嘴邊的「水」就這麼飛了？他急忙賠笑道：

「哈哈，你說吃飽了，可不等於我也飽了呀。你不吃也罷了，可也不能就

這麼甩袖就走吧？我的要求只要你念我稀罕你的心情，給我斟一杯酒，我也就心滿意足了。」那老太婆趕緊拎過酒壺塞進雪花的手中。

在慌亂中接過酒壺的雪花，斟也不是，不斟也不是，十分尷尬。這時那個刁老太婆又趕忙端起兩個酒杯道：「雪花姑娘，看來今晚我這個老太婆一借少爺的光，二托你的洪福，能喝上一杯別人喝不著的美酒哩。」說完又「嘿嘿」地笑著把酒杯遞到了酒壺之下，就等雪花倒酒，雪花只好給她斟了兩杯。浪蕩公子從老太婆那裡迫不及待地接過一杯一飲而盡，說道：「都說甘露酒味甜，豈能比得上這杯酒？哈哈……」他一邊得意地獰笑著，一邊掰一片橘子塞進了雪花的手中。雪花嚇了一跳，藉口身體不舒服，跑了出來。

雪花走後，那兩個狗男妖女嘀嘀咕咕地密謀了一陣子。

第二天，刁老太婆喚出雪花板著臉吼道：

「雪花聽著：從今日起，少爺的吃穿住都得由你來侍候好！」

雪花看透了他們的險惡用意，拒絕道：

「稟報二東家，我要回家了，請您老多多包涵。」

老太婆一看雪花已看穿了他們的用意，便說：「少爺對你恩重如山，你敢如此忘恩負義？」

雪花道：「少爺的禮物和多給的工錢分毫沒動，都在這裡，全都奉還。」

聽了雪花的決心，老太婆的臉氣得白一塊紫一塊地，高聲嚷道：「我要你說話算數，不許分毫有差！」

雪花看那老太婆像龍王亮相──張牙舞爪，可恨又可惡，理也不理就跑回屋裡去取禮物和工錢。可是到屋裡一看，那些衣裳和錢無影無蹤，不知哪裡去了。雪花怎麼知道這又是他們早已設下的圈套？真是一步走錯百步歪，一腳踏錯百步難還。雪花傻了眼，只好硬著頭皮去侍候那個可惡的浪蕩公子。

刁老太婆一計得逞，又施一計，吩咐雪花道：「雪花呀，我告訴你，少爺平日有一種好習慣，每天雞鳴報曉之時，早早起床讀書學習，要留神服侍，不得怠慢。」

聽完老太婆的吩咐，雪花完全意識到自己已被餓虎叼進嘴裡，但是轉念又想起爺爺常對自己講的一句話：只要不丟魂，虎口脫險也有望，爺爺的話使雪花打起了精神，鼓起了勇氣，暗自發誓：寧可玉碎，不能瓦全，你們休想用金錢奪我貞操！

沒過幾天，刁老太婆散佈了雪花的許多流言蜚語。財主家的長工們也天天一清早就看見雪花打浪蕩公子屋裡走出來，便對老太婆的話信以為真，長工們嚷嚷雪花長雪花短。就這樣，玷污雪花的謠言像長了翅膀似的傳遍全村。

這些謠言像一根根毒針刺痛了雪花的心，可那刁老太婆卻幸災樂禍地盤算道：這一下雪花就算長了十張嘴，也說不清，道不明。看你往哪裡跑？到頭來，還不是小少爺的？到了那時，少爺就會賞給我很多錢。嘿嘿，好一棵搖錢樹……

轉眼工夫，兩個月過去了，日夜思念孫女的老白頭回村了。當他來到村口時，頭一個撞見的便是刁老太婆。刁老太見了他，賊眼馬上一轉，佯裝傷心地抹著眼淚，把糟踐雪花的一些謊話說給老白頭聽。老白頭聽了半天，沒法相信她的胡言，馬上跑進村裡向左鄰右舍打聽。結果，他們講的跟老太婆說的完全一樣。老白頭就像當頭挨了一捧，頓時感到天旋地轉。他怒從心頭起，直闖進財主的家，操起獵刀一下子砍死了那個浪蕩公子，而後踉踉蹌蹌地回到了家。

雪花聽說爺爺回來了，飛也似的跑回了家裡。她看見爺爺又悲又喜，猛跑過去，一頭撲進爺爺的懷裡，流著淚喊著：「爺爺，爺爺，你為啥才回來……」

老人從懷裡推開雪花吼道：「那個狗財主就是害死你媽媽的仇人，沒想到如今你竟跟他……」老人一口氣噎住了喉嚨，說不下去了。

「爺爺，我是清白的。儘管他們使盡了奸計，但我沒上他們當，爺爺你不要聽信那些謠言。」

「我不聽你的廢話，從今開始，我再也不認你這個孫女了，以後別想再來見我。」老人說完，轉身踢開柴門走出去了。雪花一看自己是一條白巾落在染缸裡，怎麼也洗不清，喊冤叫屈，昏厥在地。

不知過了多長時間，雪花醒過來，已是伸手不見五指的深夜。她勉強打起精神，尋思著：一定得找到爺爺，向爺爺說明我的清白。雪花下定決心，站起身來，向著爺爺常去狩獵的長白山奔去。

　　「爺爺！爺爺……」雪花邊喊邊走，不知走了多少路，隱隱約約地看見爺爺站在那裡死去了。雪花「撲通」一聲跪在爺爺的面前，摟住爺爺的雙腿痛哭：「爺爺呀，我的好爺爺，您為什麼錯怪我呀？我是清白的呀，爺爺……」雪花哭啊，喊啊，就這樣含著不白之冤哭死在爺爺的膝下。

　　不知流逝了多麼漫長的歲月，在他們死去的地方，長出了像老人彎弓駝背那樣古怪的白樺樹和姑娘長髮那樣青翠美麗的長白杜鵑。傳說長白杜鵑是雪花姑娘的精魂，她為了表明自己的清白，茁壯成長。而那白樺樹，則是爺爺的化身，他在漫長的歲月中，終於明白了事情的真相，解除了對雪花的誤會，所以長年在那裡彎腰撫摸著杜鵑，是傾注著爺爺對孫女的無限愛憐之情。

李文瑞（編）

「大紅袍」李子的傳說

傳說在很早以前，長白山裡有座土石山，對空中終年有朵綢子樣的紅雲彩在飄。後坡的地方散住著幾十戶人家，靠在石頭間零零星星的薄地裡種點莊稼，也打獵、砍柴、搞點山利落，私下抓撓，湊合度日。

村中有個小夥子叫白山，自己過日子。他聰明、勤勞、勇敢，看到鄉鄰們窮困飢寒，老人、婦女、孩子和病人只能吃酸澀的野果，於是立志植栽果木為鄉鄰們謀福。

他看到山後到處是野李子樹，就決心培植李子樹，每回到坡後幹活都摳幾棵李子樹捎回，栽植在自家那一疙瘩地裡。一來二去的竟成了一片李子林。白山對這片李子樹可用上心血啦。起早貪黑，鬆土、灌水、除蟲，汗水落地，躬背朝天，經營著李子林。六六三十六天過去了，李子樹拱出了花骨朵，白山樂得心中開了花，七七四十九天過去了，李子樹枝枝掛了果，白山心裡像喝了一碗蜜，九九八十一天過去了，個個李子熟透了。李子個兒雖然只像芸豆籽大小，白山也很高興，常常笑出了聲。上後山打獵的大爺路過這裡，總要問上一句，「白山哪，啥時吃上李子啊？」放羊的孩子經過這裡也湊上句喜慶話：「白山哥，這李子准保甜！」

這天，白山要採摘李子嘗嘗好開園。他選中個大個的，輕咬一口，哎呀媽呀，鼻子眉毛全筋到一塊兒了！這李子酸澀難嚥，緊忙吐到地上，白山的臉上籠上了愁雲。

白山愁悶了幾日，他畢竟是個有志氣的小夥子，決心再幹。他在李子林中搭個棚子住，日夜辛勞，琢磨著蒔弄。李子樹開過三次花結過三次果了，李子還是苦澀難嚥。白山這回可急眼了，這可咋辦呢？白山坐在窩棚邊的一塊青石上，望著日頭下山了，鳥兒回巢了，土山上空的那朵紅雲彩更鮮豔了。心裡沒著沒落地。他看著看著，不禁呆住了，尋思自己看花眼了。揉揉眼睛再看，果

真，那朵常年不離土石山頂的紅雲彩飄飄悠悠地朝他這塊飛來！只一會兒工夫，白山只覺得眼前紅光閃亮，這朵紅雲在地上打個旋轉，眨眼間一個紅衣紅褲、俊眉俊眼的大閨女亭亭地立在眼前，笑眯眯地看著他呢。白山乾咂巴嘴說不出話來。

「白山哥，你愣怔啥呀，咱可是老鄰居呢。俺看你終日為鄉親們栽樹育果辛辛苦苦，李子長得又不強，幫你的忙來了。」

白山聽姑娘說能幫上忙，可樂壞了，騰地立起身來，臉上的愁霧頓時散去，忙向姑娘一揖：「多謝姑娘好心！」這揖把姑娘逗得咯咯直樂，一扭身跑走了。白山心裡咯噔一下，不是說幫我的忙嗎？怎麼跑了？抬腿要上前問問，這時只見姑娘在前面一忽閃不見了，化作一朵火紅的雲霞在李子林的枝葉隙間穿飛，輕盈飄忽，一忽兒飄向這棵李子樹，一忽兒飄向那棵李子樹，白山只好停止不追了。眼睜睜地看著紅雲朵在一趟趟地繞飛，總算兜完了所有的李子樹。白山這時才醒過腔來，這紅衣姑娘是山頂上那朵紅雲哪！等她停下來，可得好好向她求教求教治理李子樹的辦法。正尋思著呢，再找紅雲彩時不見了，就見一朵白色的雲搖搖晃晃地從李子林裡飄出，慢悠悠地向土石山頂飛！

白山拚命向李子林跑去，四處找那片紅雲，沒見！他又朝李子林尋去。李子林裡綠衣裹紅，一個個原來又小又青的李子變得又大又紅了，像盞盞小燈籠，像顆顆大瑪瑙，閃著奇異的紅光！白山明白了，白山難過了，那位好心的姑娘可幫了大忙了。這回李子咋樣呢？他伸手摘下一枚掰開，呵，干碗！嘗了一口，酸甜清香滿口，美不可言，白山樂得蹦起來。

晚上躺在窩棚裡，白山還是樂呀樂，幾年的心血在紅雲姑娘的幫助下總算是結果了，可怎麼報答這位獻身的好姑娘呢？想著想著睡著了。姑娘又來了，穿一身月白衣裳，站在窩棚外對白山說：「白山哥，實話對你說，俺是一股地靈之氣，幾千年孕育成女兒身，能自由來往了。看你心好，勤勞善良，為鄉親吃盡苦挨盡累，很想和你成家過日子。現在不能了，我得再修練九九八百一十年，才能再現人形……」說完，含著眼淚飄走了。

白山一激靈醒了，想想剛才的夢境，想想姑娘來度化李子樹的情形，心裡很不好受，爬起來就奔山頂去。

下半夜，這地場的鄉鄰們都夢到白山和一位穿月白衣服的姑娘囑咐他們去收李子。

天亮後，山下的人家發現土石山上長出一座直立高聳的白石碴子，一朵白雲繚繞著它。大家明白了這是白山和白雲姑娘的化身。

為了感念白山和姑娘的恩德，人們管這座碴子叫白雲碴子，叫長了叫成白碴子，管這種李子叫「大紅袍」，因為李子是姑娘紅衣紅褲染成的。

馬青山　劉福利（講述）

王希傑（蒐集整理）

斧劈椴樹精

這還是早些年的事情呢。在長白山的一個木場子裡，有一個姓萬的木把。這萬木把是山東人，別人都叫他「山東萬」。他長得五大三粗，渾身是勁兒。

有一天，雞叫頭遍，把頭們正在工房子裡睡覺，大師傅做好飯，正在刷鍋。這時，就聽見一個甕聲甕氣的聲音說：「大大攮一團給我老段！大大攮一團給我老段！」大師傅一撒摸，好傢伙，只見從窗口伸進一隻毛烘烘的大手，那手活像小簸箕，又大又厚，大師傅可嚇麻爪兒了。可那傢伙仍伸著大手，一聲接一聲地喊叫著。大師傅沒法兒，只好撐著膽硬著頭皮，鏟了一大木鍁飯倒在那隻大手裡。那隻大手縮了回去，聽得見「吧哧吧哧」吃飯聲。不大工夫，大手又伸進來了，又喊：「大大攮一團給我老段。」沒法子，大師傅又舀一大盆飯倒在那隻大手裡。不大工夫，那隻大手又伸進來，喊叫開了，大師傅只好又舀又倒。飯吃光了，那傢伙也走了。

那傢伙一走，大師傅就把木把們喊起來，把前前後後的經過一說，木把們聽了又是驚又是奇。現做飯不趕趟，把頭們不管你吃沒吃飯，也緊催著上工。大夥兒又憋氣又窩火，只好空著肚子去上工。做了一天大木頭活兒，粒米沒進，有些人幹不動了，倒在地上不能動彈。山東萬見了這光景，心裡真難受。他袖子一挽，說了聲：「俺才不管老段老柳的，今兒黑間兒看俺的！」

這天黑夜，山東萬就搬到廚房炕上躺著。雞叫頭遍，大師傅搶鍋時，那隻大手又伸進來喊：「大大攮一團給我老段！」聽它一喊，山東萬悄悄地下了炕，摸到窗前，那傢伙正一聲迭一聲地叫著，山東萬一個高兒躥起來，一把就握住了那隻大手。那傢伙一見手叫人抓住，就往回拽。可山東萬的大手就像老虎鉗子似的，扣得緊緊的，哪能拽得出？山東萬往里拉，那傢伙就往後掙，拉啊掙啊，只聽「咔嚓」一聲，山東萬一傢伙坐了個屁股蹲兒。一看手裡攮的，哪是什麼大手，原來是棵老粗老粗的椴樹杈子。

這天早上，木把們吃了頓飽飯。打這以後，這傢伙再也不敢來搗亂了。

過了好些日子，一天晚上，三號工房的木把們一個拉胡琴，一個就哼著京戲。正唱著，門「吱嘎」一聲大揭大開，隨著閃進一個人來，那人進來就甕聲甕氣地喊：「快當啊，師傅！」大夥兒抬眼一看，呵！好一個黑大漢，身子足有七尺高，腰足有四五抱粗，兩眼好像兩盞小燈，臉蛋兒黑得像鍋底，冷眼一看，像座鐵塔。這傢伙一動步，地都直顫悠，往炕沿兒上一坐，壓得碗口粗的炕沿兒忽悠忽悠直顫，眼看就要壓折了。深山老林子裡哪來的這路人？房裡的木把們嚇得目瞪口呆，說不上話來。

他坐好了，就甕聲甕氣地說：「拉拉唱唱給我老段聽聽，拉拉唱唱給我老段聽聽！」

大家一聽又是「老段」，嚇得頭皮都發麻，但也不敢不照辦，只好一個拉一個唱。那些人就你瞅我，我瞅你地陪著，拉啊唱啊，一個時辰，又一個時辰。它側棱耳朵一個勁兒地聽，還不讓歇著，一歇著，他就甕聲甕氣地喊。一直鬧騰了一宿，雞叫了兩遍了，他才站起身，甕聲甕氣地說：「下黑兒我老段還來！」說完就通通地走了。

天大亮了，木把們一夜沒闔眼，還得照舊去做木頭活兒，哪有力氣呀？這還不算，這傢伙晚上還要來，還得一宿不能睡覺。這樣下去，不嚇死也得熬死，大夥兒一合計，又去找山東萬想辦法。

山東萬一聽，二話沒說就答應了。晚上吃了晚飯，他就拎起斧子來到三號工房。他一個高兒跳上炕，在炕裡邊盤腿大坐，把大斧頭坐在屁股底下。不大一陣工夫，只聽「呼通呼通」地響，門又「吱嘎」一聲開了，那個黑大漢又閃了進來，甕聲甕氣地喊，「快當啊，師傅！」因為今兒晚上有山東萬在場，大夥兒膽子都壯了，都按著山東萬的吩咐，齊聲回答：「快當，快當！」黑傢伙往炕沿兒上一坐，又甕聲甕氣地說：「再拉拉，唱唱給我老段聽聽！」拉的人唱的人也爽爽快快地回答：「好！」就又拉又唱起來。拉的有板有眼，唱的清脆響亮，黑傢伙張著大嘴側棱耳朵聽得入了迷。

就在這節骨眼兒上，山東萬悄悄站起身，摸起大斧子，湊到黑傢伙背後，把大斧一掄，使出全身力氣，照準黑傢伙的腦袋，著著實實地劈了下去。只聽「撲哧」一聲，「嗥」的一聲吼叫，山東萬的大斧子怎麼也拔不出來了。就見一溜兒火線，直奔屋門衝出去，把山東萬也拽了個跟頭。那傢伙撞倒了牆，沖毀了大門。在外面還「唔唔噢噢」直叫喚，那聲音真嚇人。

　　山東萬說：「俺這一斧子劈得可真差不離兒，它再也不敢來了，大夥兒睡覺吧。」這一宿大夥兒可真睡了一夜好覺。

　　第二天，大天亮了，木把們起來一看，屋裡滿地是血，山東萬跟大夥兒碼著血蹤往前追。過了一道道山，過了一條條澗，呵！在一個立陡的大青石碴子上長著一棵又粗又大的椴樹，山東萬那把大斧子還在樹身上楔著，只有斧把兒露在外面。原來是這棵老椴樹成了精，在興妖作怪呢。

　　山東萬一步躥上去，扯住斧把兒，三搖兩晃，就把大斧子拽了出來。他就勁兒掄起大斧，呼呼一陣風，乒乓地砍起來，只聽那樹「唔唔噢噢」地叫，還往外吱吱冒血。只聽「轟隆」一聲山響，老椴樹倒了。一看，是棵雙心子樹，山東萬幾斧子就砍下了樹頭。他又拿出全身力氣，幾大斧就把大椴木骨碌劈開了，只見裡面有黃橙橙的苞米粒兒，還有不少人骨頭。

　　山東萬跟木把們，攏上一堆火，把老椴樹扔到火堆裡，只一會兒工夫，就燒成一堆白灰灰兒。

辛德祥（講述）

王德昌　於濟源（蒐集整理）

大榆樹的故事

坐落在長白山腳下的撫松縣，是個山清水秀、人傑地靈的好地方，在這青山綠水中曾流傳著許多神奇的故事。很早以前，撫松縣原名叫甸子街。在縣城的南北兩端各有一棵千年大榆樹，據說他們很有靈性，並且是兄弟倆，他們保佑著甸子街百姓們的平安。

南邊的這棵大榆樹是哥哥，它長得非常粗壯，根深葉茂，三伏盛夏人們都喜歡坐在下面乘涼，這裡也就變得十分熱鬧。大榆樹長在通往長白山仙人洞的岔道口上。道路兩旁開了一溜小店，生意都十分興隆。人們都說託了大榆樹的福，所以人們更加愛護它，敬仰它。

在大榆樹下面住著一家姓王的，兩口子闖關東過來的，拉扯著五個孩子，日子十分困難。平日裡省些錢，開了個小店來維持生計，盡心地經營著。幾年後，生活漸漸地好了起來，孩子們都長大成家了，老王家也就成了這一帶的富裕人家。

有了錢以後，老兩口決定回山東老家看望親戚們。他們把店鋪交給了老三小兩口兒，並囑咐一番就上路了。老三小兩口十分忠厚老實，起早貪黑地經營著這個小店，生意也十分好。有一天，村長帶人來檢查衛生，走累了便坐在鋪子前喝水，他見小店前後的衛生打掃得很乾淨，很滿意，可是抬頭一看，臉便陰了下來，說這棵大榆樹長得太大了，遮得地面黑黑的，而且還有一個樹杈橫在道上邊，阻礙交通，得修理一下。

老三心眼實在，一聽村長下了命令，就拿來鋸和斧子，爬上了樹，連拉帶劈的，不一會兒便砍了一大堆，把那個樹杈也鋸了下來。村長見這會兒亮堂多了，也就滿意地走了。

過了幾天，老三去城裡進貨，平地裡摔了一跤，跌斷了胳膊，請了名醫，用了好藥就是不見好。小店的客人也少了許多，生意十分蕭條，偏偏天又連降

暴雨，一場大水沖走了鋪子。看見父母辛苦經營起來的店鋪被水沖走了，老三小兩口兒十分傷心。

等到上秋，父母從山東回來時知道了此事，看見兒子的胳膊也斷了，好不悲傷，齊聲罵道：「報應呀！誰叫你們砍這棵大榆樹的，它是有靈性的。」從那以後，他們就搬家了，當地老百姓誰也不敢再禍害這棵大榆樹了。直到今天，這棵大榆樹還依然活著，成為撫松縣一大景觀。

許多來長白山旅遊的人都趕到這來摸一摸這棵千年榆樹，也沾一沾它的靈氣，以保平安。

袁　義（著）

陳麗媛（蒐集整理）

紅松王的傳說

在長白山原始森林裡，有一棵千年古樹——紅松王，它高三十米，粗壯秀美，葉擎蒼天，在紅松家族堪稱一絕，由於它集神、奇、美於一身，令人歎為觀止，據放山人講，關於這棵老紅松還有一個蕩氣迴腸的愛情故事。

遠古時期，太上老君騎著仙鶴遨遊在藍天，他在人間轉了一大圈，當看到長白山下一片荒涼，沒有一點生機，禁不住嘆息道：「這麼肥沃的土地，應該有一片茂密的森林，好讓窮人到這裡安居樂業。」想到這，他便從終南山採到一顆飽滿的紅松籽種在山坡上，然後跨上仙鶴悠然離去。

不久，一場傾盆大雨過後，這顆帶著靈氣的松子破土而出，抽枝展葉，長成一棵健壯挺拔的紅松樹。因為飽吸了日月光華，洋溢著大山迷人的風情，隨著時間的推移，幻化成一個英俊的小夥子在長白山打獵為生。龍王有一個小女兒叫玉兒，聽說此事後，便對小夥子心生愛慕之情，有一天趁著龍王不在，她便獨身一人跑出龍宮，千里迢迢來到長白山。她跋山涉水，滿山尋找，滿山呼喚，渴了喝口山泉水，餓了就摘幾顆野果充飢，雖然歷盡了千辛萬苦，但在荒無人煙、危機四伏、野獸毒蛇出沒的森林裡，連小夥子的影子也沒有看到。但愛情的力量是無窮的，她堅信自己一定能找到自己心愛的人。有一天她正在密林中穿行，一場大雨突然從天而降，她便躲到那顆紅松樹下避雨，由於多日的奔波，孱弱的身體斜倚在樹身後，玉兒便睡著了，她夢見心愛的小夥子正向她走來，一股松脂的氣息直撲背脊，玉兒春心蕩漾，喜不自禁，全然忘了在追求尋找中飽嘗的苦楚。睜開惺忪的雙眼，小夥子真的站在她的面前，四目相對，如石投水，這片沉寂的土地不僅有了生動光鮮的迷人色彩，而且為長白山文化平添了無窮的奧秘和神奇。

玉兒就是今天紅松王旁邊的那棵魚鱗松，她風情萬種，婀娜多姿，同心愛的紅松王的愛情地老天荒，永不變心，成為長白山傳說故事中的千古絕唱。

而且據說，這棵紅松王的松脂有著神奇的療效，野豬、黑熊等大型哺乳動物被毒蜂和毒蛇咬傷後，便跑到這棵樹下，讓滴血的傷口沾一滴松脂便可消炎解毒，傷口不久便可痊癒。年頭好時，這棵紅松王最多能結出一千多枚豐滿圓潤的紅松塔，豐富的種子撒遍長白山大森林，生成無數松苗，演繹成瑰麗獨特、妙不可言的自然景觀。

　　如今，這棵樹齡超過一千多年，歷經長白山兩次劇烈噴發的紅松王歷盡滄桑，見證過長白山歷史的巨大變遷，它仍然枝繁葉茂，雄壯絕美。民間傳頌的「壽比南山不老松」指的就是這棵絕無僅有的紅松王。它的存在和發現不僅具有較高的科研價值，而且成為人們探幽攬勝，放飛心靈的好去處。

▍神樹的傳說

紅葉谷中有一棵六摟粗的大青楊，裡面的心已經空了，外面仍然長得好好的，枝葉繁茂。據專家推測，這棵樹能有三百來年的樹齡，這樣高齡的楊樹，實屬罕見。所以稱它為神樹，不僅因為它的年齡大，更主要的還是它經歷了千難萬險，久經磨難，在它身上曾經發生過不少神奇有趣的故事。

有人估算，這棵樹是在清雍正年間設立永吉州時栽的，作為州與州之間的界線標誌。還有人說，乾隆年間發佈禁封令時栽的等等。總而言之，這棵樹是有來頭的。

據傳說，這棵大青楊長到三十多年，就已經成為參天大樹了。遇上一次大風暴，把樹頭刮斷，從旁邊發出杈來，又過了幾十年，新生的枝丫長起來了，比別的樹都高出一大截。下雨天樹杈上的水，都流到折斷的傷口處，滲到樹幹中。誰都知道楊木是最容易腐朽的，雨水越浸越深，腐朽的程度也越來越重。

有一年秋天，突然下大暴雨，「咔嚓」一個炸雷，劈掉了一個樹杈，引起一場大火，大火過後，樹芯裡的朽木便悄悄地燃燒起來，燒的面積越來越大，到後來，晚上都能看見火星滿天飛。因為樹還活著，樹皮水分大，不容易燒著，燃燒了好多天，把大青楊硬燒成一個空桶子，後來被一場大雨澆滅。

宣統登基那年秋天，老爺嶺山洪暴發，大水就像天上的銀河決了口似的，捲著沙石鋪天蓋的衝下來。大青楊雖沒被捲走，也難免再遭厄運，又一次被雷擊著火，樹洞裡又被燒去一圈。

據當地老人說，這棵大青楊遭雷劈還有多次，這也是很有可能的事，從它身上的傷痕可以看得出來。

有人曾看見，大青楊被燒成樹桶後，有狐狸在裡面煉丹。還有人說，有兩個蛇仙也在樹洞裡煉過丹。

據老人們講，大青楊第一次遭雷擊，是因為樹上招了一個大蜘蛛精，它好

像比青楊的年齡還要大。自從有了青楊，它就爬在樹上纏來纏去，時間一長把大青楊的精髓差不多吸盡了，練了點本事，百年之後，它漸漸吸取了天地的精華，山林的靈氣，有了點道行，妄想修道成仙，化作人形。這時，它的本事見長，能在樹上飛來飛去，吸收那些百年古樹的精華。它每天都找一棵古樹，趴在上面盡情地吸納，吸夠了再換一棵，等吸完了九千九百九十九棵時，就能化作人形了。那時，到人間變成美女，再吸九十九個男人的腦髓，就成仙了。其實，像這種妖孽，就算得了道，也只能是歪門邪道，不會成神的，只會成為人間的禍害，上蒼是決不會答應的。

就在這個妖孽已經吸完了九千九百九十八棵古樹精華之後，又回到大青楊身上，只等再找著最後一棵古樹，就達到目的了。

由於蜘蛛的長時間離開，青楊慢慢恢復了元氣，已經有了些靈氣，看透了蜘蛛的險惡用心，天天關注著這個妖精的一舉一動，當發現它即將要成氣候，又回到青楊樹上的時候，就想法阻止它。蜘蛛一回到老巢，青楊就吐出汁液想把它黏住，蜘蛛一看不好，就想極力掙脫，它爬到哪，汁液就流到哪，弄得蜘蛛再有本事，也脫不了身，到後來，連爬都爬不動了。到了這個時候它仍不死心，趴在樹上好幾年都沒動，青楊以為它被沾死了，便放鬆了警惕。待樹的汁液乾了，蜘蛛的肢體開始活動了，抖掉了沾在身上的樹液的乾殼，又來了精神，對大青楊發起了突然襲擊，吐出繩子粗的絲網，把樹身緊緊纏住，大青楊知覺時，蜘蛛已經把樹身纏滿了，正在迅速往樹梢上爬呢，青楊用力搖晃樹枝想把它抽死，但已無濟於事了。蜘蛛看青楊治不了它，站在樹梢上，得意忘形的一聲吼叫，就要飛出去，找最後一棵古樹，實現它的夢想去了。

不料，這時天空中突然飛來一塊烏雲，打了一個霹靂，把蜘蛛精劈死了，落在樹杈中間，大青楊也被劈掉一個樹叉，並著了火，把蜘蛛精的屍首連同樹芯朽木全燒沒了。原來，長眉大仙早就盯上了這個蜘蛛精，大青楊和它搏鬥時，大仙看得一清二楚，在蜘蛛精逃到樹梢要逃跑時，大仙就一個霹靂把這個妖孽劈死了，然後用火把它燒成灰燼，讓它永世不得超生。

大青楊從此有了長眉大仙的呵護，靈氣大增，妖魔鬼怪輕易不敢接近它。

有一年，有三個放山的人，走麻達山了，找不著下山的路，天黑了，想找個地方攏堆火過夜，他們撿了些乾柴，準備點火，用火鐮打火，乾打也點不著火絨，好容易點著了，也不知從哪來一股風給吹滅了。

仨人正著急時，忽然，聽見身後呼呼直響，嚇得他們連頭都沒抬，撒丫子就跑。當中有人發現前邊一片通紅，說前邊有人，他們就不顧一切奔那有火的地方跑去。跑到半道，後面的人聽見身後好像有什麼東西跟上來，回頭一看，可不得了！一個大大的黑影跟著，把他嚇得魂都差一點丟了，往前猛一躥，跳到那兩個人前頭，他倆不知是怎回事，緊跟著跑了幾步，前邊的火光沒了，一棵大樹擋在面前，他們不敢停留，跑到大樹後邊才敢回頭看，那個黑影離他們不遠就停下了，正在發蒙時，一陣旋風颳來，就把追他們那個東西捲起來，扔到樹洞裡，呼的一下，火就著起來，只聽樹洞裡吱吱哇哇地叫了幾聲，就沒動靜了，火也落了。仨人明白了，是這棵大樹救了他們，麻溜跪下給樹磕了三個響頭，感謝神樹救命之恩。

原來，是那個妖怪撞到大樹前，害怕大樹的神威，不敢到近前，但是，也沒逃脫毀滅的命運。

從那以後，大青楊就被稱為神樹了。它後來又為當地人做了許多好事。長眉大仙對這方水土格外關照，除了宣統元年發大水外，一百多年來，老爺嶺一帶年年風調雨順，紅葉谷的景色，一年比一年迷人。

天女木蘭的傳說

　　集安市有一種落葉喬木，叫作天女木蘭，當地人都叫它山牡丹，它是國家二級保護的珍貴樹種。

　　據說，集安原本沒有這種樹，那麼，它是怎麼出現在集安的呢？這裡有一段神話傳說。

　　那是大老早以前的事了。

　　木蘭是王母娘娘身邊的一名侍女，不僅人長得秀美端莊，而且心地善良，又手腳麻利。王母娘娘每年大擺壽宴，宴請各路神仙，其規模宏大，禮儀繁縟複雜，標準要求都極為嚴格，一般人都難以承當。只有木蘭姑娘才能做得井然有序，細密周到，每次都能受到諸路大仙的稱讚。為此，木蘭姑娘也深得王母娘娘的喜愛。

　　一日，天庭無事。木蘭姑娘同眾侍女駕雲出遊。她們駕雲頭，舞彩袖，歌一路，舞一路，笑一路，不覺之間來到一個地方的上空，她們撥開雲隙向下一望，大為驚駭，只見烏雲翻滾，濁浪排空，黃風肆虐，害蟲遍地，山禿樹光，一片荒蕪！

　　「這是什麼地方這麼荒涼？」一個侍女驚愕地問。

　　「這是集安呐，如今四害橫行，民不聊生啊！」木蘭姑娘說，接著她又把王母娘娘的悲慘身世向同伴們說了一遍。

　　原來王母娘娘本是這一帶一個王姓農家女兒，出身寒微，由於四害肆虐而備受煎熬。這裡有黃風怪，黃風一刮，飛沙走石，遮天蔽日；有黑水妖，大水一漲，水漫天際；有撒冰鬼，他一路漫撒冰雹，樹斷苗毀；有瘟病魔，他使人們餓殍遍地，白骨成堆，荒塚纍纍。後來，王家父母染病雙亡，她孤苦伶仃，無法生活，只好遁入佛門，潛心修行。忽有一天，如來佛講經普法歸來，路過此地時發現了她，便帶她到了西天仙界，過了千年又萬載，竟一舉成名，成為

萬人至尊的聖母。

　　眾侍女聽罷，無不為下界黎民的苦難擔心，這苦日子何時能熬到頭呢？

　　「總會有人站出來同妖魔作鬥爭的！」木蘭姑娘語氣堅定地說。

　　說話間，山岩後樹起一面獵獵飄展的紅旗，緊接著叮叮噹噹的鑿岩聲不絕於耳。這是一隊有為青年，在開山劈石，築路架橋，正向惡魔開戰。木蘭姑娘用驚喜的眼光看著他們，這是一群多麼可愛又可敬的人哪！他們威武的雄姿中閃耀著勃勃生機，他們英勇頑強的獻身精神迸發出震天撼地的力量。她多麼想成為他們當中的一員哪！哪怕只能為他們遞上一瓢水，抹去他們身上的一把汗呢，她認為這樣做比在天上整天閒聊神遊強得多啊！

　　為首的那位青年，赤裸著上身，緊繃的肌肉閃動著紫銅色的光，舞動著開山大錘。一錘砸下去，鋼釺火星直冒，大山彷彿也在搖晃。正在此時，山頂有塊千斤巨石開始鬆動，慢慢向下滑移。這千斤巨石恰好在那位青年的頭頂上方，身毀命亡的危險正向他襲來，而那位青年卻渾然不覺，仍然在揮舞著大錘。在這千鈞一髮之際，木蘭姑娘毫不遲疑地側身衝下，倏然而至，兩手托住巨石，向外猛然一撥，巨石與那位青年擦身而過，墜入谷底。

　　青年得救了，他心中湧起無限感激。他明白這不可能是一般常人所為，只有神仙才能做得到，是仙女救的我啊。想到這，他急忙跪地拜謝。木蘭姑娘將他攔住，說：「不必這樣，救助危難，是我應當作的。」

　　他倆四目相對，半天無話。他倆的愛是相融的，他倆的心是相通的，他倆綿綿的話語在心底中流淌，濃濃的情意在無言中傳遞。「等著我吧，」木蘭姑娘對青年說，「我會回來的，一定！」

　　說著，木蘭姑娘駕起雲頭同眾侍女一起，返回西天仙界，她向王母娘娘說出要下凡到集安的心思，王母娘娘堅決不答應，並把她鎖在一個小屋內「閉門思過」。

　　又是一年，王母娘娘的壽辰吉日到了，南北諸神馳來，東西大仙雲集。玉皇大帝也御駕親來祝壽，王母娘娘得知，趕忙奔到庭外跪迎，然後兩人互相攙

扶步入庭堂。玉皇在川流不息的侍女中沒有看到木蘭姑娘，就問王母娘娘，木蘭姑娘到哪去了，王母娘娘便把木蘭姑娘想除掉四個妖魔，要求到集安落戶的事說了，並說為了防止她私自下凡，把她關起來了。

「這不是見義勇為的大好事嘛，應該支持啊，怎麼能給關起來呢，快把她放出來，讓她去同鏟妖魔吧。」玉皇大帝聽後稱讚地說。王母娘娘雖然滿心不高興，但是，玉皇大帝說讓她放，她哪敢不放啊，她只好打發身邊的小神把木蘭姑娘放了出來。玉皇大帝見到木蘭後，高興地對木蘭姑娘說：「保護人們的安康、吉祥，那是我們神的宗旨要義呀！去吧，勇敢地去吧！」

玉皇大帝為了支持她同四個妖魔作鬥爭，還賜給她三件寶物：克癌寶劍一支、濃脂香袋一個、驅散魔膠一瓶。

就這樣，木蘭姑娘來到了集安，同那位青年一起，戰勝了妖魔，除掉了四害。集安的天藍了，山綠了，水清了。人們牢記著木蘭姑娘的恩澤，因為她來自天外，大家親切地叫她天女木蘭。

後來，兩個人結為夫妻，生兒育女，繁衍後代。她死後，在她的墳前長出了一棵能開花的樹，人們都叫它「天女木蘭」樹。「天女木蘭」在開花季節，百米之外，都能聞到那沁人心脾的幽香。這大概就是玉皇大帝賜給她的三件寶物發揮的作用吧。

吉林文庫 A0703B02

長白山傳說　第二冊

主　　編	莊　嚴
版權策畫	李　鋒
責任編輯	楊家瑜

發 行 人	陳滿銘
總 經 理	梁錦興
總 編 輯	陳滿銘
副總編輯	張晏瑞

編 輯 所	萬卷樓圖書股份有限公司
排　　版	菩薩蠻數位文化有限公司
印　　刷	維中科技有限公司
封面設計	菩薩蠻數位文化有限公司

出　　版　昌明文化有限公司

桃園市龜山區中原街 32 號

電話　(02)23216565

發　　行　萬卷樓圖書股份有限公司

臺北市羅斯福路二段 41 號 6 樓之 3

電話　(02)23216565

傳真　(02)23218698

電郵　SERVICE@WANJUAN.COM.TW

大陸經銷　廈門外圖臺灣書店有限公司

　　電郵　JKB188@188.COM

ISBN 978-986-496-302-7

2018 年 1 月初版

定價：新臺幣 480 元

如何購買本書：

1. 轉帳購書，請透過以下帳戶

　　合作金庫銀行 古亭分行

　　戶名：萬卷樓圖書股份有限公司

　　帳號：0877717092596

2. 網路購書，請透過萬卷樓網站

　　網址　WWW.WANJUAN.COM.TW

大量購書，請直接聯繫我們，將有專人為您

服務。客服：(02)23216565 分機 610

如有缺頁、破損或裝訂錯誤，請寄回更換

版權所有·翻印必究

Copyright©2016 by WanJuanLou Books CO., Ltd.

All Right Reserved　　　　　**Printed in Taiwan**

國家圖書館出版品預行編目資料

長白山傳說 / 莊嚴主編. -- 初版. -- 桃園市：

昌明文化出版 ; 臺北市：萬卷樓發行,

2018.01

　　冊 ;　　公分

ISBN 978-986-496-302-7(第 2 冊 ：平裝). --

539.5242　　　　　　　　　107002197

本著作物經廈門墨客知識產權代理有限公司代理，由時代文藝出版社授權萬卷樓圖書

股份有限公司出版、發行中文繁體字版版權。

本書為金門大學華語文學系產學合作成果。　　　校對：林庭羽